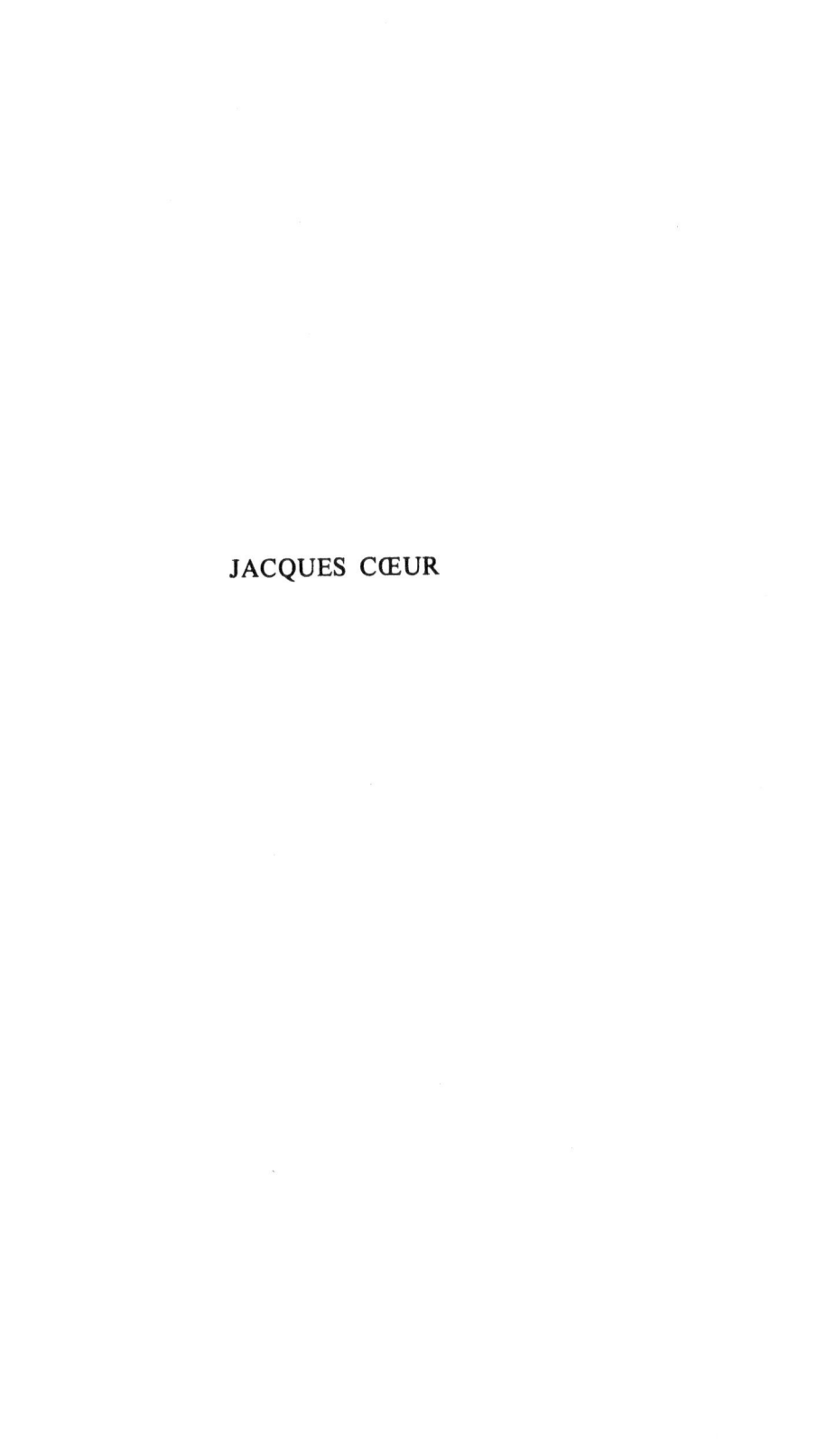

JACQUES CŒUR

DU MÊME AUTEUR

Les Chevauchées de l'an Mil (5 vol. Éditions Fayard)
    La Jeunesse du Ruffin
    La Fuite du Ruffin
    La Horde du Ruffin
    L'Amour, l'Or et le Ruffin
    La Puissance et les Honneurs du Ruffin
La Touraine (Éditions Arthaud).
Le Grand Traquet (La Table Ronde).

En préparation :

Étienne Marcel (Fayard)

Claude Poulain

JACQUES CŒUR
ou
les Rêves concrétisés

Fayard

© Librairie Arthème Fayard, 1982.

À MON PÈRE

« Amis, qu'est-ce qu'une grande vie sinon une pensée de la jeunesse exécutée par l'âge mûr ? »
　　ALFRED DE VIGNY (1797-1863)

« Toute accession à une haute fonction emprunte un escalier tortueux. »
　　FRANCIS BACON (1561-1626)

« L'imagination est plus grande que le savoir. »
　　ALBERT EINSTEIN (1879-1959)

PREMIÈRE PARTIE

« La jeunesse, comme la verdure, pare la terre ; mais l'éducation la couvre de moissons. »

Rivarol.

1.

Le lieu
et le temps

C'est précisément là où, dans l'aimable et verdoyante plaine berrichonne, l'Yevrette et l'Auron forment pour leur confluent un angle à peu près droit, que se dresse, sur une légère éminence ovale, l'antique capitale des Bituriges.

En cette aube du XVe siècle, le voyageur arrivant du Nord découvrait Bourges comme posée au sein d'une sobre campagne, tel un énorme et rugueux conglomérat. Corps complexe, hérissé de redans et de pointes, riche de multiples teintes, parmi lesquelles l'ocre et le bistre, le blanc et le bleu sombre, s'arrogeaient la meilleure part.

Ceinte de ses remparts, mais les débordant de tous côtés, la marée de ses faîtes laissait surgir d'un seul élan, dans toute sa souveraine et généreuse harmonie, le vaisseau de sa puissante cathédrale (dont les tours alors n'étaient point encore achevées); la piquetaient également nombre de modestes clochers : entre autres ceux des paroisses de Saint-Pierre-Le-Merche, Saint-Oustrillet, Notre-Dame-du-Fourchaud et de Saint-Hippolyte.

Dans la partie sud-ouest, subsistait une sorte de monstre qu'on appelait « la grosse Tour », incongrue et gigantesque masse ronde, ultime ouvrage intact des fortifications datant de l'époque gallo-romaine.

A l'entour de la cité, de-ci de-là, ce même voyageur pouvait observer des paysans vaquant aux travaux des champs, des fillettes et des gamins surveillant ovins et bovins qui paissaient impavides l'herbe des talus et des prés ; quant aux cavaliers, aux attelages et aux piétons, qui progressaient sur les chemins — chacun selon son rythme —, soit en direction des portes de la cité, soit en celle de la campagne, il leur allait falloir, ou il leur avait déjà fallu, franchir l'Auron, sur laquelle glissaient barques, barges et pinasses de divers gabarits.

Plus que jamais, la capitale du Berry s'affirmait comme une ville active, riche et fort belle de surcroît. Sa situation au cœur du royaume l'avait jusque-là maintenue à l'abri de la guerre. Ne se trouvait-elle pas aussi éloignée des marches de l'Est que des côtes Atlantiques ? Loin donc des anciennes possessions Plantagenêt, mais ville relais aussi, à égale distance des deux principaux axes commerciaux d'alors : la Manche et la Méditerranée. Grâce à ses prospères industries, forges, tanneries, corroieries, tissages de draps de laine, autant qu'à ses solides traditions artisanales et négociantes, Bourges se voyait en mesure de rivaliser avec les plus remarquables, les plus entreprenantes cités de France.

En dépit des circonstances dramatiques de ces temps d'empoignades farouches, l'activité économique s'y maintenait florissante, soutenue par une double présence : celle de l'archevêché, qui attirait nombre de clercs et de théologiens, et celle de son duc, le sensuel et jouisseur Jean de France, duc de Berry et d'Auvergne, qui, d'un bout à l'autre de l'année, entretenait en son palais, outre une nombreuse domesticité — afin de pouvoir mener grand train lors de ses séjours berruyers —, nombre d'artistes et de maîtres ouvriers. Les venues en son apanage de Jean de Berry ne passaient pas inaperçues. Car il se réjouissait d'entraîner dans son sillage une véritable cour : mille et un seigneurs, flagorneurs hypocrites et orgueilleux, avides de rivaliser, pour lui plaire, d'élégance, de luxe et de beauté.

Admirable et folle vitalité des cités marquantes, en cette fin du moyen-âge, que parcouraient des foules exubérantes, naïves et brutales, ne sachant où donner de la tête dans leurs curiosités et leurs ébahissements.

Jour après jour, de nouvelles équipes de bateleurs et de bonimenteurs encombraient places et carrefours. Les rues-venelles, parsemées de multiples étalages, en plein air ou sous auvents, retentissaient d'appels et de cris convenus pour appâter, allécher le client, bruissaient de la cohue des chalands, des badauds, des gobe-mouches et des truands. On y trouvait à volonté, outre des tavernes aux fenêtres volontairement obscurcies, des échoppes d'usuriers ou de changeurs, les boutiques richement approvisionnées des drapiers, des merciers, des orfèvres et des pelletiers, ainsi que les étaux surchargés et appétissants de bouchers, de charcutiers et de poissonniers.

Tant et tant d'enluminures, véritables émaux, nous montrent, sous leurs différentes faces, les enlaçures des boisages, les colombages des maisons citadines d'alors, étroites et fragiles, à hauts pignons pointus, qui se serrent, comme craintives, de part et d'autre de ruelles tortueuses, que ces antiques demeures finissent par nous sembler familières.

Davantage faites de bois, de torchis et de hourdis que de pierres, elles paraissaient de complexion précaire. Pourtant, après des siècles de vicissitudes, de brutalités et de vandalismes multiples, les vieux quartiers de nos villes, aujourd'hui encore, en recèlent bon nombre.

Et c'est précisément dans l'une d'elles — disparue celle-là — située rue de la Parerie, en un quartier tout proche de la rivière l'Yevrette, principalement habité par des ouvriers tanneurs, des corroyeurs ainsi que des foulons, que l'an de grâce 1400 (selon toute vraisemblance) naissait l'aîné des deux fils que devait procréer un obscur et médiocre marchand pelletier, nommé Pierre Cœur. Jacques allait être son prénom.

Avant d'abriter des fourrures et des peaux, le rez-de-chaussée de cette modeste maison servait d'échoppe à un boucher, répondant au nom de Jean Bacquelier. Mais le pauvre homme, trépassé aux environs de l'an 1395, laissait derrière lui femme et enfant.

Un temps sa veuve avait assumé seule les charges matérielles et morales indispensables à la perpétuation d'un foyer et à l'éducation d'un fils — comme son père prénommé Jean —, puis, prévisible voire inéluctable revirement, les difficultés concrètes de vivre, aggravées par le sentiment d'isolement et le manque de perspectives et d'espoir, finissaient par la pousser à se remarier.

C'était vers l'an 1398 ou 1399 qu'adroitement sollicitée, elle acceptait de s'unir avec ce Pierre Cœur. Un gaillard à coup sûr énergique, entreprenant et soucieux de réussite sociale, qui, depuis peu débarqué de Saint-Pourçain (son pays natal), ne possédait pas encore pignon sur rue à Bourges.

Si l'ardeur au travail du nouvel époux avait pu séduire et réjouir la dame Bacquelier, l'alliance avec la veuve d'un boucher ne pouvait manquer d'apparaître comme une heureuse et fort sérieuse promotion au pérégrin Cœur. La corporation de la boucherie comptait alors parmi les plus influentes, les plus actives des villes, ses membres faisant bonne figure au milieu des familles bourgeoises, aussi riches et considérées fussent-elles.

Nul n'a jamais découvert le patronyme de l'ex-bouchère, ni aucun détail la concernant. Brave et courageuse femme, probablement, travaillant sans rechigner aussi dur que ses deux maris successifs, et sachant, non moins probablement, faire naître, grâce à son équité et à une tendresse jamais en défaut, l'affection entre enfants des deux lits.

On peut justifier cette hypothèse par quelques faits significatifs. Nicolas Cœur — le deuxième fils de Pierre — n'hésita pas à résilier son canonicat de la Sainte-Chapelle en faveur de son demi-frère, Jean Bacquelier, moins bien pourvu. Plus tard, Jean Cœur, le fils aîné de Jacques, devait en faire de même pour son canonicat de la cathédrale Saint-Étienne et la prébende appréciable qui s'y trouvait rattachée. Il est également bon de préciser que ce fut Jean Bacquelier, et lui seul, qui hérita, à la mort de leur mère, de la maison sise rue de la Parerie.

1403, nouvelle naissance au foyer des Cœur, et nouveau garçon, qu'il est décidé de prénommer cette fois Nicolas. Mais désormais c'en est fait, la famille ne s'accroîtra plus. Stabilité qui ne se répétait nullement dans le domaine des affaires. Décidément l'ancienne dame Bacquelier ne s'était pas trompée dans son choix. Pierre le Saupourcinois se révélait bien comme l'homme habile, actif et volontaire prévu, celui qui sait gravir des échelons autant par son entregent que par son adresse à gagner de l'argent.

Toutefois, sans vouloir porter atteinte à ses qualités intrinsèques, ni juger des inévitables aspects serviles et flagorneurs de ses attitudes — l'appréciation dépendant de chacun — qui permettaient à Pierre Cœur de se faufiler astucieusement dans les bonnes grâces des gens capables de l'aider à obtenir d'heureux et profitables marchés, il faut reconnaître que l'époque s'avérait favorable entre toutes au commerce de la fourrure. La mode, fortement soutenue par le souci d'un minimum de confort, imposait celle-ci en maintes occasions, qu'elle fût dissimulée ou apparente. Car si l'on en doublait souvent manteaux, houppelandes, pourpoints et justaucorps, on aimait l'exhiber en collets ou en bordures, ainsi qu'en étoles et en chapeaux.

Bien entendu la fortune et le rang conditionnaient les achats, le choix des fourrures. Chez les nobles et les bourgeois opulents, il n'était question que de martre, d'écureuil (gris, vair, menu vair), d'hermine, de loutre ou de zibeline ; tandis que chez les gens du commun on se contentait de chat, de lapin, de lièvre, de renard, à moins que ce ne fût, plus modestement encore, de mouton et de chèvre.

Les premières années du ménage Cœur-Bacquelier ne durent pas être dépourvues de tracas, voire d'embûches. S'introduire puis s'imposer chez les uns et les autres, comme fournisseur attitré, nécessitait chaque fois une longue patience et exigeait des efforts incessants. Persuader réclame un véritable cocktail d'arguments à quatre composants : raisonnements et justifications, démonstrations et protestations. La clientèle du quartier, constituée de gens simples — travailleurs des petites industries, artisans et humbles commerçants —, dut être la première gagnée. Celle-ci s'avère toujours la plus aisée à contenter, la moins capricieuse, la moins pointilleuse. Autres agréments fort appréciables, elle ne se montre ni orgueilleuse ni méprisante et ses membres vous infligent peu de rebuffades. Enfin, ultime avantage pour un marchand qui se lance et ne dispose encore que d'un capital limité, les articles qu'attendent les gens du peuple n'atteignent point des prix élevés et se trouvent en abondance sur le marché. Si dans les premiers temps Pierre Cœur dut travailler ferme pour encaisser des factures légères, du moins celles-ci furent-elles nombreuses.

Les années passaient, les résultats devenaient concrets, tangibles, le ménage Cœur amassait un pécule qu'il préservait jalousement, qu'il réservait pour la réalisation d'un projet secrètement et longuement caressé : acquérir des locaux et un stock qui permettraient enfin de s'adresser à la riche clientèle.

A ce stade, si la partie risquait de devenir plus serrée,

plus aventurée, du moins promettait-elle d'être passionnante. Il allait falloir désormais choisir avec rigueur et débourser gros afin d'obtenir les meilleures et rarissimes fourrures venant souvent de loin. Vivacité d'esprit, diligence, parfaite connaissance du métier et du marché... les aptitudes exigées se multiplieraient comme à plaisir.

Combien de fois Pierre Cœur énuméra-t-il pour lui-même les qualités qui conditionnent la réussite à ce niveau ? Infaillibilité du coup d'œil, qui permet de juger, de jauger en un instant un lot complet de peaux, avant de s'en porter acquéreur, discernement presque inspiré, qui rendra possible une utilisation optimale de la moindre d'entre elles, connaissance inventive de la coupe et de l'assemblage, qui permet d'obtenir, aux yeux de la clientèle, le meilleur effet des peaux ajustées.

Et puis, quel rude et tyrannique métier que celui de la pelleterie ! Que de difficultés à vaincre avant de pouvoir présenter la marchandise aux acheteurs ! D'une peau, juste prélevée à l'animal, à la fourrure d'un vêtement, les opérations s'enchaînent, implacables dans leur nécessaire perfection : écharnage, dégraissage, sécrétage, brossage, alunage, lustrage, parage.

Fort heureusement le profit à réaliser promettait, sauf cas de malchance ou d'accident, d'être à la mesure des débours comme des difficultés.

Pierre Cœur devait s'y entendre comme pas un sur tous ces plans puisqu'en 1408, ou 1409 — sensiblement —, il réalisait son rêve, en acquérant enfin la maison souhaitée, habitation, plus magasin et atelier, sise rue d'Auron.

Adieu les faubourgs, la modestie vis-à-vis même des humbles, les temps d'une certaine rusticité, ou ceux de l'obséquiosité timide ! Les Cœur vont commencer à lorgner vers le haut du pavé.

Le nouveau logis se trouvait situé à deux pas du palais

ducal et de la Sainte-Chapelle (alors en période de finition), dont le duc Jean n'avait accepté les plans qu'à l'imitation de celle édifiée à Paris sur l'ordre de Saint Louis. Encore avait-il exigé un surcroît de splendeur dans la décoration. Ne projetait-il pas, le vieux duc, de se faire inhumer dans son chœur ?

La rue d'Auron et les artères avoisinantes constituaient le plus riche quartier de Bourges. C'était là que résidaient, dans de vastes, sombres et sonores hôtels, les lignées les mieux nanties comme les plus renommées. Ainsi les Cœur durent-ils se réjouir d'avoir juste comme vis-à-vis une famille dont le chef occupait une des premières charges municipales, celle de prévôt, aux complexes prérogatives. Cet influent et orgueilleux magistrat répondait au nom de Lambert de Léodepart.

Virage brusque dans la vie de l'étroit clan des Cœur, mutations dans les habitudes, le rythme de vie, les attitudes sociales et même mentales ne pouvant être dépourvues d'importance quant au comportement futur des enfants. Désormais, Jacques, Nicolas, et leur demi-frère Jean Bacquelier vivraient au contact d'hommes, de femmes, et surtout d'enfants, pour qui une constante humilité n'était pas de mise, et dont les exigences de vie pouvaient clairement s'affirmer, sans susciter de scandale.

2.

Le monde en 1400

Des vingt premières années de la vie de Jacques Cœur, nous ne savons rien de précis. Il ne reste qu'à déduire, qu'à tenter d'imaginer, de partiellement recréer à partir de ce que chacun éprouve, découvre, au cours de ce prologue toujours improvisé sur d'invariables thèmes, qu'est l'apprentissage de la vie, la formation d'une individualité : sempiternels gestes de l'enfance, initiations en tous genres, joies et peines, menues réussites et échecs démoralisateurs, événements troublants ou marquants, rencontres de personnages exemplaires, ou semblant tels, qu'on souhaite dans sa naïveté pouvoir un jour imiter, perspectives et problèmes imprévisibles et pourtant éculés, révélations bouleversantes..., sans compter les effets d'impressions ineffaçables, nées parfois d'événements en apparence innocents ou ténus.

S'il nous faudra ensuite avancer avec circonspection pour aboutir aux lignes maîtresses de sa personnalité, celles de son imprégnation profonde, en nous basant sur quelques idées et notions forces, du moins savons-nous avec précision ce qu'il n'a pu manquer d'apprendre, quant aux événements et à l'évolution des peuples, quant aux affaires du temps, que ceux-ci touchassent sa ville, sa province, la France ou le monde.

Outre ce que ses maîtres lui enseignèrent, outre ce qu'il

put découvrir par simple ouï-dire dans la quotidienneté, nous devons réfléchir à l'influence directe, et fort particulière, de son milieu familial. Un pelletier, tel que Pierre Cœur le devenait au fil des ans, traitant des fourrures les plus rares, celles qu'arborent certains animaux exotiques, ne pouvait qu'entretenir des relations sans cesse diversifiées avec le monde extérieur.

Pour ses achats, il lui fallait soit sortir de Bourges et du Berry, dans la perspective de quelque lointain voyage, soit recevoir à domicile des fournisseurs revenant de pays reculés, ou ayant été en contact avec des hommes issus de ces contrées, vivant donc, aux yeux de paisibles et inimaginatifs bourgeois berruyers ancrés dans leurs étroites habitudes, dans des conditions paraissant d'une totale invraisemblance.

L'évocation, aux heures du repos, de ces fabuleux périples, à moins que ce ne fût le rapport des propos tenus par d'insolites personnages — évocations ou récits colorés et oppressants, remplis de faits étranges ou remarquables, de fatigues et d'avatars, de périls inouïs et de chances insensées —, ne pouvaient qu'exalter l'auditoire privilégié qu'étaient pour Pierre Cœur sa femme et leurs trois enfants... Yeux arrondis, mâchoires à demi décrochées de ceux que transporte le rêve.

Le goût de savoir, la passion de comprendre, l'envie toujours renouvelée de voir, par soi-même, qui sa vie durant habiteront Jacques Cœur, ne naîtraient-ils pas simplement autour de la table familiale et à la lueur des chandelles ?

Tôt renseigné quant aux échanges, au courant des principaux événements politiques et militaires en raison de leurs incidences économiques et touchant les divers peuples du monde alors connus, vraisemblablement Jacques Cœur le fut. Sachons ce dont il fut informé.

Un changement de siècle, à tout coup, prend l'apparence d'un événement majeur, d'une coupure réelle dans le temps. Les hommes s'y arrêtent pour réfléchir, faire un retour sur le passé et aussi scruter l'avenir. Ils se conduisent de telle manière qu'il semblerait que l'histoire de notre humanité, si souvent tenaillée, pourrait être symbolisée dans son ensemble par un gigantesque livre, dont chaque double page se verrait consacrée à ce laps de temps — maximum convenu de la durée d'une vie humaine — cent ans.

Si durant des millénaires une telle période demeura inassimilable par l'esprit, dépourvue même de la moindre signification, elle s'était déjà chargée, aux temps qui nous occupent, d'un contenu aux sens multiples. Non seulement concrets, mais aussi plus ou moins secrets, et presque redoutables dans leurs mystérieuses implications.

En ce début du xve siècle le vieux monde féodal rendait l'âme dans le sang et les tourments. Ses bases craquaient, chamboulées de jour en jour : règles morales et religieuses, mœurs et mentalités, pratiques et institutions, sciences et techniques. Du coup, les aspirations, les goûts et les désirs des hommes, commuaient les idéaux, changeaient d'objectifs et de buts. Dans ce tourbillon insensé, quel que dût être l'avenir, le passé se voyait, par tous, contesté ou renié.

En Europe et autour de la Méditerranée ce n'était partout que forces en mouvement, peuples en marche — flux et reflux et parfois installations définitives —, que révoltes et guerres sur fond général de misère et de mort. Et pourtant des richesses continuaient d'être partout produites, et pourtant aussi certains commerçaient jusqu'à follement s'enrichir, l'or devenant leur propre joug. Convoitises exacerbées, rivalités acharnées et génératrices de guerres et de massacres.

Quels bruits, quels échos parviendraient à Jacques Cœur de ce qui s'était passé avant sa naissance, ici ou là, n'importe où dans le monde, lorsqu'il se trouverait en âge de comprendre ? De ces innombrables imbroglios, que retiendrait le fils de l'obscur pelletier de la paisible capitale du Berry, ville située juste au centre d'un royaume jadis prospère, mais alors, après tant et tant d'années d'épidémies et de guerre, plus qu'à demi ravagé ?

L'attentif examen de l'inventaire dressé laissera perplexe. On y découvrira beaucoup de noms — personnes et lieux — qui compteront plus tard, qui pèseront fort lourd, aussi bien dans la vie du Jacques Cœur homme d'affaires que dans celle de l'ambitieux négociant qui s'efforcera d'accéder aux plus hautes fonctions publiques, et qui, par son action et ses décisions, influencera le destin d'un grand nombre d'hommes.

Relatons donc, en commençant par les événements ayant pour cadre les contrées les plus lointaines, et tournons, par le sud, d'est en ouest, et retour, autour de la « mer du milieu des terres ».

Timour-I-Lang, Timour-le-Boiteux, qui devient Tamerlan après francisation de son nom, avait, en 1363, réussi, au cours d'une lutte violente et brève, à libérer sa patrie, le pays de Samarcande, du tribut que celle-ci acquittait périodiquement aux Mongols armés de la « Horde d'Or ». Victoire acquise, l'ambitieux et hardi gaillard s'empressait de se proclamer roi de Transoxiane. Son pouvoir solidement établi, il entreprenait, en qualité de souverain musulman, une série de conquêtes : d'abord en Asie centrale, puis en Asie-Mineure. En cette année 1400, au cours d'un de ses impitoyables raids dont il était coutumier, Alet et Damas tombaient entre ses mains. Signalons qu'après avoir ravagé ces deux villes, il entraînera dans le sillage de son retour, faisant partie intégrante du butin, la totalité des artisans capables, dans la dernière cité nommée, d'orner les armes, de les « damasquiner ». Deux ans plus tard, en 1402, il écrasera à Ancyre (aujourd'hui Ankara), Bayazid Ier à la tête des armées turques. (De Bayazid nous avons fait Bajazet.) Seule la mort (en 1405) empêchera Timour-I-Lang de continuer ses offensives foudroyantes et d'étendre ses appropriations en direction de l'Afrique du Nord, et peut-être de l'Europe.

A propos de Bayazid, ce souverain turc qui pesait si peu face aux guerriers du boiteux de Samarcande, il faut savoir qu'en 1396 il avait remporté une complète et destructrice victoire à Nicopolis, ville de Bulgarie, sur les peuples croisés d'Europe centrale et orientale (même des Français figuraient parmi ses prisonniers) réunis sous le commandement unique de l'empereur du Saint-Empire, Sigismond de Luxembourg. A partir de Nicopolis les Turcs pourront s'emparer de tous les Balkans et pénétreront en Hongrie, en Autriche, en Pologne et en Roumanie. Ils resserreront cependant leur étau sur Byzance jusqu'à sa chute en 1453.

Byzance ! Précisément, depuis un an le porphyrogénète Manuel II Paléologue, qui régnait sur les misérables débris de l'empire, désormais uniquement constitué de la célèbre cité et du despotat de Morée, a décidé d'abandonner pour trois années le pouvoir à son cousin Jean VII, afin de pouvoir aller plaider sa cause à travers la chrétienté et solliciter aides et appuis, dans l'espoir de sauver l'ancienne rivale chrétienne de Rome. Hélas ! la conjoncture ne lui est guère favorable ! Inquiet, divisé, l'Occident est incapable du moindre élan. Outre le Grand Schisme, deux des puissances majeures de cette chrétienté, la France et l'Angleterre, enlisées dans leur interminable et acharné conflit, ont d'autres chats à fouetter. Et elles demeureront sourdes aux discours véhéments comme aux suppliques angoissées de Manuel II Paléologue.

En Égypte, depuis 1250, se succèdent les dynasties mamelouks. Ces souverains bénéficient d'une chance inouïe, celle de pouvoir appuyer leur autorité, passablement irrationnelle, sur la meilleure administration de l'époque. Grâce à l'efficacité, à l'intelligence et à l'honnêteté du corps des fonctionnaires, ce pays, qui par extrême bonheur a échappé aux destructions de Timour-I-Lang, se trouve en pleine prospérité. Alexandrie possède le monopole du transport des épices. Vénitiens, Génois, Aragonais et autres, rivalisent pour se concilier les bonnes grâces du souverain, qu'on appelle ici le Soudan, les puissances maritimes n'ayant jamais hésité, en dépit des interdits papaux, à livrer au gré des Égyptiens des armes ou du fer, des esclaves ou du bois. Depuis 1382, la dynastie régnante des Mamelouks est Circassienne, et les Soudans appartiennent à la lignée des Burdjites.

Le Maghreb, uni et entreprenant aux temps où régnaient les souverains almohades, s'est fractionné. Les trois États sont désormais soumis à des dynasties berbères fréquemment rivales. Il ne survit que pour des querelles intestines. Les Hafsides règnent sur la Tunisie, Kairouan a perdu son rang de capitale de l'Ifriqiyya, les Abdalwadides depuis Tlemcen dominent l'Algérie et les Marinides commandent au Maroc.

L'Espagne est, elle aussi, toujours divisée en trois. Dans le nord-est, le royaume d'Aragon, qui englobe la Catalogne, s'étend jusqu'au-dessous de Valence et régente un solide empire maritime, avec, comme principales possessions et bases d'action, les îles Baléares, la Sardaigne et la Sicile. Son activité économique le place au second rang des puissances commerciales méditerranéennes, juste derrière Venise. Depuis le nord-ouest, le royaume de Castille s'acharne à travers l'Andalousie. Ses souverains, toujours axés vers la totale reconquête de la péninsule, l'éviction définitive des Maures, le maintiennent dans une rude et austère tradition guerrière. Dans le sud, enfin, le califat d'Al Andalus, qui, bien qu'il ne représente plus qu'une étroite bande de terre, avec Grenade comme capitale et site avancé, apparaît aux chrétiens telle une permanente et insupportable provocation, non seulement en raison de sa foi islamique mais aussi à cause de son incroyable luxe et l'éclat de sa civilisation.

Au Portugal, le roi Jean Ier, marié à Philippa de Lancastre, demeure solidement accroché à l'alliance avec l'Angleterre et continue de lutter contre l'influence et la puissance de sa vieille noblesse d'épée. Afin de la mettre en échec et de la rabaisser, il favorise les entreprises commerciales des bourgeois. Le royaume du Portugal, limité dans ses ambitions territoriales par les royaumes espagnols, et de surcroît mal situé pour se livrer au négoce terrestre (éloignement, barrières montagneuses, manque de voies de communications), s'oriente vers la mer. Déjà, c'est toute l'aventure conquérante des célèbres navigateurs et explorateurs portugais qui est en gestation.

Gênes, après un brillant XIIIe siècle, qui l'a vu parfois damer le pion à Venise, est entrée dans une phase difficile. De 1376 à 1381 elle a fait la guerre, dite « guerre de Chiggia », à Venise. Et elle s'est retrouvée vaincue, partiellement évincée de nombreux marchés. Certes, sa flotte commerciale paraît encore imposante, mais, sauf dans la mer Tyrrhénienne, elle se voit partout dominée par sa rivale.

Venise, enfin débarrassée de Gênes, domine pratiquement toute l'activité économique du bassin méditerranéen. Sa richesse et son influence s'accroissent d'année en année. Fidèle à sa politique multicentenaire, elle n'entreprend que la conquête des points d'appui nécessaires, des escales indispensables à ses navires et à ses comptoirs, sans une fois tenter de s'engager à l'intérieur des terres pour maîtriser des provinces entières. Jamais elle n'a souhaité créer un véritable empire au sens romain du terme. Le négoce et le profit demeurent ses deux seuls moteurs.

Pourtant, sans qu'elle puisse l'imaginer, sa puissance vient d'atteindre son apogée et son déclin est proche. Bientôt, en raison de l'activité des aventuriers portugais et des découvertes de Christophe Colomb, la Méditerranée cessera de mériter son nom de « mer du milieu des terres ». Les courants commerciaux suivront d'autres lignes de force. L'Atlantique lui ravira peu à peu son importance et reléguera la ville de la lagune dans un rôle local.

Gian Galeazzo Visconti, duc de Milan, s'empare en l'année 1400 des cités de Pérouse, d'Assise et de Spolète, après qu'il eut déjà conquis Vicence, Vérone et l'antique Padoue en 1388, ainsi que Pise et Sienne en 1399. Sa volonté de devenir l'unificateur de la péninsule italienne s'affirme chaque jour plus précisément. Sans doute faut-il attribuer à ce grand projet, à ce but idéal, son désir de se concilier les bonnes grâces du royaume de France. L'homme est intelligent, souple et imaginatif. Pour tisser sa toile il a choisi deux lisières apparemment solides : il a d'abord épousé la princesse Isabelle de France, fille du roi Jean II le Bon, puis il a marié sa fille, Valentine, au duc d'Orléans (le frère du malheureux Charles VI le Fol). Valentine a accouché en 1389 d'un garçon qui deviendra le prince-poète Charles d'Orléans, lequel, à son tour, aura un fils, lequel accédera au trône de France — après la mort prématurée et accidentelle de Charles VIII. Il régnera sous le nom de Louis XII. Les Visconti disparus de la scène politique, les souverains français se souviendront de leur filiation et de leurs droits sur le duché de Milan : ceux qui leur viennent d'Isabelle et de Valentine. Ainsi s'expliquent en partie les guerres d'Italie qui se succéderont de la fin du XVe siècle au milieu du XVIe.

A Florence, dès le XIIIe siècle, un régime original, d'inspiration et de conception volontairement démocratique, avait été imaginé par les chefs de file du petit peuple insurgé. De solides traditions de ville libre sous-tendaient cette révolution. Florence rejetait avec vigueur et détermination les structures féodales qu'elle ressentait comme étrangères, importées en Italie par les Germains.

A partir de 1293, être d'origine noble à Florence entraîna un authentique rejet administratif et politique : non seulement on enleva à l'aristocratie le pouvoir, mais l'état nobiliaire devint aux yeux des gouvernants presque infamant. L'argent, en revanche, sous la forme moderne de la banque, n'allait pas tarder à tenir le haut du pavé. Les maisons de crédit florentines, habiles et souples, étendaient bientôt leurs réseaux de succursales sur tout l'Occident, soutenues comme elles l'étaient par les florissantes manufactures de soieries et de drap de laine installées dans la ville, ainsi que par un remarquable et dynamique artisanat : orfèvres, armuriers, peintres, etc.

La famille Médicis, dont les membres n'étaient jamais les derniers à rappeler, quand le besoin s'en faisait politiquement sentir, leurs origines roturières, sous l'autorité souple et têtue de Giovanni Médicis, ne cessait d'accroître son emprise sur la Seigneurie (ainsi se nommait le gouvernement de la cité). La révolte des « Ciampi » (les pauvres, formant le peuple dit maigre, par opposition aux riches bourgeois, dit peuple gras) ne gêna pas son progressif noyautage. Elle s'accommoda même fort bien du gouvernement des Ciampi qui dura quatre années (1378-1382). C'était le véritable « règne » de Cosme Médicis que l'insinuant et discret Giovanni préparait.

Depuis un an (1399), Henri de Lancastre, sous le nom

de Henri IV, règne sur l'Angleterre, après avoir détrôné son cousin, le roi Richard II, coupable à ses yeux, entre autres, d'une tentative de rapprochement avec la France. Richard II meurt opportunément, vraisemblablement assassiné en 1400, dans sa prison, sur ordre exprès de Henri IV. Le nouveau souverain, qui avait profité au départ des oppositions diverses à la politique de son prédécesseur, rencontre à son tour de sérieuses difficultés : problèmes avec la noblesse, avec le royaume d'Écosse, délicates questions financières, révoltes de lollards... Or, voici qu'en 1400 également, le prince gallois Owen Glendover se révolte contre son autorité et que, peu à peu, cette insurrection, n'ayant eu d'abord que des raisons d'ordre privé, se transmue en révolution nationale et en guerre de libération. Le pays de Galles tout entier, au vieux fond celtique comme l'Irlande, s'engage et combat sous le drapeau d'Owen Glendower.

En Germanie, Wenceslas IV, cruel et inconsistant empereur, d'abord seulement roi de Bohême, incapable de s'imposer de façon durable aux différentes parties d'un État spécialement composite, se voit déposé au profit de Robert, comte du Palatinat. Le propre frère de Wenceslas, Sigismond de Luxembourg (le vaincu de Nicopolis), ne va pas tarder à le poursuivre et à le faire prisonnier, afin de prendre sa place lorsque mourra Robert de Palatinat. Remis en liberté, Wenceslas aura bien des difficultés à se maintenir comme roi de Bohême jusqu'à sa mort, qui surviendra en 1419.

Le monde scandinave – Danemark, Suède et Norvège –, après d'innombrables et stériles conflits, tente de s'unifier sous la houlette d'un souverain commun. A la diète de Kalmar, en 1397, Éric XIII de Poméranie a été choisi pour tenir ce rôle délicat. Malheureusement une intelligence fruste l'entraîne à commettre des erreurs qui détruiront bientôt le fragile échafaudage.

LE MONDE EN 1400

Le Grand Schisme d'Occident continue de sécréter les pires poisons. Et les querelles s'enveniment. A Rome s'exerce l'autorité du pape Boniface IX, élu en 1389 à la mort du catastrophique Urbain VI. Pierre Tomacelli, d'abord cardinal de Naples, ne manque ni d'adresse ni d'énergie. A la mort de son compétiteur avignonnais, Clément VII, en 1394, il a réussi un coup de maître : la France a décidé de reconnaître sa légitimité et d'abandonner l'obédience du pontife d'Avignon. Ce ralliement devrait aider à résoudre le conflit. Mais le nouvel antipape d'Avignon n'est pas de ceux qui se résignent aisément. En 1394, le concile d'Avignon a désigné pour succéder à Clément VII un homme au caractère de fer : le cardinal Pedro de Luna, qui a choisi de régner sous le nom de Benoît XIII.

Pedro de Luna avait pourtant juré de consacrer ses forces et son autorité à l'extinction du schisme, mais il va se cramponner à la tiare avec une inébranlable obstination. Rien ne pourra le faire céder. Ni les retraits de la France et de l'Espagne de son obédience, ni les menaces des rois et des gouvernants, ni les supplications de l'université de Paris et du clergé français, ni les successives défections des cardinaux de sa curie, ni les recommandations du concile de Pise, ni les deux offensives armées (avec siège) contre Avignon, menées par le maréchal de Boucicaut. Avignon prise, Pedro de Luna blessé réussira à s'enfuir sous un déguisement jusqu'aux fins fonds du royaume d'Aragon. Là, réfugié dans une imprenable place forte, bâtie sur un éperon rocheux s'avançant dans la Méditerranée, Peniscola, Pedro de Luna se maintiendra jusqu'à sa mort en 1424, presque centenaire. Sa curie réduite à deux cardinaux, il passera son temps à excommunier ennemis et dissidents.

A Pavie, en cette année 1400, Démétrios Chrysoloras, dont l'enseignement propagera à travers l'Occident tout entier les études grecques, devient professeur. Il entreprend aussi de traduire en latin certains textes essentiels de l'Antiquité, tels l'*Odyssée* d'Homère ou *La République* de Platon. Partisan passionné de l'union des Grecs et des Latins, proclamant que leur alliance seule pourra faire échec aux envahisseurs turcs, Chrysoloras soutient à fond la politique de rapprochement avec Byzance prônée par Manuel II Paléologue.

Saint Vincent Ferrier, prédicateur dominicain de génie, après s'être détourné de Benoît XIII d'Avignon — qui avait été son premier maître à penser —, parcourt inlassablement les différents pays d'Europe. Parlant, affirme-t-on, avec une même aisance toutes les langues des contrées qu'il traverse, sa joie maîtresse est de convertir au christianisme les adeptes des autres religions que le destin place sur sa route. Ses victoires se chiffrent par centaines, par milliers même. Juifs et musulmans, après avoir entendu ses arguments et ses exhortations (du moins ses laudateurs le proclament-ils), se précipitent vers églises et chapelles. A ses yeux, cependant, là ne s'arrête pas sa mission. Le Grand Schisme le navre, aussi ses efforts tendent-ils à y mettre un terme et ses plaidoyers conciliateurs ne se comptent plus. Pour lui, la guerre franco-anglaise n'est qu'un scandaleux combat fratricide, auquel il convient de mettre fin dans les meilleurs délais. Et de s'offrir comme médiateur.

A Prague, Jean Huss, doyen de l'université et réformateur de la langue tchèque, que la germanisation progressive du pays mettait en péril, va bientôt en devenir recteur. Refusant, comme Wyclif, les injustices sociales, et s'insurgeant contre les conceptions religieuses papales, il va s'opposer à l'Église, qui ne lui pardonnera pas. Le conflit se prépare et le bûcher l'attend.

A Chimay (Hainaut), l'écrivain, le chroniqueur et homme de cour Jean Froissart est revenu vivre ses dernières années. Fatigué sans doute par une vie entre toutes vagabonde et consacrée à l'écriture ainsi qu'au service des grands de ce monde, dont le principal fut la reine d'Angleterre, Philippa de Hainaut, qui n'est autre que la bonne dame réclamant à son royal époux pitié et merci pour les bourgeois de Calais. Jean Froissart a maintenant parachevé son édifice : les quatre livres de ses *Chroniques* ainsi que ses poèmes sont prêts à affronter la postérité.

A Londres, Geoffrey Chaucer (Chaucier), écrivain d'origine française qui a choisi délibérément d'écrire en anglais, va mourir au cours de l'année 1400. Il laisse derrière lui une œuvre considérable, qui marque profondément sa langue d'adoption. Son chef-d'œuvre, *Les Contes de Canterbury,* va traverser les siècles. Il demeure intact dans sa vigueur, sa clarté et sa vivacité, comme à l'abri du vieillissement.

Le sculpteur Claus Sluter, Bourguignon d'origine néerlandaise, devient le grand maître, le chef de file du courant réaliste. Pour l'heure, désigné comme chef de chantier de la chartreuse de Champmol, située à un kilomètre de Dijon, il crée plusieurs chefs-d'œuvre (qu'on peut toujours aller admirer), dont la *Vierge à l'enfant,* dans le trumeau de l'église, et, au milieu du cloître, le *Puits de Moïse.*

3.

La France en 1400

Par-delà le cycle habituel des saisons, tantôt affadies par les temps de bonaces, tantôt pimentées par les calamités et les catastrophes que, périodiquement, la nature nous impose, les agissements, les menées, les micmacs d'un certain nombre d'hommes ne ménagent guère notre souffrante humanité.

Qu'en est-il spécialement de la France, en cette première année du xve siècle, lorsqu'en la famille Cœur naît un premier enfant ?

Au cours du xiiie siècle, et au début du xive, l'économie de la France n'a cessé de se développer. Seules des crises de croissance, dues pour l'essentiel aux problèmes financiers, en particulier à un crucial manque d'espèces numéraires, sont venues perturber le commerce des cités et freiner les entreprises artisanales ou manufacturières. En revanche, grâce au travail acharné et systématique des cultivateurs, qui irriguent ou assèchent, qui essartent ou qui plantent, qui construisent et régularisent, les campagnes sont devenues florissantes.

L'espoir anime le courage des populations. Va-t-on, grâce à des richesses sans cesse accrues, gravir de nouveaux échelons dans l'amélioration du bien-vivre, du bien-être ? L'homme va-t-il entrer dans une ère de conquêtes, en tous domaines, depuis celui des biens matériels jusqu'à ceux de la technique et du savoir ?

Hélas, à cette espérance, à cette attente, répondra l'entrée en scène des quatre sinistres cavaliers de l'Apocalypse qui, sans marchandage, répandront sur la France la faim, la violence, la guerre et la mort !

Lorsque naît Jacques Cœur voilà plus de soixante ans que le trône de France a été revendiqué par Edouard III d'Angleterre, que celui-ci a lancé son défi à Philippe VI de Valois, roi choisi par les hauts barons, au nom d'une loi dite Salique, toute fraîchement inventée et peaufinée pour la circonstance.

La mère d'Edouard III, Isabelle de France, est la fille de Philippe IV le Bel. Or, pour la première fois depuis l'accession d'Hugues Capet au trône, les trois fils de la lignée royale directe (ceux donc de Philippe le Bel) sont morts, tour à tour, après un bref règne, sans laisser de postérité mâle. Les voici dans l'ordre : Louis X le Hutin (1314-1316), Philippe V le Long (1317-1322) et Charles IV le Bel (1322-1328).

Si leur sœur, Isabelle, et son fils se voient éliminés de la succession, nous en devons l'explication à Froissart qui traduit certainement avec beaucoup de justesse les sentiments des Français de l'époque, de ceux qui bien sûr ont droit à la parole : « Le Royaume de France est de si grande noblesse qu'il ne doit pas, par succession, aller à femelle, ni par conséquent à fils de femelle. »

Pensées enracinées dans les esprits de ce temps. La meilleure preuve en est qu'Édouard III attendra neuf ans avant de réagir contre son éviction de la filiation. Il ira même, dans son acceptation de la loi du patriarcat, jusqu'à prêter le serment de l'hommage lige — que ses aïeux devaient au roi de France pour leurs possessions dans ce royaume — à son cousin Philippe de Valois qui régna sous le nom de Philippe VI.

En fin de compte, ce sont des raisons économiques, stratégiques et territoriales qui le poussent à sa revendication. Dans l'ordre citons les motifs qui l'animent : d'abord la libre possession de ses derniers fiefs Plantagenêt, la Guyenne et le Ponthieu, que le souverain français peu à peu grignote; ensuite le contrôle de la Bretagne qui, en ces temps de cabotage forcé (manque de boussole), de navigation à proximité des côtes, conditionne la sécurité de la route maritime vers Bordeaux; enfin, la Flandre, de mouvance française, mais cliente de l'Angleterre pour la laine, qu'il souhaite arracher à l'orbite française.

Bien entendu, à ces causes premières, venaient s'ajouter mille et un germes et considérations nés dans des cerveaux cupides et ambitieux. Luxuriance et enchevêtrement d'intérêts bientôt inextricables.

Depuis 1337, le royaume des Lys se trouvait donc aux prises avec l'Angleterre. Ou, plus précisément, il se voyait écartelé et dépecé, soit au gré des ambitions et des humeurs de quelques puissants mégalomanes, soit en raison des fautes, des sottises ou de l'incompétence de ses gouvernants.

Comble d'infortune, aux cruels sévices infligés à la population par cette guerre, s'étaient ajoutés ceux causés par un atroce fléau qui, avant de s'attaquer à l'Europe, venait déjà de ravager une partie de l'Asie : la trop fameuse pendémie de peste noire, importée d'Orient par des bateaux génois chargés d'épices.

De 1346 à 1353, le mal tuait sans compter dans les villes et les campagnes, jusqu'à anéantir toute vie humaine dans certains cantons. Puis, à la longue, sans que nul ne soit parvenu à la combattre avec efficacité, la maladie évoluait, devenait endémique, avec, hélas !, parfois de brusques et funèbres résurgences : virulentes poussées de fièvre en telle ou telle province, en telle ou telle localité. Ainsi devait-elle faire à Paris, en 1418, durant la belle saison.

Des millions de morts ! Sans doute près de la moitié de la population française. Une angoisse panique de tous les instants tenaillait les survivants provisoires, créant chez eux le désespoir et ses excès : hommes tantôt ahuris et sans réaction, devenus bétail stagnant et passif, tantôt affolés et furieux, se fuyant ou s'entre-tuant, par crainte de contamination réciproque.

Cimetières trop exigus, cercueils introuvables, fossoyeurs morts ou en fuite ! Les héritages eux-mêmes perdaient toute signification. La peste bubonique se jouait des lignées, des âges et de la force, comme des legs. Un contemporain parle de sept mille maisons vidées de leurs habitants, à Avignon, par la camarde, quelques mois seulement après que l'épidémie eut atteint la ville, c'est-à-dire la mort des quatre cinquièmes des Avignonnais. Telles furent les conséquences d'une épreuve implacable, incontrôlable et tenace.

Plus tard, dans certaines provinces, en Bourgogne par exemple, les princes devront organiser de véritables entreprises chargées de recenser, puis de récupérer les propriétés, les biens sans possesseurs, afin d'entreprendre la remise en état et le réensemencement des terres abandonnées. Car la peste entraîna dans son sillage, conséquence fatale et directe, une recrudescence et une généralisation des famines.

Contestés sur le plan dynastique, inhabiles, c'est le moins qu'on puisse dire, sur ceux de la politique et de la guerre, force est de le constater : l'accession au trône des deux premiers Valois s'était très vite révélée catastrophique. Les règnes de Philippe VI (1328-1350) et de Jean II (1350-1364) enfonçaient le pays dans le malheur, après deux incroyables désastres (Crécy pour le premier, Poitiers pour le second), qui prolongeaient et étendaient le conflit, avec ses aires de dévastation, en donnant aux souverains anglais l'impression qu'ils pouvaient un jour espérer s'emparer vraiment du royaume de France.

Misères des populations soumises sans recours aux brigandages, aux tortures des bandes armées appartenant aux deux camps, misères d'un peuple abandonné par ceux-là mêmes qui devaient le protéger. Pour les soldats anglais la venue sur le continent constituait une bonne affaire. Maîtres du terrain, ils avaient loisir de faire main basse sur tout ce qu'ils trouvaient. Aucun d'eux ne retournait les mains vides dans son île natale, comme en témoigne ce chroniqueur anglais vers 1350 : « C'était une femme de rien, celle qui ne possédait pas quelque chose des dépouilles de Caen et de Calais et d'autres villes situées au-delà de la mer, sous la forme d'un vêtement, de fourrures, de ceintures, d'ustensiles. A travers toute l'Angleterre, dans chaque maison, on pouvait voir des nappes, des joyaux, des vases de myrrhe ou d'argent, du linge ou de la lingerie. »

Par chance, la régence de Charles V, tandis que son père fait prisonnier à la bataille de Poitiers, en 1356, se trouvait à Londres, puis le règne proprement dit de celui qui allait mériter le surnom de « Sage » redonnaient un moment vigueur et cohésion au royaume des Lys. Il sembla, durant quelques années, que les jours noirs définitivement s'éloignaient, ainsi que les terrifiants cavaliers apocalyptiques.

Et pourtant, le jeune prince se retrouvait confronté avec des problèmes inconnus de ses prédécesseurs, menaces portant directement atteinte à l'autorité royale. La bourgeoisie, celle de Paris la première, prenant conscience de l'importance de l'économie, comme productrice de richesses, et constatant sa permanente mise à contribution par le biais de l'impôt — les nobles, eux, n'en payant pas —, tentait d'obtenir une participation au pouvoir, une accession reconnue aux affaires de l'État. Charles V ne pouvait bien entendu que s'opposer à cette ambition. Car l'ensemble des principes qui lui avaient été inculqués le dressaient contre de telles aspirations.

Étienne Marcel, prévôt des marchands de Paris, et Robert Le Coq, évêque de Laon, chefs de l'opposition à la toute-puissance royale durant les États généraux de 1355 et 1356, s'évertuèrent pour imposer au Dauphin la « Grande Ordonnance » de 1357, qui prévoyait, entre autres, le contrôle des finances publiques par les États généraux, et la création d'un Conseil chargé d'assister le régent dans ses décisions. Un moment ils crurent avoir atteint définitivement leur but.

En filigrane de ces revendications, se dessinait une sorte de monarchie constitutionnelle. Aussi le prince Charles, en futur souverain épris de son autorité, résista-t-il de toutes ses forces, puis s'ingénia-t-il afin de réduire cette entorse faite à l'absolutisme. Irréductible et confiant dans sa propre autorité, Étienne Marcel décida alors de forcer la main au Dauphin; il organisa la bourgeoisie et en appela à l'insurrection urbaine. En février 1358, le 22, la foule envahit le palais, et tua, sous les yeux même du Dauphin effaré, deux de ses conseillers privés. Charles se vit contraint de céder et de renouveler la Grande Ordonnance de 1357. Désormais, Étienne Marcel tenait Paris.

Cependant, dans les campagnes au nord de la capitale, principalement dans le Beauvaisis, en Valois et en Ile-de-France, les paysans accablés de misères et de tourments se révoltaient contre leurs seigneurs, contre leurs oppresseurs. Rassemblés en foules innombrables, et comme hallucinées, ils battaient les campagnes et assaillaient maisons fortes, châteaux, sans plan ni ordre; vainqueurs, ils saccageaient avant de massacrer les occupants. Ce furent les temps des Jacqueries.

Un moment, ces bandes, à la fois pitoyables et farouches, obtinrent le soutien nominal d'Étienne Marcel. Mais rien de positif ni de concret ne pouvait surgir d'une alliance aussi mal assortie que fragile. Aux uns comme aux autres, d'ailleurs, le temps allait singulièrement manquer pour avoir chance de se mieux comprendre, de tenter d'affiner leur entente, de faire coïncider des démarches profondément dissemblables. L'armée des nobles, sous le commandement du roi de Navarre, Charles II le Mauvais, liquidait bientôt dans le sang les compagnies de Jacques, torturant plus ignominieusement encore que ne l'avaient fait de pauvres brutes souffrantes, car ses chevaliers et lui-même n'avaient l'excuse ni du désespoir ni d'une totale absence de formation et d'éducation. Quant à Étienne Marcel, l'année 1358 ne s'acheva pas sans que la régence ne l'eût fait assassiner.

Devenu roi en 1364, Charles V, l'ordre ayant été rétabli, allait pouvoir se consacrer à la plus fondamentale des tâches : la libération du royaume et l'élimination des troupes anglaises. Grâce à des hommes de guerre tels que Du Guesclin, Jean Ier Boucicaut, Moreau de Fiennes, et d'autres de moindre envergure, qui, convaincus de la supériorité anglaise dans les batailles rangées en raison de la valeur de leurs archers, fractionnèrent leurs actions en une multitude de petits combats, coups de mains et embuscades, l'occupant ne tarda pas à se voir contraint au recul et menacé d'anéantissement.

A la mort de Charles le Sage, les Anglais ne possédaient plus que cinq villes sur le continent : Calais, Cherbourg, Brest, Bordeaux et Bayonne.

Encore quelques efforts et c'en serait fini, semblait-il. Hélas! Son fils et successeur, comme lui prénommé Charles, n'était encore âgé que de douze ans.

Tout au long de son règne, Charles V avait disposé d'une autorité morale et matérielle suffisante pour tenir en crainte et respect les orgueilleux et envahissants princes du sang, prêts en permanence à s'immiscer, pour en tirer de larges profits, dans les affaires du royaume. Ses trois frères d'abord, les ducs d'Anjou, de Bourgogne et de Berry, son beau-frère, ensuite, le duc de Bourbon. La mort prématurée de Charles V (il n'était âgé que de quarante-deux ans) allait en somme les délivrer d'un maître rigoureux et libérer leurs instincts.

Méfiant, sentant ses forces décliner, le roi avait bien tenté de les juguler par-delà le tombeau, décrétant dès le mois d'octobre 1374, par lettres patentes datées de Melun, qu'au cas où il mourrait avant que son fils aîné eût treize ans révolus, la reine son épouse en serait la tutrice et assurerait la régence. Afin de l'aider dans cette double tâche, il lui adjoignait, uniquement en tant que conseillers, les ducs de Bourgogne et de Bourbon : les deux plus aptes par les capacités d'esprit. Il espérait, la jalousie aidant, qu'ils se contrôleraient l'un l'autre.

Malheureusement, la reine était morte avant lui et aucune autre disposition testamentaire particulière n'avait pu être prise. En 1380, Charles V à peine enseveli, il fallait bien en revenir à l'usage, aux règles communes. Si les quatre ducs pouvaient également prétendre à la régence, aucun d'eux ne se trouvait en mesure de prendre efficacement et durablement le pas sur les autres. Ainsi se virent-ils contraints de renoncer à un coup de force. D'un commun accord ils décidèrent donc de devenir les corégents du royaume. Accord de bref durée. A peine était-il conclu que, dans l'ombre d'abord, les quatre commençaient de rivaliser pour la conquête du pouvoir.

Louis d'Anjou, adopté depuis trois mois par la reine de Naples, Jeanne Ire, ne voyait, sans vergogne, dans le gouvernement de son neveu et du royaume que la possibilité de faire main basse sur les sommes indispensables au financement de la prise de possession de son futur héritage ; Philippe de Bourgogne, riche d'un solide apanage, et venant par son mariage avec Marguerite de Mâle, héritière du comté de Flandre, de s'assurer les droits et la possession de cette opulente province, ne songeait qu'à consolider ses domaines en cette favorable opportunité, jusqu'à se constituer un véritable État ; Jean de Berry, non moins cupide et ambitieux que ses deux frères, mais infiniment moins bien servi sur les plans de l'esprit, de l'adresse et de l'imagination, rêvait indistinctement d'or et de puissance ; seul, Louis de Bourbon, légèrement défavorisé sur le plan du droit — il n'était que l'oncle maternel du Dauphin — passait pour un homme également vertueux et désintéressé.

En 1381, Louis d'Anjou étant parti pour l'Italie, les trois oncles restants allaient à leur façon, et jusqu'en 1388, régenter le royaume. Après avoir chassé les anciens conseillers et administrateurs choisis par Charles V (en dépit, ou en raison de leurs qualités et compétences), tels Olivier de Clisson, Bureau de La Rivière et Jean Le Mercier, ils se partageaient le gâteau.

Certes, l'époque continuait d'être difficile pour des gouvernants. Les aspirations à plus de justice dans la répartition des biens, comme à plus de liberté et de droits, agitaient le peuple, les peuples ! Car la France n'avait point l'exclusivité de ces mouvements revendicatifs. Des révoltes éclataient à travers tout l'Occident : insurrection et prise du pouvoir par les Ciampi à Florence, révolution en Flandre, contre Louis de Mâle, sous la conduite de Philip Van Artevelde, soulèvement des paysans en Angleterre, emmenés par Wat Tyler, et marche sur Londres, troubles en Bohême et en Allemagne... Les émeutes des bourgeois de Paris, surnommés en l'occurrence Maillotins, ne détonnaient pas dans un pareil ensemble.

En 1388, Charles VI, qui venait d'atteindre sa vingtième année, décidait enfin de gouverner par lui-même. C'était à Reims, le 3 novembre, qu'il prenait sa décision. Dépités, ses oncles se voyaient démis de leurs fonctions et contraints de renoncer à certaines prérogatives. Quelques mois plus tard, en 1389, leurs difficultés s'aggravaient lorsque le jeune souverain, les contrecarrant en tous points, et les désavouant, rappelait au pouvoir les fidèles encore vivants du défunt roi. Ceux que la malice populaire avait baptisés « les Marmousets » (cités plus haut) reprenaient aussitôt leurs heureuses et consciencieuses pratiques gouvernementales et administratives.

Hélas ! Trois années plus tard, en 1392, Charles VI subissait sa première crise de folie. Froissart nous a donné le vivant récit de la scène :

« Ainsi qu'il chevauchait dans la forêt du Mans... il vint soudainement un homme ; chef nu et pieds nus, vêtu d'une pauvre cotte de laine blanche ; il semblait plus fol que sage. Il se lança entre deux arbres hardiment et prit les rênes du cheval que le roi chevauchait et l'arrêta tout court et lui dit : " Roi, ne chevauche plus avant mais retourne car tu es trahi. " Cette parole entra dans la tête du roi qui était faible... car son esprit frémit et son sang se mêla tout... Le roi et sa troupe passèrent outre. Et il pouvait être environ douze heures quand le roi eut passé la forêt, ils vinrent sur les champs en une très belle plaine... Le soleil était bel, clair et resplendissant à grands rais ; il tapait de telle manière qu'on était tout transpercé par la réverbération... Le roi était vêtu d'un noir vêtement de velours, qui moult l'échauffait, et avait sur son chef un simple chaperon de vermeil écarlate... Un sien page qui chevauchait derrière lui portait sur son chef un chapeau tout d'acier, qui resplendissait au soleil, et derrière ce page chevauchait encore un page qui portait une lance vermeille, avec un fer d'acier large, clair et fin. Or advint que le page qui portait la lance s'endormit et cette lance chut sur le chapeau d'acier que l'autre page avait sur son chef. Si sonnèrent haut les aciers l'un par l'autre. Le roi tressaillit soudainement et frémit en son esprit car il avait encore en l'imagination l'impression des paroles que le fol homme lui avait dites en la forêt du Mans. Et vint au roi l'idée que grand foison de ses ennemis lui courait sus pour l'occire, il pensa être en une bataille et enclos de ses ennemis ; et levant son épée, il s'écria et dit : " Avant, avant sur ces traîtres ! "...

« Chevaliers, écuyers et gens d'armes se formèrent en haie autour du roi, et le laissèrent lasser... Finalement, quand il fut bien lassé, un chevalier de Normandie vint par-derrière et entoura le roi de ses bras... Et lui fut ôtée l'épée ; et fut mis à bas du cheval et couché doucement, et dévêtu de son vêtement pour le rafraîchir. Là vinrent ses trois oncles et son frère. Mais il avait perdu connaissance d'eux et ses yeux lui tournaient à la fois en la tête moult merveilleusement. »

Désormais, c'en était fait ! Charles VI allait vivre son calvaire. Périodes de calme, de lucidité, et accès d'aberration se succéderaient sans répit, avec progressivement une prédominance accentuée des seconds. Le royaume, frappé en la personne de son roi, redevenait une proie désignée que certains Français convoiteraient avec autant d'impudence et d'âpreté que les Anglais.

En 1385, Charles VI avait épousé Isabeau de Bavière (princesse belle parmi les belles, proclamait-on complaisamment à la ronde), et, en 1389, son frère Louis, duc de Touraine, né en 1372, avait lui aussi convolé. L'élue n'était autre que sa cousine, Valentine Visconti, aussi cultivée et fine que séduisante.

Après donc trois années de gouvernement, les fameux « Marmousets » devaient à nouveau céder la place, car la maladie du souverain, qui nécessitait une nouvelle régence, ramenait à la direction des affaires trois des oncles du roi : Bourgogne, Berry et Bourbon. Pourtant, cette fois, ils n'étaient plus seuls à posséder des droits ; à leurs côtés ils trouvaient la reine, accompagnée de son propre frère, Louis de Bavière. Cinq postulants ! De quoi s'inquiéter ! Et pourtant la liste n'était pas close : Louis de France, le frère de Charles VI, d'abord duc de Touraine puis duc d'Orléans, venait à son tour d'atteindre sa vingtième année. Et ce prince exigeait, soutenu par sa femme — bien qu'évincé de la régence par le testament de Charles VI, acte contestable étant données les circonstances de sa rédaction —, d'avoir le pas sur tout autre postulant, en particulier sur ses oncles. Et la reine Isabeau, nullement insensible aux charmes et aux agréments de son captivant beau-frère, ne lui opposait aucun désaveu.

Peu à peu, deux clans se formaient, à la cour, à la ville, dans le pays, deux véritables partis qui rivalisaient avec hargne pour le contrôle de l'État — et les avantages que le pouvoir confère —, celui de Louis d'Orléans et celui de Philippe le Hardi de Bourgogne.

Au cours des dernières années du XIVe siècle, en dépit de quelques timides et maladroites tentatives de conciliation et d'appels à la sérénité venant des ducs de Berry et de Bourbon, la situation entre les factions s'était exaspérée, les haines avait grandi démesurément, au point qu'il n'était nul besoin d'être grand clerc pour prévoir la venue de nouvelles épreuves.

4.

Jean de France, duc de Berry

Second par l'âge des trois oncles paternels de Charles VI, Jean de France, duc de Berry et d'Auvergne, devait, tout au long de sa vie, faire preuve de l'intelligence et du caractère les plus médiocres qui soient. Impossible de découvrir chez lui ce grain de folie, transmué en projet ambitieux passablement aventuré, qui aiguillonne et inspire Anjou ; plus utopique encore l'espoir de le démasquer, froid, patient et concret, en même temps que rageur et accroché à une résolution dominatrice, comme Bourgogne.

Non ! Suffisant et infatué de sa naissance, qui le plaçait au tout premier rang, il ne semble même pas avoir souhaité apporter son concours à une parenté assaillie pourtant par mille et une difficultés. Le menait seulement la totale, l'absolue et farouche volonté de bien vivre, selon des goûts fastueux et dispendieux, fût-ce, le cas échéant, au détriment du reste du monde.

Paraître, imposer, jouir, profiter le plus sensuellement possible de l'instant qui passe, se saisir de tous les avantages contingents, sans se soucier jamais de la manière utilisée, ou des moyens mis en œuvre pour les obtenir, telles furent les lignes directrices de son existence.

A ceux qui s'inquiétaient, si peu que ce fût, du sort des autres hommes, il n'a pu apparaître qu'à la façon d'un rapace, de compréhension bornée et dépourvu d'envergure, uniquement sensible aux couleurs chatoyantes. Un rapace vrai, pourtant : glacé, arrogant, impitoyable. Partout, lorsqu'il s'est trouvé en mesure de dominer, sa vanité, sa cupidité, son égoïsme et son incurie l'ont conduit à gouverner, à régenter, sans imagination ni âme, comme à spolier sans retenue ni vergogne.

Né à Vincennes, en 1340, d'abord comte de Poitiers (de 1356 à 1360), son père, Jean II le Bon, lui octroyait, en l'année 1360, les duchés de Berry et d'Auvergne en apanage. Au soir de la catastrophique défaite de Poitiers, à seize ans donc, il avait été emmené en captivité à Londres en compagnie de son père et de nombreux seigneurs et chevaliers. Par la suite, en vertu du traité de Brétigny (1360), son séjour devait se prolonger jusqu'en 1367.

Captivité fort douce au demeurant, et qui flattait ses goûts mondains, comme ceux de son père. Au sein de la cour anglaise, les Valois se voyaient des plus courtoisement traités. N'était-on pas entre cousins ? Des fêtes, exaltant les vertus de l'idéal chevaleresque, courtoisie, bravoure, force et adresse, se succédaient incessamment, et de nobles chevaliers organisaient à satiété jeux, concours et tournois. Vivre chez le Plantagenêt se révéla d'ailleurs si plaisant que le royal prisonnier, Jean II, en oublia ses devoirs nationaux.

Jean de Berry ne rentra en France que trois années après la mort de son père, et fut tenu soigneusement à l'écart des affaires du royaume tant que vécu le roi Charles V le Sage, son frère pourtant, qui ne s'était jamais fait aucune illusion à son sujet, tempérament et capacités.

La mort de ce souverain exigeant et sévère apparut donc au duc Jean comme une véritable délivrance : enfin, on allait lui octroyer cette importance, cette participation au pouvoir, qu'il n'était jusque-là jamais parvenu à obtenir. Quelle satisfaction de voir s'ouvrir les portes conduisant aux grandes et fructueuses charges !

Effectivement, profitant de sa position de corégent, Jean de Berry se faisait bientôt attribuer le titre et la fonction de gouverneur du Languedoc, sorte de vice-royauté sans contrôle sur une des plus riches et des plus belles provinces du royaume.

Comme l'appréhendaient ses proches, ou ceux qui l'avaient côtoyé et depuis longtemps jaugé, il devait au cours des années 1380-1388 accumuler extorsions et malversations, dressant contre lui l'ensemble de la population, hélas impuissante.

Bien entendu, à peine les « Marmousets » reprenaient-ils le pouvoir qu'ils s'empressaient de mettre un terme à son gouvernement.

Dépité et amer, Jean de Berry rentrait à Paris. S'il faisait d'abord bonne mine à ses détracteurs, il rongeait son frein. Désormais, il allait guetter une opportunité pour se venger. A peu de temps de là, la folie du roi lui offrait l'occasion rêvée.

Partageant de nouveau la régence avec son frère, le duc Philippe de Bourgogne, et son neveu, le duc Louis d'Orléans, le sort des « Marmousets » était vite réglé. Mais Jean de Berry ne tardait guère à s'apercevoir de la rivalité sans frein, de l'hostilité puis de la haine qui animaient et dressaient face à face oncle et neveu. Un temps, il allait tenter de jouer les conciliateurs entre les deux clans, mais ses efforts demeureraient totalement infructueux.

Pour aboutir, dans un rôle à la fois d'arbitre et de médiateur, il eût fallu un grand politique doté d'une remarquable personnalité. Interprété par un médiocre, un gestionnaire incrédible aux idées plates et banales, le jeu devenait très vite fort délicat à assumer. Peu à peu, en dépit de sa superbe, le duc Jean, battu en tous points, se voyait promptement relégué au second plan par les deux adversaires.

Durant cette période, Jean de Berry, hormis pendant ses brèves visites à Bourges, habitait tantôt l'hôtel de Nesle, tantôt une riche résidence à Vincennes, à moins encore qu'il ne se fût réfugié en son superbe château de Bicêtre. Dans chacune de ses résidences il prenait plaisir à accumuler les meubles luxueux, à collectionner les objets d'art, à régner enfin sur un environnement d'une esthétique raffinée.

C'est sensiblement aux alentours de l'année 1400 que Berry, sans abandonner complètement Paris et ses abords immédiats, commença de séjourner plus fréquemment et plus longuement que par le passé en son palais ducal de Bourges. Là, sans avoir à craindre des rivaux, sans autre besoin que d'être, il pouvait monopoliser attentions et flagorneries de courtisans habitués à le prendre pour modèle. Grand maître de ces journées intemporelles, il lui devenait loisible de s'ingénier sans qu'intervienne la moindre contradiction, au sein de cette cour béate afin de transformer en une fête selon ses goûts chaque heure vécue.

Si, chez le duc Jean, l'homme politique, l'homme de gouvernement, voire l'homme de guerre n'ont fort justement laissé aucun souvenir mémorable, sauf exécrable, l'esthète en revanche est passé à la postérité. Aujourd'hui, Jean de Berry nous apparaît, au vu des œuvres qu'il sut commander, qu'il sut proposer et faire exécuter, comme le prince-artiste type, comme le mécène éclairé, comme l'amoureux vrai et passionné des muses, comme un des principaux avant-gardistes de la Renaissance.

La réalité profonde ne colle peut-être pas rigoureusement avec ce portrait idyllique d'un personnage par ailleurs tellement contradictoire. Pourtant, il semble indéniable que non seulement Jean de Berry éprouvait un vif et irrépressible attrait pour des choses aussi élaborées qu'harmonieuses, qu'on appelle œuvres d'art, mais encore qu'il savait détecter les vrais talents, les artistes de tempérament, capables de concevoir et d'exécuter des chefs-d'œuvre.

Et que n'a-t-il aimé! Tapisseries, peintures, sculptures, orfèvreries, bijoux, livres, fourrures, étoffes... Rien, semble-t-il, ne le laissait indifférent et, sa curiosité ou sa volonté d'originalité le poussant, l'aiguillonnant, pas davantage les plantes rares et précieuses ou les animaux exotiques.

Les miniatures de son livre d'Heures, *Les Très Riches Heures du duc de Berry*, irremplaçable merveille, qui nous est heureusement parvenue, nous le montrent trônant, l'air hautain mais épanoui, entouré d'un luxe recherché et s'y complaisant.

Ce raffinement correspondait-il à une sensibilité vraie, ou bien ne devons-nous y voir, sachant par ailleurs ce qu'était le personnage, que le goût de la pie pour tout ce qui brille et scintille? L'ostentation chez lui présidait-elle à ses engouements? Peut-être vaut-il mieux stopper là, car continuer dans cette voie serait une tentative de procès sans preuves. Portons donc, sans barguigner, ce seul aspect positif de sa personnalité à son crédit. Puisqu'il est vrai, avéré, que des artistes de grand renom travaillèrent pour lui, et qu'il se montra constamment, à leur égard, sous le jour d'un protecteur actif, admiratif et toujours généreux.

Parmi les plus célèbres qui œuvrèrent à son service, il faut citer: les trois frères Limbourg — Pol, Hennequin et Herman —, peintres et miniaturistes, qui décorèrent précisément les fameuses *Très Riches Heures du duc de Berry*, Jacquemart de Hesdin, qui les assista dans cette tâche, André Beauneveu, qui exécuta le *Psautier du duc Jean de Berry*, après avoir travaillé à la décoration du château de Mehun-sur-Yèvre, Jean de Rupi, dit de Cambrai, sculpteur, à qui fut confiée la réalisation du tombeau de Jean de Berry, ainsi que celle des deux statues qui se trouvent aujourd'hui placées dans le chœur de la cathédrale de Bourges : celle du duc Jean et celle de Jeanne de Boulogne.

En la ville même de Bourges, Jean de Berry ne disposait d'aucun pouvoir. (Quelle ne fut pas la chance de cette ville, en l'occurrence !) Certes, il régnait effectivement sur les deux provinces qui composaient son apanage. Mais, depuis 1179, la cité avait obtenu une charte communale lui octroyant nombre de libertés, entre autres celle de gérer elle-même ses propres affaires. C'est-à-dire que l'autorité réelle se trouvait entre les mains des bourgeois de la cité, qui la déléguaient à leurs élus municipaux ; les familles les plus notables infléchissaient bien entendu l'administration de la ville au mieux de leurs intérêts.

A partir des années 1398-1400, et presque jusqu'à la mort de Berry en 1416, le palais ducal va — conséquence paradoxale des déboires politiques nationaux de son propriétaire — vivre ses plus belles heures. Festins, cérémonies civiles ou religieuses, fêtes et célébrations diverses s'y succéderont désormais sans trêve. S'exhibaient, au fil des jours, des débauches de bijoux et d'armes précieuses, des intempérances de vêtements (formes et couleurs), de broderies, d'ornements, de colifichets. Pour ces courtisans, soucieux de la remarquable laudative, voire de la simple approbation ducale, il n'existait rien de trop beau ni de trop coûteux. Attirer les regards, émerveiller si possible, fût-ce le temps d'un jour ou d'une nuit : tel était l'absolu mot d'ordre. En vérité, il s'agissait non seulement d'éblouir les autres, mais de s'aveugler soi-même.

Le duc Jean et sa femme, Jeanne de Boulogne, donnant le branle, aucune dame ou damoiselle, aucun seigneur ou officier, aucun clerc ou prélat ne pouvait demeurer en reste. A quelque prix que ce fût, tout bon courtisan devait s'efforcer d'éclipser ses rivaux, quitte à s'endetter, à emprunter à des taux d'usure, quitte à dilapider ses biens : fermes, terres, maisons, châteaux.

Par la grâce d'un tel état d'esprit, la cour ducale devenait une formidable aubaine pour tous ceux dont le métier était de vendre, ou de façonner, ce que dames, damoiselles et sires de tous âges, soucieux d'élégance, souhaitaient arborer.

Les affaires allaient tellement bon train, se révélaient si fructueuses que, le bruit s'en étant propagé à travers le royaume, marchands et artisans accouraient de toutes les régions de France, et même d'Italie, d'Allemagne et de Flandre. Les plus riches de ces hardis compagnons ne tardaient guère à s'installer, à acheter quelque hôtel, tenant à posséder pignon sur rue, afin de se faire plus commodément recevoir bourgeois de Bourges, tels : les Durieux, de Valence, les Lallement, de Nantes, les Petitjean, de Montpellier, et d'autres, bien d'autres...

Ceux de la place, il va de soi, s'efforçaient de faire bonne contenance, de ne pas se laisser distancer par les entreprises des nouveaux venus. La compétition se faisait âpre ; Pierre Cœur, le Saupourcinois, reçu bourgeois, devait tenter de tenir bonne place dans cette joute parmi ses nouveaux concitoyens. La preuve de sa réussite, dans une rivalité sans merci, nous la trouvons dans son déménagement de la rue de la Parerie et son installation rue d'Auron, aux alentours de 1409.

Témoignage parmi bien d'autres de la profonde mutation de cette société issue de la féodalité, la mode, depuis 1340-1350, avait beaucoup évolué ; ceci en dépit des sempiternelles récriminations des adversaires de toute nouveauté, de l'indignation des tenants des sévères habitudes anciennes. Les vêtements, notamment, s'étaient singulièrement raccourcis. Ils soulignaient ou accentuaient certaines courbes du corps, comme pour mieux revendiquer les droits de celui-ci. Les tailleurs faisaient fortune, grâce à la judicieuse répartition des rembourrages, servant à valoriser les formes ou à les corriger.

Comme un mécanisme qui une fois déclenché s'entête sur sa lancée, la mode s'autostimulait, accélérait encore le rythme de ses changements, au point qu'il est aujourd'hui possible de dater une miniature à quelques années près, rien qu'au vu des costumes de ses personnages.

C'était le temps où la cotte s'écourtait au point de devenir jaque, puis jaquette, où le manteau féminin, s'étant transformé en huque à l'usage des hommes, puis en casaque, voyait ses manches se gonfler jusqu'à devenir semblables à d'énormes ballons oblongs, où le doublet, muté en pourpoint, était de plus en plus fréquemment coupé dans de magnifiques draps de soie ou de velours, de teintes éclatantes.

Si la longue robe demeurait en usage, elle tendait à devenir l'apanage exclusif des rois, des princes, des ducs et des hauts dignitaires. Mais, là encore, de quel luxe ne faisait-on pas preuve quant aux ornements, aux couleurs et aux tissus !

Comment, dans de telles conditions, certains marchands n'auraient-ils pas occupé dans la hiérarchie une place toujours plus importante ? Sans cesse on avait recours à eux. Cette société des années 1400 mériterait déjà, en somme, selon notre moderne formulation, mais bien entendu à l'usage d'une certaine élite, fort peu nombreuse, la qualification de « société de consommation ».

Pourtant, il va de soi que tous les commerçants ne se trouvaient pas sur le même plan. Plus qu'à tout autre moment, il convenait de faire la différence entre les « petits marchands », obscurs et humbles revendeurs aux moyens limités, souvent tondus et humiliés, parfois meurtris, qui achetaient en « demi-gros », avant de laborieusement écouler au détail, et les « nobles marchands », cousus d'or et arrogants, qui traitaient leurs affaires sans soucis des frontières et influençaient au besoin la politique des ducs, des princes et des rois. Leur contemporaine, Christine de Pisan, décrivait de la sorte leurs activités :

« ... vont outremer et par tous pays, ont leurs facteurs, achètent en gros et font grands frais, et puis semblablement envoyent leurs marchandises en toutes terres en gros fardeaux ».

Ainsi, pour les ambitieux, les aventureux, qui n'avaient pas eu la chance de naître au sein d'une famille noble, des possibilités nouvelles de s'affirmer et de s'élever apparaissaient.

5.

Formation
et éducation
de Jacques Cœur

Jacques Cœur dut passer les sept premières années de sa vie, selon les mœurs de l'époque et les coutumes de son milieu, dans le giron maternel. Doux et accueillant asile, aimable dépendance, loin des luttes épi ʾuvantes, dont le nostalgique souvenir se prolonge jusqu'à notre dernier jour.

Sans doute, comme dans les autres familles, sa mère disposait-elle d'une incontestable autorité sur l'administration de la maisonnée et la gestion du budget. Le sens des économies et celui de la dignité fière ne marchaient-ils pas l'amble ? Éventuellement, quelques familières et dévouées servantes l'aidaient dans ses tâches. Cependant que les enfançons n'avaient, quant à eux, d'autres occupations majeures que celles de grandir, de forcir, et aussi de se distraire.

Exquise saison des rires et des jeux, lorsque la tendresse y règne en souveraine. Les jeunes imaginations s'imprègnent et s'inspirent des mœurs et des coutumes des adultes, elles enregistrent ou se pénètrent des parcelles de vérité, comme des fictions, ou des croyances, qui les aideront à concevoir des rêves, lesquels, plus tard, influenceront leurs destins.

Pour protégés qu'ils fussent, ces débuts dans l'existence représentaient alors, sur le plan de la survie, une période entre toutes redoutable : la mortalité infantile navrait, décimait les familles, quinze à vingt enfants sur cent mouraient déjà au cours des douze premiers mois et cela continuait ! Arrivé à vingt ans, l'espérance de vie d'un homme n'excédait guère vingt-sept ou vingt-huit ans.

Encore ces modernes évaluations ne prennent-elles en compte que les classes pour lesquelles nous possédons suffisamment de renseignements, ne comptabilisent-elles que les êtres les plus favorisés de la société.

La période enfantine révolue, le premier septennat d'âge achevé, on considérait que le garçonnet avait atteint une suffisante conscience du monde, et de son moi, qui le rendait susceptible de comprendre et d'agir par lui-même. Dès lors, on le soumettait au régime de l'enseignement.

Rigidité et formalisme, telles étaient les deux caractéristiques essentielles de la pédagogie. On ne badinait guère, en cette fin du moyen-âge, avec les principes moraux à inculquer : sens de la hiérarchie sociale et de l'humilité, respect des supérieurs et des aînés, politesse et courtoisie, prudence et discipline des mœurs, contrôle des multiples pulsions nerveuses ainsi que domination complète des corps. Les châtiments corporels, appliqués sans hargne mais avec une réelle vigueur, participaient directement à la structuration des esprits.

Pour le bien même de l'élève, afin de forger, d'écrouir à jamais son âme et sa volonté, parents et amis devaient, comme les maîtres, savoir dissimuler tout élan, retenir toute tendance à la sensibilité, contrôler toute marque de tendresse. Cette indispensable froideur leur faisait un devoir d'éliminer les différentes manifestations sentimentales qui dégénèrent parfois en vulgaires expressions d'une banale sensiblerie.

A partir de l'emménagement des Cœur rue d'Auron, il semble vraisemblable que les trois enfants quittèrent leurs premiers *magistri*, ou *rectores scholarum*, pour fréquenter l'école qui relevait directement de la Sainte-Chapelle, située à deux pas du nouveau domicile, les maîtres enseignants de cette dernière devant être, à coup sûr, du meilleur niveau, afin de satisfaire aux exigences des familles dominantes de la ville.

Peut-être est-ce justement parce qu'il fut élève de la Sainte-Chapelle que Jacques Cœur se croira autorisé par la suite à se réclamer de la cléricature. En effet, l'appartenance au corps des enfants de chœur permettait non seulement de porter la soutanette, mais aussi de recevoir la première tonsure. Lors de son procès, en 1452, l'archevêque de Tours intercédera auprès de la justice royale pour réclamer la remise du prisonnier à l'officialité de son diocèse, affirmant que Jacques Cœur pouvait et devait bénéficier du privilège de clergie.

A fréquenter la Sainte-Chapelle, Jacques y gagna une éducation religieuse qui ne se limita pas à une récitation laborieuse du Pater Noster, de l'Ave Maria, et du Credo. S'il est impossible de mesurer l'intensité de sa foi, du moins peut-on affirmer qu'il manifesta par la suite le plus grand respect pour l'Église, qu'il sut gagner (et s'y appliqua) les bonnes grâces et la protection de la papauté, et que l'éducation qu'il donna à ses enfants fit que son fils aîné, entré en cléricature comme ses deux oncles, devint un fort brillant sujet.

On ne possède aucune indication quant à la durée de la formation scolaire et au niveau de connaissance atteint par le jeune Jacques. Il ne reste donc qu'à conjecturer. En revanche, nous n'ignorons pas que son demi-frère, Jean Bacquelier, entré dans le clergé, fut chanoine (ce qui laisse supposer l'acquisition d'un minimum convenable de culture) et que son frère cadet, Nicolas, d'abord devenu lui aussi chanoine de la cathédrale de Bourges, obtenait par la suite l'évêché de Luçon. Cette élévation n'avait été possible qu'en raison du grade universitaire conquis par Nicolas, au terme de solides et constantes études en droit canonique : une licence en décrets.

On peut donc penser — en dépit de certaines allégations ou affirmations, telles celles du chroniqueur et évêque de Lisieux, Thomas Bazin, qui nous présente Jacques Cœur comme « *sine litteris* » — que celui-ci suivit fort sérieusement ses cours durant bon nombre d'années, de sorte qu'il y gagna une formation intellectuelle de qualité.

Lorsqu'on connaît la vie de Jacques Cœur, les travaux qu'il accomplit dans de nombreux domaines, au cours de son extravagante carrière, que ce soit dans l'organisation commerciale ou la gestion minière, dans les domaines financiers et monétaires dans le droit ou dans l'administration, à moins que ce soit dans la diplomatie, on ne peut qu'être absolument convaincu d'un solide niveau culturel, aux multiples ouvertures. Il est même logique de préciser que cette formation le rendait apte à assimiler rapidement et à résoudre chacun des problèmes auquel il se voyait confronté.

Pierre Cœur ne disposait pas des moyens financiers lui permettant d'acquérir pour son fils aîné une charge dans la magistrature, et Jacques n'avait probablement ni le goût ni la volonté d'entrer dans le clergé. Si engranger de solides connaissances lui convenait, il ne pouvait en revanche que refuser de s'astreindre à collectionner titres et diplômes. D'autant que le temps passé à s'y préparer risquait fort de se compter non en mois mais en années. '

Du coup, il paraît non moins indéniable que le jeune homme ne put se contenter d'une formation exclusivement livresque, ou seulement théorique. L'adolescent, qui avait déjà opté pour la dernière solution s'offrant à lui, une carrière commerciale, entreprenait, dès le début du troisième septennat de son existence et parallèlement à ses cours, un véritable apprentissage du négoce, aux côtés et dans la boutique de son père.

Était-ce une authentique, une profonde vocation qui le poussait vers le métier de marchand ? N'avait-il jamais rêvé d'autre chose, aux temps où l'imagination et les espoirs les plus fous dominent l'esprit ? La songerie autorise n'importe quelle chimère et le retour à la raison est toujours contraignant. S'il se laissa jamais aller à ces songes, le moment arriva inéluctablement où il dut prendre conscience de son état : fils de marchand. Les voies de la réussite sociale parsemées d'embûches et de chausse-trappes s'annonçaient aussi étroites que peu nombreuses. Clergie et magistrature éliminées, il ne lui restait guère qu'à reprendre, et si possible développer, l'affaire familiale. A moins qu'il ne fût assez audacieux et entreprenant pour décider de créer sa propre affaire. Ce qui se voyait plus rarement. Tenons compte aussi que Jacques était l'aîné, celui sur qui, à cette époque, retombait en général la charge de maintenir la tradition familiale. Reprendre le métier du père, assumer la position de chef d'entreprise devenait un devoir.

C'était à l'âge de treize ou quatorze ans que le choix d'une voie s'imposait aux enfants, peu avant d'entreprendre le second septennat éducatif. Parents et maîtres savaient, et proclamaient, que toute formation ou apprentissage exige, pour être satisfaisant et porter ses fruits, beaucoup de temps, un maximum de contention, d'application et d'entêtement. Dès le XIIIe siècle, le jurisconsulte Philippe de Novare ne fixait-il pas cet axiome en écrivant, dans *Les quatre âges de l'Homme*, la remarque suivante : « A peine peut être bon clerc qui ne commence dès l'enfance, ni jamais bien ne chevauchera qui ne l'apprend jeune. »

Pierre Cœur préféra sans doute préparer tout à la fois très largement et très spécifiquement son fils en lui enseignant l'ensemble des règles, des astuces et des contraintes qu'exige le domaine des affaires, plutôt que de le cantonner dans l'étude du commerce et des techniques de la seule pelleterie. Par la suite, d'ailleurs, jamais on ne devait voir Jacques Cœur se contenter de l'exercice de cette profession.

Avant d'imaginer l'adolescent secondant son père ou ses employés, les observant discrètement et les interrogeant chaque fois qu'il ne parvenait pas à comprendre seul, s'exerçant ainsi, progressivement, tantôt à la classification et à l'évaluation des marchandises, tantôt à la tenue des livres de comptes, à moins que ne le requît la réception d'un client ou d'un fournisseur, puis, de nouveau libre, s'évertuant à s'initier à l'élaboration d'un prix de revient ou de vente dans lequel intervient la répartition des frais de transport et de manutention, il me semble bon de revenir sur son évolution intellectuelle entre sept et quatorze ans.

Au-delà de l'assimilation des leçons et de l'exécution des devoirs imposés par les maîtres, au-delà également de ses réflexions provoquées par les cours magistraux, le milieu familial ne pouvait pas ne pas continuer de peser sur son esprit durant ces années de formation.

Soir après soir, portes et fenêtres closes, le couvre-feu sonné et la ville entière livrée à la rigoriste vigilance des sergents du chevalier du guet, cependant qu'aux lueurs tremblotantes et fumeuses des chandelles la vapeur montait en éphémères volutes, au-dessus des écuelles contenant un épais et gras potage, ou quelque viande bouillie accompagnée de légumes, commentaires et considérations, à coup sûr, allaient leur train.

D'abord, mari et femme se rapportaient pêle-mêle : échos, rumeurs et bruits divers courant les échoppes du quartier, ainsi que les prétendues nouvelles de bonnes sources, les renseignements confidentiels confiés sous le boisseau, mais qui se colportaient, de venelles en corridors, jusque et y compris dans le palais, à la porte de la chambre ducale.

L'angoisse rendait crédule, d'autant que la vérité, lorsqu'elle se découvrait, dépassait parfois les pires ragots en invraisemblance ou en horreur. Mais le sens et le goût de la vie ne tardaient guère à balayer ces noirceurs, et les propos du couple tendaient inéluctablement vers des sujets plus personnels et plus réjouissants. Un moment encore et les problèmes des Cœur s'interféraient avec la situation, les conflits du royaume. Les rapports de satisfaction, quant à la marche des affaires du pelletier saupourçinois, se mélangeaient de la plus inextricable façon avec les considérations sur les soubresauts de la politique ou les menaces provoquées par d'imprévisibles résurgences de la peste bubonique.

L'animation et le ton montant encore, presque sans hiatus, sans volonté d'escient, s'affrontaient les causes d'une crise économique à répétition avec ses effets parfois si contradictoires. Ainsi, à la cherté éhontée de la vie, à l'effarante dévaluation qui ruinait tant de foyers s'opposaient l'ascension des marges bénéficiaires (sur des marchandises raréfiées mais avidement recherchées) et la dévalorisation poussée jusqu'au ridicule des baux ; ainsi, aux terrifiants ravages des guerriers et de la pendémie, répondait la volonté débridée de jouir de la vie, sans attendre et à n'importe quel prix (suscitant du même coup le désir du luxe le plus effréné) ; ainsi, à une mortalité souvent démente, s'opposaient l'enchérissement du prix de la main-d'œuvre et l'affranchissement de nombreux salariés ; ainsi encore, à l'appauvrissement radical de la vieille aristocratie d'épée, se juxtaposait l'irrésistible ascension de la classe marchande.

Chez les Cœur, de même que chez la quasi-totalité des hommes des XIVe et XVe siècles, l'incapacité d'analyser scientifiquement les conséquences des fléaux, qui détraquaient à jamais les rythmes économiques et les lois du vieil ordre féodal, créait une telle confusion dans les esprits qu'elle déclenchait les plaintes et les regrets aussi bien des victimes que des bénéficiaires, même les plus impudents.

Mais de tant de bavardages confus, diffus, tentaculaires, l'enfant tirait profit. A la longue, certains éléments — réflexions, idées, obsessions, désirs rageurs —, tous soigneusement tus, fécondaient à la façon d'un limon sur un terrain fertile son intelligence et son jugement. En lui naissaient des rêves, des projets encore imprécis, des ébauches de plan qu'il devrait par la suite mille et mille fois reprendre et caresser, jusqu'à ce qu'ils fussent parfaitement peaufinés.

Et puis le métier et la vie de ses parents offraient à Jacques une ouverture fort large sur le monde. Si, rue de la Parerie, il s'était trouvé au contact du menu peuple, ceux qui l'environnaient rue d'Auron appartenaient à la bourgeoisie aisée ou riche; par la grâce des relations commerciales de son père, fournisseur de la cour ducale, le monde des nobles entrait désormais à son tour dans son champ de vision et de connaissance.

Comment Pierre Cœur et sa femme, à l'instar de ceux de leur caste, auraient-ils pu s'empêcher d'évoquer, avec un trouble fait d'admiration et d'envie — en dépit des plus désagréables avanies reçues —, la richesse et la puissance de ces grands personnages qu'ils entrevoyaient lors des visites au palais ducal ou à l'archevêché : seigneurs, prélats, officiers, dignitaires. Des relations, pour lâches qu'elles fussent, s'établissaient avec ces privilégiés au cours des tractations, des discussions, des marchandages qui précédaient inéluctablement la conclusion de chaque fourniture de fourrures.

Pour un marchand, subir l'orgueil, la morgue et l'insolence, voire les offenses directes de cette clientèle si recherchée n'était que monnaie courante. Il fallait bien s'en accommoder. Du coup, la moindre amabilité, la moindre politesse d'un de ces enfants gâtés devenait une faveur dont on se réjouissait, dont on s'enorgueillissait jusqu'à en faire état à la première occasion venue. A l'opposé, qui pourrait chiffrer les mouvements de colère impuissante, les bouffées de haine ou les désirs de revanche, suscités par les rebuffades et les humiliations gratuites, qui, sous le sourire servile ou le masque poli, convulsaient les victimes outragées ? Mais le moyen de ne pas subir !

Bien des soirs, Pierre Cœur, certain de n'être entendu que des siens, dut exprimer ses amertumes et ses exaspérations, en même temps qu'il regrettait son incapacité à répondre à ceux qui l'avaient humilié. Pourtant la conclusion ne variait jamais, surtout s'il s'était laissé aller à quelque violent éclat devant le jeune Jacques : calmé, mais inquiet d'un si mauvais exemple, il tentait sûrement d'atténuer mots et gestes, de noyer l'accès de hargne dans de plates litanies prêchant le sang-froid, la sagesse et la pondération, et rappelant pour finir que seule l'humilité garantit la liberté et la vie.

N'était-ce pas là le meilleur service à rendre à ce fils qui serait un jour, lui aussi, confronté aux puissants pour gagner son pain ?

Quelques années plus tard, lorsque son père, au cours de l'apprentissage, lui demanda de l'accompagner dans ses démarches, quel intérêt et quelle curiosité durent susciter en Jacques Cœur ses premières visites au palais ! Pourtant, une fois étanchée la soif de connaître, de voir de plus près ces nobles et ces dignitaires, le jeune Cœur devint sans doute plus apte à s'intéresser puis à se passionner pour les autres marchands qui, comme son père, faisaient antichambre. Il y en avait là pour tous les goûts : des armuriers aux drapiers, des soyeux aux orfèvres, des chapeliers aux merciers, des épiciers aux joailliers, des changeurs aux banquiers.

Ces derniers durent lui apparaître comme les plus intéressants, voire les plus extraordinaires. Car, devant eux, même les princes et les prélats oubliaient leur arrogance, prenaient bientôt des allures débonnaires, un ton aimable et familier. La leçon éclatait sans qu'il soit besoin d'aller chercher plus loin. Et le jeune homme de constater les premiers avantages que confère l'argent.

Mais il ne pouvait longtemps en rester à ces élémentaires constatations. Il est inimaginable que Jacques Cœur n'ait pas lié connaissance avec ces hommes, qu'il ne les ait point interrogés, harcelés, sur eux, sur leur métier, sur leur pays, car il ne s'agissait jamais de Français mais principalement d'Italiens.

A faire le pied de grue, le temps s'écoulait lentement, trop lentement pour des gens loquaces, exubérants et à l'esprit vif. Parler soulage l'impatience.

Sans rien livrer du secret des tractations en cours, il leur était aisé, aussi bien aux changeurs qu'aux banquiers, d'expliquer à ce curieux garçon quelques-uns des ressorts secrets de leurs bizarres mais indispensables commerces.

Ainsi, Jacques Cœur se voyait-il peu à peu à même de comprendre les différents problèmes des monnaies — poids, alliages, frappes. Suivaient de près ceux du crédit et des taux d'intérêt, et c'était avec les meilleurs maîtres possibles qu'il apprenait les conditions à réunir pour opérer des transferts de fonds sans risques : par le mécanisme des traites et des lettres de change.

La familiarité et même l'amitié naissaient avec certains de ces hommes rencontrés fréquemment. Le goût de la parole, l'infini plaisir du verbe autant que le besoin d'évoquer les souvenirs attendris ou passionnés de la patrie, de la maison, de la famille, entraînaient des hommes incapables de taire et de masquer complètement leurs nostalgies.

Sans compter qu'ils devaient apprécier le fait de s'exprimer devant un auditeur si attentif. Probablement en devenaient-ils eux-mêmes plus éloquents, plus volubiles... et plus gesticulants.

Au fil des mots Jacques Cœur découvrait Florence, Sienne ou Milan. Puis, à la suite des grandes villes commerçantes et industrieuses ou des ports dominateurs, Venise et Gênes, c'était tout le monde méditerranéen qui s'engouffrait dans le discours. Les deux rives de la Méditerranée ne formaient bientôt plus, toutes distances miraculeusement abolies, qu'un seul et unique monde où aboutissaient et s'accumulaient d'innombrables merveilles directement issues de la nature ou façonnées par les hommes.

Cependant, anecdotes et récits ne pouvaient demeurer éternellement anonymes. Des noms apparaissaient par-ci par-là, revenaient dans les discours à intervalles réguliers. Ainsi, lorsqu'il était question de Florence, fleurissaient ceux des Albizzi, des Bardi, des Médicis. On lui rapportait que ces familles de banquiers ne se contentaient pas de contrôler des manufactures par le biais des avances, mais qu'elles contribuaient directement à en créer de nouvelles en achetant des parts, et aussi qu'elles prêtaient de l'argent aux capitaines de navires et aux armateurs, qu'elles affrétaient même des vaisseaux et se réservaient d'importantes participations dans les frets de retour.

Suivaient les descriptions des prodigieuses cargaisons ramenées d'au-delà des mers, dont nombre d'éléments venaient aboutir ici même, en ce palais ducal, et qui portaient le nom de soie, d'épices, de pierreries — rubis, émeraudes, saphirs, diamants, etc. —, de perles, de bijoux...

A ce niveau, le négoce se muait en aventure et les négociants en conquérants.

Il lui apparaissait que ces hommes devenaient peu à peu si florissants et si influents qu'ils surpassaient en opulences les princes et les rois, et que ceux-ci se voyaient même parfois contraints de les solliciter. A ce stade de la réflexion, s'imposait alors en conclusion, à l'esprit du jeune homme, que la richesse, la vraie, naît plus aisément du négoce avec les pays lointains. Or, plus que la naissance, cette richesse n'était-elle pas en train de devenir la clef de la puissance ?

6.

Débuts dans la vie et mariage

L'adolescence ! Années de transition morale et physique. Déjà la personnalité se dégage et s'affirme, déjà la vigueur et la stature du corps se précisent. Époque brève ou interminable aux yeux du béjaune, selon qu'il l'envisage, mais qui oriente et détermine.

Quel âge avait Jacques Cœur lorsque sa période d'apprentissage prit fin ? Dix-sept ou dix-huit ans ? L'estimation paraît convenable et logique. Mais il n'y eut probablement pas dans sa vie la coupure brutale qu'entraîne une fin de scolarité sanctionnée par un diplôme. Je veux dire qu'il m'apparaît comme irréel, invraisemblable qu'un beau jour le jeune homme ait pu penser, en se frottant les mains, ou avec une émotion inquiète : aujourd'hui, c'est fini ! Ce soir ma période de préparation prend fin, demain la vie active proprement dite va commencer.

Moins théâtralement, l'affirmation de lui-même dut s'étaler sur des années, et ce fut sans doute de façon insensible, presque imperceptible, qu'au fil de ses acquisitions il passa par les différents stades qui jalonnent en général l'évolution du grouillot à l'apprenti déluré, de l'apprenti déluré au commis averti, du commis averti à l'employé qualifié, et enfin de cet employé, au courant de toutes les ficelles du métier, à une sorte d'associé responsable.

Parallèlement, avec les progrès de l'esprit il y eut ceux du corps. C'est au cours de l'enfance et de l'adolescence qu'un individu se dote ou non, au-delà des problèmes de santé, d'un corps apte à répondre aux différentes nécessités que ses projets et ses activités par la suite lui imposent. Son âge d'homme atteint, notre jouvenceau n'allait pas ménager le sien. Un malingre n'aurait pu soutenir les contraintes et les efforts qui furent les siens. Enfant, probablement appartint-il à la catégorie de ceux qui, dans les jeux, courent, sautent, grimpent allégrement. Au cours des étés, il a pu apprendre à nager dans l'Yevrette et l'Auron. La plupart des villes disposaient alors d'étuves ; Bourges ne dut pas faire exception, et dans les maisons des bourgeois on se baignait, bien que depuis l'apparition de la peste on se méfiât de l'eau.

Passé l'âge des premiers jeux, il est impossible de savoir à quels exercices il se livra ; sans doute apprit-il à monter à cheval, et la manipulation des ballots de peausserie contribua peut-être à développer ses muscles. Toujours est-il que les preuves de sa vigueur, de son endurance à toute épreuve et de l'intrépidité que donne à l'esprit un corps disponible apparaissent tout au long de sa vie.

Ainsi atteignit-il ses vingt ans : un solide et énergique garçon dans le rôle de bras droit de son père, pour la gestion de l'entreprise paternelle et l'administration des possessions familiales.

Bras droit ou substitut? Car Pierre Cœur devait être alors décédé, ou assez vieilli et fatigué pour accepter de s'en remettre, en de nombreux domaines, sinon en tous, aux compétences, au savoir-faire et à l'intelligence de son fils aîné.

On ne connaît pas la date exacte de la mort de Pierre. Mais elle se situe autour de l'an 1420, à quelques mois ou semestres près. On ne peut que conjecturer qu'il vécut suffisamment pour assister à la cérémonie qui pouvait le mieux symboliser à ses yeux (ou plutôt concrétiser) son ascension sociale, cette réussite de ses ambitions et de sa vie, prise comme la promesse d'un avenir meilleur pour sa progéniture, puisqu'en l'année 1420 Jacques Cœur épousait Macée de Léodepart, la fille d'un important voisin de la rue d'Auron.

Macée ! L'élue appartenait à l'une des meilleures et des plus réputées familles bourgeoises de la ville, et son père, Lambert de Léodepart, avait même été investi par ses pairs d'une des principales charges administratives de la ville, celle de prévôt.

Les Léodepart n'appartenaient point à la noblesse (à l'époque on affichait fréquemment la particule), mais bien à la bourgeoisie marchande. Leur famille portait initialement, avant sa francisation, le patronyme de Lodderpop, de consonance et d'origine flamande. L'importance de l'industrie des draps de laine à Bourges et les deux foires qu'on y tenait annuellement devaient pouvoir expliquer l'ancrage, dans l'ancienne cité des Bituriges, de ces commerçants issus d'une province (le comté de Flandre faisait alors partie de la mouvance française), depuis des siècles axée sur la fabrication et le négoce des textiles.

Nul n'a découvert à quelle époque précise ces Lodderpop s'installèrent à Bourges. Mais le fait qu'ils y prospérèrent, juqu'à faire partie de la société berruyère de haut rang, est, comme je l'ai déjà souligné, largement attesté par cette charge de prévôt détenue par Lambert en 1420, et cela depuis des années.

La fonction procurait à celui qui la remplissait une position aussi puissante qu'honorifique. Ainsi valait-elle à son détenteur le titre de valet de chambre du duc de Berry. Parmi les devoirs du prévôt de Bourges, nous noterons que c'était lui qui, concuremment avec le bailli du Berry, procédait à l'instruction des affaires civiles et rendait les jugements.

A cette époque, qui disait mariage disait fête, liesse populaire, avec, dans un grand concours de parents, d'alliés et d'amis, une succession de défilés, de festins et de danses, de chansons et de charivaris. D'abord, dès le matin, les futurs époux, vêtus de la plus somptueuse façon, se dirigeaient vers l'église, accompagnés des invités ainsi que d'une bande de musiciens, à pied ou à cheval selon les cas. Le prêtre les accueillait sur la plus haute marche du parvis, afin que le mariage puisse être célébré « *in facie Ecclesiae* », par le curé et en présence du peuple. Et c'était sous le porche même que s'échangeaient « les paroles de présent », le promis se tenant à la droite du curé et la promise à sa gauche. Ils devaient tour à tour prononcer une formule. « *Ego, de corpus meum* », disait l'un ; « *Recipio* », répondait l'autre. Alors l'officiant étendait son étole sur les récipiendaires, puis il les bénissait avant que le marié, dans un silence des plus recueillis, passe l'anneau d'or au doigt de la mariée. Le sacrement terminé, sonnaient alors les heures de réjouissances débridées.

Ce furent dans des conditions comparables, à quelques détails ou particularités près, que les cérémonies de l'union de Macée de Léodepart et de Jacques Cœur se déroulèrent. Si au prix de quelques efforts on peut imaginer le décor et l'ambiance, il reste à nous représenter l'aspect physique des deux époux. Pour l'un comme pour l'autre nous disposons bien de divers portraits, mais tous sont malheureusement apocryphes.

En ce qui concerne ceux de Jacques Cœur, le plus crédible des tableaux est une gravure qu'exécuta Grignon au XVIIe siècle, d'après une œuvre originale, datée de 1450, mais qui, hélas ! n'a jamais été retrouvée.

Jacques Cœur est représenté presque de profil dans un

cadre ovale, entouré de l'inscription : « Jacques Cœur, seigneur de Saint-Fargeau, de Puysaye, Toucy, etc. Surintendant des finances (ce qui est erroné) sous le roi Charles VII en 1450. » Tel qu'il se présente, il semble être assis. Car derrière lui apparaît un dossier de cuir clouté. Outre la tête, on peut voir la moitié supérieure et rigide du buste couverte d'une robe, au boutonnage serré, faite d'un riche tissu décoré de petites fleurs stylisées.

Une sorte de chaperon, sans le moindre pli, et bordé de fourrure, le casque en dégageant le front. Le visage est sérieux. De grands yeux, un nez long terminé par une pointe de chair, la bouche sinueuse et un menton ferme nous offrent le faciès ouvert, énergique et vif d'un homme solide, avec un cou fort sans être empâté, manifestement en accord avec lui-même. Si Jacques Cœur est représenté à cinquante ans, il en paraît huit ou dix de moins. Quoi qu'il en soit, en dépit d'un âge mûr, pour l'époque, ni la fatigue, ni l'anxiété, ni les soucis n'ont marqué des traits sur lesquels ne se décèle la moindre trace de mesquinerie, de cruauté ou de méchanceté ; on n'y voit pas davantage d'exaltation orgueilleuse. Par ses plis, la bouche me semble révéler un homme capable de s'exprimer sur un ton décidé et tranchant, mais non dépourvu d'humour, et en même temps capable de pousser une gueulante pour exiger ou imposer ; puis, sans guère de transition, il peut plaisanter, rire ou s'emporter. Le front large et haut, le regard droit — qui devait être également vif et brillant — et des yeux écartés, surmontés de sourcils point trop fournis (contrairement aux jaloux, dit-on), contribuent à lui conférer une apparence d'intelligence claire et dépourvue de sectarisme. Pour terminer, précisons que si ce visage appartient bien à un homme amoureux de la vie — de ses luttes comme de ses plaisirs —, en revanche, il ne suscite nullement en nous des idées de gloutonnerie ou de paillardise.

De Macée de Léodepart ne nous est parvenu qu'un seul portrait. Il a quelque chance de pouvoir nous renseigner honnêtement sur le physique de la jeune femme. Car, s'il s'agit d'une peinture réalisée au XIXe siècle, elle l'a été d'après une œuvre ancienne et probablement originale.

Macée n'a d'ailleurs pas été spécialement flattée sur ce tableau. Elle nous apparaît la joue passablement creuse et sans doute pâle sous le fard, à la limite du blafard. La bouche est mince mais ne révèle nulle hargne, et le nez, légèrement trop long, au point de nuire quelque peu à l'esthétique de l'ovale. Sans doute la vie animant cet ensemble parvenait-elle à lui conférer charme et séduction. Car la finesse n'en est pas absente, non plus que l'élégance. La robe décolletée assez bas souligne une poitrine menue mais bien formée. Les cheveux, à la mode du temps, rasés et tirés vers le haut, accentuent la fragilité et l'extrême féminité de l'ensemble. On l'imagine un peu comme une chatte aux gestes ravissants et précis, aux attitudes presque hiératiques, disposant du contrôle souple de son corps, avec ce constant souci de soi qu'entraîne la sensualité. De Macée devaient se dégager un charme et une délicatesse appelant la protection de l'homme fort. Lequel l'ayant accordée ne devait plus pouvoir ensuite oublier sa protégée.

Jacques Cœur semble avoir été indéfectiblement lié à Macée. A aucun moment on ne trouve trace d'une quelconque désaffection ; en dépit d'une vie tellement active, qu'elle l'emmenait parfois aux quatre coins de l'univers connu, jamais il n'a négligé la captivante Macée.

S'il n'est pas niable que ce mariage ait répondu aux vœux des deux familles, l'amour avait peut-être pourtant précédé les convenances, car Jacques et Macée se connaissaient depuis une douzaine d'années lorsqu'ils se sont mariés. Ils habitaient à deux pas l'un de l'autre, presque face à face. S'ils n'ont pas joués ensemble, du moins se voyaient-ils chaque jour et allaient-ils, dimanches et fêtes, aux mêmes offices, assistaient-ils aux mêmes cérémonies, et Macée, dont l'ascendance était de plus ancienne bourgeoisie que celle de Jacques, dut longtemps apparaître comme un impossible parti aux Cœur.

Cinq enfants leur naquirent : Jean en 1421, Henri, Geoffroy, Ravand et Pierrette au cours des années suivantes, mais sans qu'il soit possible de fournir des dates certaines. Et ce fut l'aîné qui occupa la position la plus élevée.

S'il semble que le ménage Cœur fut des plus unis, certains n'en insinuèrent pas moins, au moment du procès de Jacques Cœur, que Macée se montrait parfois fort dépensière et que son époux devait s'en méfier, car elle était capable de disperser à bas prix des objets de valeur, uniquement pour satisfaire à d'insignifiants caprices. Mais, en l'occurrence, il faut sans doute faire la part d'une comédie très opportune pour déjouer certaines enquêtes inquisitoriales des commissaires du roi, lors de l'instruction de l'affaire. En revanche, la malheureuse femme prit si mal l'arrestation de son mari qu'elle ne s'en remit pas, puisqu'elle mourut quelques mois plus tard.

Ainsi marié, Jacques Cœur avait le pied à l'étrier. La pelleterie se voyait dépassée, même si les connaissances en ce domaine n'étaient pas à négliger. Sa belle-famille allait l'introniser et le parrainer, dans le milieu des hauts magistrats ainsi que dans celui des gens de cour et du gouvernement, qui avaient suivi le dauphin Charles à Bourges et qui représentaient le parti français.

Aussi importante que la lignée paternelle, la famille maternelle de Macée, nommée Roussard, devait faire découvrir à Jacques une activité qu'il n'avait encore jamais jusqu'ici eu l'occasion de pratiquer en ce qui concernait la monnaie elle-même. Jeanne Roussard, mère de Macée, était la fille d'un maître des monnaies de Bourges. Les profits substantiels qu'offrait ce travail l'intéressèrent vivement.

Nouvelles connaissances, nouvelles relations. Jacques Cœur entreprit peut-être alors une sorte de second apprentissage dans les métiers de l'argent, cependant qu'il filait le parfait amour avec sa jeune épouse et que son frère Nicolas remportait des succès universitaires satisfaisants pour l'honneur des Cœur. Initiations et aperçus neufs, quant à ses possibilités d'avenir, enrichissaient ses espoirs.

Cependant, le dauphin Charles, au titre plus que contesté (par sa mère elle-même), celui qu'on allait d'ici peu appeler le « petit roi de Bourges », s'était replié, réfugié là, dans ce grand palais ducal, vide depuis la mort du duc Jean de Berry en 1416.

C'est que beaucoup d'eau avait coulé, depuis l'an 1400, sous les ponts de France. Et les affaires du royaume des Lys allaient de mal en pis.

7.

La France de 1400 à 1422

Si de 1392, date de la première manifestation de l'aliénation de Charles, sixième du nom, jusqu'à l'an 1400, on peut assister en France à la montée des périls causés par l'opposition, par la rivalité des ducs d'Orléans (frère du roi) et de Bourgogne (oncle du roi), à partir de la deuxième date la querelle se transforme peu à peu en une farouche guerre de partis qui, imbriquée bientôt dans un renouveau de la guerre franco-anglaise, et accentuée par de violents soubresauts sociaux, provoqués ou aidés par l'un des clans, va entraîner la France vers un total chaos.

Énumérer avec rigueur l'ensemble des péripéties et des luttes qui se succèdent durant le règne de Charles VI (sa mort ne survient que le 22 octobre 1422, et le roi, alors âgé de cinquante-quatre ans, règne depuis quarante-deux années) deviendrait vite fastidieux et n'apporterait guère d'éclairage, tant les événements s'imbriquent et se contredisent, sur cette période de magma général. Mieux vaut se limiter aux grandes lignes et aux événements majeurs, dégagés de leur gangue, pour comprendre l'implacable évolution d'une situation qui, durant quelques années, semble tendre vers la disparition de la France.

Le roi est fou ou, plus exactement, il passe sans relâche de la lucidité à la folie, les crises d'aliénation ayant une constante tendance à se multiplier et à s'allonger. Reclus, le souverain lape pour boire dans une écuelle et fouille de la face la nourriture dans les plats ; il mange mâchoire et dents en avant, comme un animal.

Abandonné par sa femme durant ses crises, la belle Isabeau de Bavière, dont la liaison amoureuse avec le duc d'Orléans est patente (mais pas unique), Charles VI vit dans la compagnie et les soins dévoués d'une jeune femme, Odette de Champdivers, qui aura de lui une fille, prénommée Marguerite (dont la descendance s'éteindra en 1597).

Alternativement, Orléans et Bourgogne, durant ces années, dominent le gouvernement ou s'emparent de ce qui le symbolise. Ils font alors approuver sans la moindre vergogne, par le pauvre dément, aussi bien leurs activités que leurs multiples décisions.

On en est là, lorsque le duc de Bourgogne, Philippe le Hardi (l'ancien héros de la bataille de Poitiers, qui criait à son père : « Prenez garde à droite, prenez garde à gauche ! ») meurt, en 1404, à l'âge de soixante-trois ans, presque un vieillard pour l'époque. Son fils, né en 1371, Jean sans Peur, lui succède.

Avec la disparition de Philippe le Hardi, le parti bourguignon et même la France subissent une grande perte. Car, oncle du roi et doté d'une bravoure légendaire, le vieux duc jouissait d'un immense crédit auprès des Français de toutes conditions. Il était aussi l'idole des Parisiens. Fils d'un roi, son dévouement au royaume demeurait vif, en dépit de ses options et de ses ambitions personnelles.

Jean sans Peur, lui, n'est plus qu'un prince de France à la deuxième génération, ses domaines propres en faisant un souverain éventuellement concurrent du royaume des Lys. Par la brutalité ou la duplicité de ses décisions, par le souci constant de masquer la recherche de son intérêt personnel, au besoin sous des dehors démagogiques, il va vouloir compenser son manque de crédit. La lutte Orléans-Bourgogne s'en trouve aussitôt radicalisée. La haine meurtrière remplace l'animosité concurrente, au point que Jean sans Peur osera même, en 1407, s'en prendre à la personne du duc d'Orléans, un fils de France, et il fera assassiner ce frère unique du roi régnant.

Conté par un Parisien de l'époque, le récit de ce meurtre nous est parvenu :

« Ce jour (23 novembre) au soir, vers huit heures, messire Louis duc d'Orléans en revenant de l'hôtel de la Reine, qui est près de la porte Babette, vers l'église des Blancs-Manteaux, accompagné, moult petitement pour sa condition, de trois hommes à cheval et de deux à pied, avec une ou deux torches, devant l'hôtel du maréchal de Rieux, fut, par huit ou dix hommes qui étaient cachés en une maison appelée " l'image Notre-Dame ", tué et meurtri ; ils lui firent épancher la cervelle de la tête sur le pavé et ils coupèrent une main ; et, en même temps que lui, ils tuèrent un de ses valets qui se mettait devant lui pour le défendre... »

On a affirmé que le duc d'Orléans, déjà à terre et pensant avoir affaire à de simples malandrins, aurait crié, dans l'espoir de sauver sa vie : « Je suis le duc d'Orléans ! » Mais ses meurtriers lui rétorquèrent : « C'est ce que nous demandons. »

Assassinat dépouillé de mystère, le nom de la plupart des spadassins nous est connu — leur chef se nommait Raoul d'Octonville. Pour fuir le guet, ils se réfugièrent d'abord à l'hôtel d'Artois, où demeurait le duc de Bourgogne, puis, au bout de quelques jours, l'alerte un peu calmée et toutes dispositions prises, ils gagnèrent le château de Lens où, désormais en territoire bourguignon, ils n'avaient plus rien à craindre.

Au duc d'Orléans, Louis, ambitieux, jouisseur et passablement bellâtre, succédait un garçon né en 1391, rêveur, intelligent et sensible, qui allait devenir un poète de talent mais que rien ne porterait vers les jeux de la politique : Charles d'Orléans. Homme de bonne foi, ses proches sauront le manipuler à volonté.

Dès 1405, la guerre avec l'Angleterre avait repris. En 1406, Orléans s'était décidé à prendre le commandement de l'armée de Guyenne et le duc de Bourgogne celle de Picardie. Grandioses projets initiaux ! On allait voir ce qu'on allait voir ! Hélas ! Ordres et contrordres, hésitations et embrouillaminis, tergiversations et marchandages multiples avaient réduit bientôt à rien les effort des troupes françaises.

Après la disparition de Louis, les luttes des factions pour le pouvoir s'accentuant sans cesse, Jean sans Peur, en 1411, s'alliait même au roi d'Angleterre, Henri IV. Depuis un an le parti opposé aux Bourguignons avait pris le nom d'Armagnac.

C'est qu'en 1410 le duc Charles d'Anjou avait épousé la fille d'un haut seigneur du Midi, véritable souverain d'une principauté qui, sur certaines de ses terres, disposait même des droits régaliens.

La famille d'Armagnac remontait au Xe siècle. Son fondateur était le fils cadet d'un duc de Gascogne. A l'Armagnac originel, petite contrée située dans l'actuel département du Gers, la lignée avait su progressivement, souvent difficultueusement, voire médiocrement, ajouter les pays environnants (jusqu'au comté de Rodez). Cependant, en dépit d'une indépendance de fait, Jean II d'Armagnac, dit le Bossu, qui avait épousé la fille du comte de Foix, rendait l'hommage au roi de France, Charles V. Jean II meurt en 1379, et son fils aîné lui succède ; mais celui-ci se fait tuer douze ans plus tard, en Italie, tandis qu'il guerroyait contre Galeas Visconti. Alors le comté et les autres possessions reviennent au second fils de Jean II, Bernard, qui, après avoir rongé son frein d'être sans terres, devient comte, septième du nom, en 1391.

Ahurissant et monstrueux personnage que ce Bernard VII. Il est clair que son étroite principauté ne pouvait demeurer longtemps un champ d'activité suffisant à son incroyable énergie et à sa mégalomanie. Il commence pourtant par s'y faire les dents, en dépouillant de leurs fiefs nombre de ses parents. Mais la victoire ne le satisfait pas, il faut lui ajouter du piment. Ses victimes, une fois spoliées, il prend plaisir à leur faire crever les yeux avant d'ordonner qu'elles soient jetées dans des citernes ou des puits.

Seul maître dans ses domaines, il va peut-être commencer de s'ennuyer lorsque le duc Jean II de Berry, gouverneur du Languedoc, accepte sa collaboration et va jusqu'à lui donner sa fille en mariage. Après le départ de Jean II, rappelé et destitué par le gouvernement des « Marmousets », notre comte d'Armagnac se consacre à la guerre contre l'Anglais, réussissant d'ailleurs à conquérir sur lui de nombreuses villes en Guyenne.

Mais tout ceci ne semble que broutilles à Bernard VII. Par ses manœuvres, et grâce à l'appui de Berry, il obtient une nouvelle alliance avec les Valois : le mariage de sa propre fille, la charmante Bonne, avec le duc Charles d'Orléans. La position de beau-père du prince lui fournit enfin un rôle à sa mesure. Bernard prend la tête de la faction d'Orléans, son gendre lui semblant trop pusillanime. Désormais, c'est lui qui décidera de tout. Le parti prendra à la fois son nom, « Armagnac », et son enseigne : une bande blanche avec la croix droite, tandis que les Bourguignons porteront la bande rouge et la croix oblique, ou de Saint-André.

Partout la guerre civile fait maintenant rage. Les derniers lieux encore épargnés sont à leur tour atteints. Il n'est pas de mois, de semaines, de jours sans que mille exactions, de toutes natures, soient commises à travers le royaume. La violence des uns répond aux sévices des autres : ainsi, les Bourguignons tenant Paris, les Armagnacs envahissent et ravagent l'Ile-de-France.

Même ceux qui ne souhaitaient pas choisir une bannière se voient contraints de le faire. Et le vieux duc de Berry, longtemps si prudent et ambigu, se range dans le camp qui deviendra un jour le parti français. Du coup, sa neutralité ainsi abandonnée, Bourges se transmue en objectif. Jean sans Peur fait marcher une armée sur la ville, en 1412. A sa tête, il commet l'impudence de placer le malheureux dément Charles VI.

La ville ne fut pas prise, mais Jean de Berry se ruina aux trois quarts pour sa défense. C'en fut fait pourtant des alentours. Le saccage fut à la mesure de la déception de l'assaillant, et de sa vindicte.

Si Jacques Cœur, par bonheur, ne connut pas les terribles excès de la soldatesque, du moins, comme les autres enfants berruyers, entendit-il les martèlements sourds de la piétaille en marche, les hurlements des attaquants, les gémissements et les appels des blessés, les ébranlements saccadés de la cavalerie aux portes de la ville, cependant que les cloches sonnaient l'alarme à toute volée et que les bourgeois affolés couraient en rond dans les rues de la ville.

En 1413, le roi d'Angleterre, Henri IV, meurt. Il avait quarante-six ans. Tout au long de ses quatorze années de règne, les problèmes internes de son royaume l'ont assez mobilisé pour le détourner d'actions de grande envergure sur le continent. Au contraire, son fils, Henri V, âgé de vingt-sept ans, piaffe d'ardeur depuis de longs mois. Arrière-petit-fils d'Édouard III, le jeune roi reprend à son compte les vieux projets ambitieux. Certes, il devra se battre aussi contre les lollards (mouvement d'affranchissement social, après l'avoir été seulement de critique religieuse), mais c'est surtout contre la France qu'il orientera l'essentiel de ses forces et de ses espoirs.

1413, c'est aussi l'année de l'Ordonnance cabochienne. A Paris, artisans, ouvriers et commerçants retrouvent en partie les vieilles options d'Étienne Marcel.

Pourquoi ceux qui travaillent et produisent les richesses sont-ils tenus à l'écart du pouvoir ? Pourquoi n'ont-ils jamais voix au chapitre, quand ce sont eux qui supportent les multiples impôts et font vivre l'État ? Considérés comme juste bons à payer, ils n'ont aucun avis à donner pour les dépenses du royaume. Le monstrueux gâchis des gouvernements successifs des princes n'est-il pas la preuve formelle que seul un pouvoir sur lequel le monde du travail aurait droit de regard pourrait sortir le pays du chaos ?

Jean sans Peur ne pouvait pas tenir Paris sans un minimum de consentement populaire. Aussi laissa-t-il se développer, feignit encourager ce mouvement révolutionnaire, né du mécontentement général du peuple parisien contre les mille et un abus qu'il subissait.

La corporation des bouchers, puissante entre toutes, prit la tête du mouvement. Elle trouva un allié de poids : les maîtres de l'Université, l'ensemble de ceux qu'on appellerait aujourd'hui « les intellectuels ». Simon Caboche, Eustache de Pavilly (un carme, prédicateur habile et talentueux) et Jean de Troies, un chirurgien, conduisirent conjointement l'émeute jusqu'à l'hôtel Saint-Paul où se trouvait le Dauphin et où la cour confinait le souverain. Quant à l'Ordonnance, conçue alors pour être imposée au roi ainsi qu'à ses représentants, elle avait presque la rigueur d'une constitution. Elle ne limitait pas seulement le pouvoir royal, elle se présentait comme un catalogue sage, raisonné, et parfaitement codifié de réformes administratives. Les revendications de l'Ordonnance cabochienne préfiguraient, avec quatre siècles d'avance, celles des cahiers de la Révolution de 1789.

Bien entendu, en une telle époque, les événements ne pouvaient pas tourner à l'avantage des Cabochiens. Trop d'intérêts, d'ambitions, d'appétits se trouvaient en jeu, et trop peu, bien trop peu d'hommes et de femmes étaient en mesure de comprendre et d'imaginer les mutations de la société proposées par l'Ordonnance.

Les Bourguignons eux-mêmes ne tenaient nullement à la réussite du projet. Ils n'avaient vu dans l'ensemble de ces événements qu'un moyen comme un autre, mais efficace, d'embarrasser le dauphin Louis, la reine et les Armagnacs. Quant à ceux-ci, ils craignaient par-dessus tout un contrôle populaire. Alors, tandis que les Bourguignons abandonnaient Paris afin de ne pas tremper dans la répression et conserver leur crédit, Armagnacs et contre-révolutionnaires suscités par la cour massacraient les sectateurs de l'Ordonnance. Un peu plus tard les vainqueurs auront beau jeu de ridiculiser et de salir les vaincus, de les présenter comme de pauvres brutes ignardes et assoiffées de sang, ayant parmi leurs dirigeants un vulgaire ouvrier boucher.

Henri V d'Angleterre avait consacré l'année 1414 à ses préparatifs de descente sur le continent. Dans l'espoir de mieux donner le change et tranquilliser les Français, il envoyait à la fin de cette même année une ambassade à Paris réclamant en mariage la jeune princesse Catherine de France, alors âgée de treize ans.

Le duc d'York et les comtes de Dorset et de Salisbury, somptueusement vêtus et équipés, chevauchèrent vers Paris accompagnés d'une suite comptant plus de cinq cents personnes. La cour de France leur fit bon accueil, mais on discuta sans parvenir à un accord, car les ambassadeurs émirent d'incroyables exigences: la dot de Catherine devait comporter un duché, celui de Guyenne, et un million d'écus d'or.

Finalement, le duc d'York réclama son audience de

congé et le droit de s'en retourner chez lui en passant par la ville et le port de Honfleur. Personne n'y voyant malice, on accéda à sa demande.

Au début de 1415 ce fut au tour des Français de gagner Londres dans l'espoir de conclure le mariage. Le gouvernement du royaume des Lys acceptait que la princesse Catherine apportât le Limousin, province non maritime, dont l'aliénation ne pouvait entraîner de grands risques, quinze villes en Guyenne, et huit cent cinquante mille écus d'or.

Bien que l'offre ne l'interessât pas, Henri V prolongea les pourparlers autant qu'il le put. A défaut de mariage, les ambassadeurs français (l'archevêque de Bourges, l'évêque de Lisieux, le comte de Vendôme et le baron d'Ivry et de Braquemont), espéraient obtenir la paix, ou, à tout le moins, une trêve durable. Lorsqu'ils s'aperçurent qu'on les lanternait à plaisir, sans rien vouloir leur accorder, ils obtinrent de repartir en France. Henri V et son corps expéditionnaire les suivaient de près.

C'est au large de Honfleur, un beau matin, qu'apparut la flotte anglaise. Si les quelques vaisseaux français qui se trouvaient dans ce port furent vite coulés et dispersés, en revanche la ville de Harfleur près de laquelle les Anglais prirent pied, résista deux longs mois. La ville pillée et les survivants de la garnison prisonniers, le roi d'Angleterre s'interrogea : il avait subi des pertes sérieuses au cours du siège, d'autre part, nombre de ses hommes étaient soit blessés soit malades ; or la saison se trouvait avancée. Ne valait-il pas mieux attendre le prochain printemps pour affronter les troupes françaises ? Il décida d'aller prendre ses quartiers d'hiver en Picardie, à proximité de Calais. Et son armée de marcher vers le nord, cependant que des contingents français lui emboîtaient le pas afin de le harceler.

Henri V et ses vingt mille soldats de toutes armes venait de franchir la Somme lorsque apparut l'avant-garde de l'armée française proprement dite, lancée, depuis Rouen, à sa poursuite : près de quarante mille combattants, commandés par le connétable d'Albret, le duc Charles d'Orléans, le duc de Bourbon, ainsi que par le maréchal de Boucicaut et Clignet de Brabant.

Le roi d'Angleterre, conscient de son infériorité numérique et du mauvais état de ses troupes, chercha d'abord à éviter la bataille. Mais, la route lui ayant été coupée, faisant contre mauvaise fortune bon cœur, il prit position, le 25 octobre, entre Azincourt et Tramecourt. Deux des trois corps d'armée français, sans plus attendre, donnèrent l'assaut. Ils furent taillés en pièces, cloués au sol une fois encore par les archers anglais. Trois heures plus tard la victoire de Henri V était complète.

Les pertes de la journée sont significatives : dix mille tués français contre mille six cents Anglais. Parmi les morts se trouvaient le connétable d'Albret, les ducs d'Alençon, de Brabant et de Bar. Parmi les prisonniers, il faut citer le duc Charles d'Orléans (il allait le rester vingt-cinq ans), le duc de Bourbon, le maréchal de Boucicaut et bien d'autres. Le désastre d'Azincourt allait, en fait, au cours des années suivantes, livrer la moitié nord de la France à l'occupation anglaise.

La charge de connétable étant devenue libre, aussitôt Bernard VII d'Armagnac se la faisait attribuer. Le 18 décembre de cette même année, le dauphin Louis, né en 1397, qui sous la tutelle de sa mère Isabeau intervenait dans les affaires, mourait. Le titre de Dauphin passait alors au prince Jean, né en 1398, et qui avait épousé Jacqueline de Bavière, fille unique et héritière du comté de Hainaut. Le prince Jean, depuis plusieurs années, vivait à Mons, chez son beau-père, grand ami du duc de Bourgogne.

Six mois plus tard, le 15 juin 1416, le duc Jean II de Berry (le duc Camus, comme certains le surnommaient) s'éteignait à l'âge fort avancé pour l'époque de soixante-seize ans. Le duché de Berry et le comté de Poitou faisaient retour à la couronne. Mais pour peu de temps. Car Charles VI accordait aussitôt au prince Charles, dernier survivant de ses fils avec le dauphin Jean, les duchés de Touraine et de Berry, ainsi que le gouvernement de Paris.

En 1417, le 5 avril, le dauphin Jean trépassait à son tour, à Compiègne, avant même d'avoir pu reprendre contact avec la cour. Aussitôt cette nouvelle connue, le dernier des cinq fils de Charles VI, Charles de Touraine et de Berry, prenait le titre de Dauphin.

Tandis que de 1417 à 1419 les Anglais, méthodiquement, étendaient leurs conquêtes — dont la totalité de la Normandie —, les Bourguignons, forts de la complicité de leurs alliés anglais, s'emparaient de Paris par surprise. Dans la nuit du 29 mai 1418, deux heures après minuit, la porte de Saint-Germain-des-Prés était ouverte à huit cents de leurs cavaliers par un nommé Perrinet Leclerc, fils d'un échevin. Il faut bien savoir que le peuple, lassé par la misère et les exactions multiples et constantes des Armagnacs, ne savait plus à quel saint se vouer.

Les Bourguignons, commandés par Jean de Villiers, sire de l'Isle-Adam, se précipitèrent vers l'hôtel Saint-Pôl aux cris répétés de : « Levez-vous, bonnes gens, vive le roi et le duc de Bourgogne ! » Des milliers d'habitants répondirent à leurs appels et, s'armant au petit bonheur, descendirent dans la rue. Ce fut une nuit folle.

Dans la confusion générale, les cris et les appels au meurtre, les supplications et les implorations de pitié et de secours, le prévôt Tanguy du Chastel parvint à alerter le Dauphin et l'emmena se cacher à la Bastille, où ils ne dormirent qu'une nuit. Dès le lendemain, Charles et son compagnon gagnaient Melun, puis, de là, filaient sur Montargis.

Cependant, dans Paris investi, les Armagnacs essayaient

de se regrouper. Ils commencèrent en plusieurs points à résister, mais trop de haines couvaient depuis trop de mois. La situation se dégrada très vite pour eux. Vainement les esprits les plus calmes tentèrent d'intervenir. A partir du 12 juin toute résistance devint impossible et ce fut un hideux massacre.

Au nombre des morts on devait retrouver le connétable Bernard VII d'Armagnac, le chancelier de Marles, les évêques de Coutances, de Bayeux, d'Évreux, de Senlis et de Saintes, le comte de Grandpré, Remonnet de la Guerre, et puis des magistrats, des conseillers, ainsi que d'autres, beaucoup d'autres personnalités simplement suspectes de sympathie pour les Armagnacs.

Le duc de Bourgogne et la reine Isabeau (elle avait depuis une année environ changé radicalement de parti) firent leur entrée dans Paris, le 14 juillet. On festoya et on dansa à tous les carrefours, mais, hélas !, les guerres civiles et étrangères n'en continuèrent pas moins et avec une violence encore accrue.

Ainsi, la reine Isabeau de Bavière rentrait à Paris en triomphatrice, alors que le dauphin Charles, son fils, était en fuite et le connétable d'Armagnac mort. Quelle revanche ! Quelle satisfaction pour un esprit rancunier ! Pourtant, la haine de la reine ne devait point s'en contenter. Cette femme, qui naguère comptait encore parmi les enragés sectateurs du parti d'Orléans ou d'Armagnac, allait tenter de parachever la destruction du royaume de France et de ruiner les espoirs de son dernier fils.

Pour comprendre un tel retournement il faut savoir que c'est peu après la bataille d'Azincourt que ses relations avec le connétable d'Armagnac avaient commencé de tourner à l'aigre. En 1417, le conflit entre eux entrait dans une phase aiguë. La situation ne pouvait se prolonger. Le connétable prit l'initiative. Profitant d'un moment de lucidité de Charles VI, il accusa la reine d'adultère et désigna son complice, un chevalier nommé Louis de Boisredon, qui, affirma-t-il, allait la voir nuitamment à Vincennes.

Aussitôt, le malheureux Boisredon, dont on avait pu vanter la promptitude et le courage à Azincourt, fut arrêté, torturé, puis, sans qu'il eût avoué quoi que ce soit, on l'étrangla, avant de le coudre dans un sac et le jeter à la Seine. Dès le lendemain, Isabeau, désormais prisonnière, était conduite à Tours sous escorte.

C'est durant cette véritable assignation à résidence qu'Isabeau, au cœur de l'angoisse, apprenait que le dauphin Charles avait personnellement approuvé le traitement qui lui était infligé. Elle sut même qu'il profitait de son absence, et de ses confidences, pour mettre la main sur deux trésors qu'elle s'était constitués et qu'elle avait confiés, l'un aux moines de Saint-Denis, l'autre à deux hommes de confiance nommés Sanguin et L'Huillier.

Ainsi réduite, Isabeau, qui ne renonçait point, écrivit en secret au duc de Bourgogne afin de lui demander sa protection et proposer son alliance. Jean sans Peur, comprenant l'intérêt d'une telle recrue, n'hésita pas : il promit de la libérer.

Début novembre 1417, c'était chose faite. Et le 9 novembre, à Chartres, la reine se déclarait régente du royaume, attendu la maladie du roi et le mauvais environnement de son fils le Dauphin. Désormais, en tête de ses lettres on pouvait lire : « Isabelle par la grâce de Dieu reine de France ayant pour l'occupation de Monseigneur le Roi, le gouvernement et l'administration de ce royaume, par l'octroi irrévocable à Nous sur ce fait par mon dit seigneur et son Conseil. »

Après la prise de Paris par Jean sans Peur — prise valorisée du fait de la présence de Charles VI, toujours reclu en l'hôtel Saint-Pôl —, le titre de régente que s'octroyait la reine et l'avance des Anglais dans les provinces françaises, il semblait que les espoirs du Dauphin de régner un jour devenaient singulièrement illusoires. Si la nécessité de réagir clairement lui apparaissait, il ne pouvait que se demander vers qui ou quoi se tourner. A qui fallait-il faire appel ?

Cependant les exigences d'Henri V d'Angleterre croissaient au fil des mois, au même rythme que ses succès. Même son alliance avec la Bourgogne n'allait pas sans quelques difficultés, provoquées par l'arrogance de ce constant vainqueur. Aussi, début 1419, le Dauphin et le duc Jean sans Peur convenaient-ils de pourparlers pour tenter de se réconcilier.

Leurs émissaires ayant pris langue, une première entrevue fut décidée : les deux princes se rencontrèrent le 11 juillet, à une lieue de Melun, en un lieu nommé la Fontaine d'Épinet.

Dès l'abord le duc se mit à genoux devant le Dauphin, qui le releva et l'embrassa. Les promesses suivirent : on allait oublier le passé, on gouvernerait conjointement et on ferait la guerre tout aussi conjointement aux Anglais. L'accord paraissant complet, les embrassades et les marques d'estime réciproques reprirent. Enfin, sur une ultime accolade, le Dauphin retourna à Melun et le duc à Corbeil.

A peine ce traité de paix — peu après contresigné par le roi — était-il promulgué, que Henri V d'Angleterre, furieux, s'emparait de Pontoise. Le roi, la régente et le duc de Bourgogne, qui se trouvaient à Saint-Denis à la tête d'importantes forces, n'osaient pourtant pas marcher contre lui et se retiraient à Troyes sans passer par Paris, dont la population, furieuse de cette lâcheté, prenait les armes pour défendre seule sa liberté, en protestant contre un tel abandon.

Deux mois plus tard, le Dauphin, juste rentré d'un voyage en Touraine et en Poitou, revenait à Montereau, d'où il écrivait au duc de Bourgogne pour lui proposer, avant que lui-même aille à Troyes saluer le roi et la régente, une nouvelle entrevue. Un pont sur la Seine, à Montereau même, fut l'endroit choisi pour l'entretien, et la date fixée au « dixième de septembre ».

Les deux escortes s'étant arrêtées de part et d'autre du fleuve, le duc s'engagea sur le pont et franchit plusieurs chicanes avant de se trouver face au Dauphin qu'il salua un genou en terre. Amabilités et compliments furent d'abord échangés.

« Mon très honoré seigneur, je prie Dieu qu'il vous donne bonne vie.

— Beau cousin, soyez le très bien venu.

— Mon très honoré seigneur, je viens devers vous... pour vous servir... à l'encontre de nos anciens ennemis, les Anglais... car je vous jure par mon âme que, en ma vie, je n'eus et n'ai l'intention ni volonté d'avoir avec lesdits Anglais ni autres alliances, ni autres traités préjudiciables à mondit seigneur, le roi, à vous ni au royaume.

— Beau cousin, vous dites si bien que l'on ne pourrait mieux ; levez-vous et couvrez-vous... »

Mais bientôt des reproches remplacent les compliments et le visage du Dauphin devient sévère :

« Dernièrement que parlâmes ensemble, vous me promîtes de vider en un mois toutes vos garnisons... Bien que j'aie très diligemment fait requérir des gens de votre Conseil l'ordre de votre part nécessaire, je ne l'ai, toutefois, pas obtenu. Mais s'il plaît à Dieu et à vous, il en est encore temps assez. »

Le duc tente alors d'atermoyer : comment négocier, fait-il remarquer, hors de la présence du roi ? Et le Dauphin de répondre :

« Je suis mieux ici qu'avec lui. J'irai vers Monseigneur mon Père quand bon me semblera et non à votre volonté.

Mais je m'étonne de ce que vous auriez dû défier les Anglais et ne l'avez pas fait.

— Monseigneur, je n'ai fait autre chose que ce que je devais faire. »

Peut-être alors le duc se sentant menacé fit-il un geste vers le pommeau de son épée. Robert de Lairé prétendit l'avoir cru, qui pour lors s'écrie :

« Mettez-vous la main à l'épée en présence de Monseigneur ? »

Dans le même temps, Tanguy du Chastel intervient :
« Il est temps ! »

Et il frappe le duc d'une petite hache en plein visage. Puis, tandis que les autres achèvent Bourgogne, Tanguy entraîne le Dauphin hors du pont.

Le meurtre de Jean sans Peur — qui, à douze années de distance, répondait au meurtre de Louis d'Orléans — allait gravement isoler le Dauphin.

Le fils de Jean sans Peur, Philippe le Bon, était né en 1396. Pour se venger il décidait aussitôt de s'allier aux Anglais et de tout mettre en œuvre pour barrer au Dauphin la route du trône. Il tenait en son pouvoir Charles VI, ainsi que la reine-régente, à Troyes. Il activa le mariage de la princesse Catherine après que le roi dément l'eut formellement déclarée seule héritière du royaume de France. Tant d'actions et de manigances allaient aboutir au fameux et tragique traité de Troyes du 21 mai 1420 qui consacrait la mise en remorque et la perte d'identité du royaume des Lys.

Le traité prévoyait que le Dauphin s'étant par ses crimes rendu indigne d'accéder à la couronne de France, le roi nommait et reconnaissait Henri, roi d'Angleterre, son gendre, pour unique héritier ; que le roi Charles VI jouirait de tous ses revenus durant sa vie et demeurerait dans une des principales villes de son royaume ; que ses domestiques seraient tous Français; que la reine serait conservée dans ses biens, crédits et autorités; que Henri V ne porterait plus, dans un premier temps, le titre de roi de France, et qu'il mettrait en tête de ses qualités ces mots : Henri, roi d'Angleterre et héritier de France ; qu'il aurait les pouvoirs et prérogatives de régent ainsi que la conduite des affaires après avoir pris le conseil de la reine et celui du duc Philippe de Bourgogne; qu'après la mort du roi il serait roi des deux royaumes, lesquels ne dépendraient point l'un de l'autre et seraient gouvernés chacun selon leurs lois et coutumes ; que la Normandie et la Guyenne seraient réunies au royaume de France; que les alliés des couronnes de France et d'Angleterre déclareraient dans les huit mois s'ils approuvaient le présent traité et s'ils y voulaient entrer; enfin il proclamait qu'il ne serait fait aucun accommodement avec Charles de Valois, soi-disant Dauphin, sinon avec le consentement des deux rois, du duc de Bourgogne, et des trois États des deux royaumes.

Durant cette même et catastrophique année 1420 Henri V, traînant derrière lui Charles VI tel un misérable pantin, s'emparait successivement de Sens, de Montereau et de Melun. Puis, les deux rois et les deux reines (Isabeau et Catherine) faisaient leur entrée solennelle dans Paris.

Rentré dans la capitale, le duc de Bourgogne réclama justice contre l'assassin de son père, c'est-à-dire contre Charles, qui, déchu de ses titres et prérogatives, fut effectivement condamné par contumace. Dans cet arrêt, très dur, rédigé bien entendu de la plume des partisans bourguignons, le Dauphin se voyait cette fois banni du royaume à perpétuité et déclaré indigne d'accéder à la couronne.

Charles de France se devait de réagir. Repoussant accusations et condamnations, il se déclara à son tour régent du royaume, et transféra le parlement et l'université de Paris à Poitiers. Ainsi, peu à peu, organismes et offices allaient se dédoubler. D'une part, il y aurait ceux de Bourgogne et d'Angleterre, d'autre part ceux de France.

Cependant la misère publique atteignait à son comble. On voyait par les rues des cités et des bourgs d'innombrables pauvres errant et se traînant, souvent mourant littéralement de faim. Car les prix du blé, après de fort mauvaises récoltes dues aux guerres et à leurs ravages, grimpaient bien au-delà des possibilités des miséreux. Puis, les semaines passant, voici que l'hiver, un hiver terrifiant, d'un froid impitoyable, venait à la rescousse de la cherté de la vie, tuant ceux que la faim avait épargnés. Calamités et malheurs n'étaient pas moindres dans les campagnes que dans les agglomérations. Et les bandes de loups venaient jusqu'au milieu des bourgs dévorer les cadavres qui gisaient de-ci de-là ; quant au passage de la soldatesque, de quelque parti ou nationalité qu'elle fût, il s'accompagnait d'horreurs et laissait derrière lui un sillon de ruines.

Au commencement de l'année 1421, le duc de Clarence fut vaincu et tué par des troupes du régent Charles, dans le nord de l'Anjou, au sud de La Flèche, près de Baugé. Cette affaire arrivait à point nommé pour redonner un peu de confiance au parti français. Mais Henri V ne voulait pas laisser le moindre espoir aux fidèles de Charles. A peine alerté, il rassembla une armée de renfort et se précipita à la rescousse. Du côté psychologique la chance le servait, car au mois de novembre la reine Catherine accouchait d'un fils, prénommé Henri comme son père.

1422 allait être une année particulièrement affligeante et rude pour les signataires du traité de Troyes, car, brusque et imprévisible coup du sort, à la fin du mois d'août l'entreprenant et redoutable Henri V mourait, à l'âge de trente-six ans. Son héritier, le nouveau souverain, n'avait donc qu'un an à peine.

Cependant, avant que d'expirer, Henri avait trouvé la

force de prendre ses dispositions : au duc de Bedford, son frère, homme de caractère, intelligent et rigoureux, il confiait le gouvernement de la France ; le duc de Gloucester devenait régent d'Angleterre et le comte Warwick gouverneur de son fils.

A ces trois hommes de confiance, il recommandait de veiller à ne pas remettre le duc Charles d'Orléans en liberté, ni les comtes d'Eu et d'Angoulême. Enfin, ultime volonté, il exigeait qu'il ne soit jamais accordé de paix à celui qu'il ne désignait, avec un absolu mépris, que par le nom de Charles de Valois.

Moins de deux mois plus tard, le 22 octobre, le misérable Charles VI le Fol disparaissait à son tour. La mort le délivrait de lui-même. Aussitôt la nouvelle connue, le régent-dauphin, Charles de France, prenait le titre de roi. Le règne de Charles VII commençait.

Tels avaient été les événements jalonnant les vingt-deux premières années de Jacques Cœur. Désormais, les aventures parallèles, et en partie communes, du souverain Charles, dit le roi de Bourges, et d'un jeune bourgeois, également de Bourges, allaient pouvoir commencer.

8.

Charles VII et Jacques Cœur (1422-1428)

Depuis 1416, depuis la mort de son duc Jean II, le Berry relevait donc de Charles de France. Et c'était à partir de 1418 que Bourges se voyait soudain hissée au rang de résidence première, de capitale de ce nouveau duc, promu au fil du temps dauphin, puis régent, et enfin roi.

En revanche, Paris, occupé par les Anglo-Bourguignons, venait d'entrer dans une période particulièrement sombre de son histoire. Il allait falloir patienter dix-huit ans pour que le parti français y triomphât, et une centaine d'années s'écoulerait avant qu'elle ne retrouvât son rôle de capitale de la France. En attendant ce retour de gloire et de prospérité, la vie y était précaire. La peste avait beaucoup tué et recommençait de sévir de temps à autre. Alentour, les loups pullulaient. Parfois ils s'enhardissaient jusqu'à pénétrer à l'intérieur de la cité, ainsi que nous le conte le Bourgeois de Paris dans son journal :

« Item, en ce temps venoient à Paris les loups toutes les nuyts, et en prenoit-on souvent trois ou quatre ungne fois et estoient portez parmy Paris pendus par les piès de derrière, et leur donnoit-on de l'argent grant foison. »

Aux vides causés par l'épidémie s'ajoutaient ceux résultant de la haine. Des centaines de maisons, voire des milliers, n'avaient plus d'occupants. Les sectateurs de l'ancien

parti armagnac, et donc du petit roi de Bourges, subissaient la hargne et les cruautés de leurs vainqueurs. Pierre de Fenin, pannetier de Charles VI et chroniqueur, écrit :
« Il arrivait souvent grands désordres dans Paris, car les habitants s'y accusoient presque tous les uns les autres ; par espécial, aucuns méchants du commun s'en méloient, qui pilloient sous divers prétextes, sans mercy, ceux qu'ils disoient avoir tenu le parti du comte d'Armagnac ; et lors qu'on haissoit à Paris aucun homme, il ne fallait que dire : il a été Armagnac, et tout présentement et à l'heure mesme il estoit tué sur le carreau. »

Le mariage de Jacques Cœur avait coïncidé avec la signature du calamiteux traité de Troyes et l'affirmation des droits du dauphin Charles, qui prenait le titre de régent. Grâce à sa belle famille, à la position éminente de son beau-père le prévôt (de la nouvelle capitale), nul doute que le jeune époux, dans sa hâte ambitieuse et non encore arrêtée, ne se trouva fréquemment en contact avec des officiers, des conseillers, des favoris ou des intimes de Charles, que peut-être il avait parfois l'occasion de rencontrer personnellement, le Dauphin n'ayant point les moyens de mener si grand train.

Car l'affaire paternelle de pelleterie devait continuer de procurer aux Cœur des ressources régulières, probablement améliorées par le travail de Jacques avec ceux de sa belle-famille qui le formaient aux métiers de l'argent.

On peut se demander quels sentiments notre héros éprouva d'abord pour ce souverain dont la personnalité, fuyante et complexe, surprenait souvent et rebutait quelquefois, lorsqu'elle n'émouvait pas. Charles VII était de trois ans son cadet, mais entre eux, quelles différences d'enfance et d'adolescence ! D'un côté, un enfant dru, de la classe bourgeoise, n'ayant connu qu'une vie calme, ordonnée et disciplinée, dans une ambiance d'affection familiale ; de l'autre un prince chétif, soumis aux impulsions désaxées d'une mère indifférente ou hostile, selon l'heure et le jour ayant mené une existence cahotique dans laquelle le luxe devait à l'abandon faire contrepoids. Encore heureux que Charles ait été fiancé très tôt à Marie d'Anjou, et que la mère de celle-ci, l'intelligente et active Yolande d'Aragon, se soit résolue à arracher son futur gendre à Isabeau la marâtre pour élever les deux enfants ensemble, soustrayant ainsi, dès l'âge de dix ans, le prince Charles à un père dément et à une mère uniquement soucieuse de ses plaisirs.

Et puis, quelles responsabilités le jeune Charles n'avait-il pas déjà assumées, lui qu'on accusa d'assassinat à l'âge de quinze ans ! Et quelle situation, pour le moins délicate, continuait d'être la sienne ! On ne se bousculait guère autour de ce prince renié par ses père et mère, honni par ceux de sa famille, vilipendé par les principaux seigneurs du royaume, condamné par contumace au bannissement perpétuel et déchu de ses droits à la couronne par de hautes instances, telles que le Conseil royal, l'Université et le parlement de Paris, et qui enfin, comble d'infortune, se voyait implacablement attaqué, presque pourchassé, par un ennemi (son propre beau-frère) régnant sur l'un des plus puissants royaumes de la chrétienté et disposant de l'armée la mieux aguerrie et la plus efficace que l'on puisse envisager ou redouter.

A qui se piquait de logique et de raison, à qui voulait pronostiquer la victoire d'une des parties, le simple bon sens avait tôt fait de démontrer l'inanité des prétentions de Charles. Son éventuel triomphe n'apparaissait qu'à la façon d'une folle gageure et ne semblait relever que de l'insensé.

Pourtant, lorsqu'en 1422 son père, Charles VI, mourait, le régent Charles n'avait pas hésité un instant : niant ce traité de Troyes, qui le spoliait à jamais, il s'était proclamé roi dans l'heure même. Et depuis il arborait ce titre précaire et nominal.

La France coupée en trois subissait trois administrations concurrentes : premièrement celle du duc de Bedford, dont les édits s'appliquaient dans une zone allant du nord de l'Anjou à la Manche, de Montereau et de Sens jusqu'à la mer du Nord, ainsi que dans tout le Sud-Ouest, de La Rochelle aux Pyrénées ; deuxièmement, celle de Philippe de Bourgogne, qui avait force de loi sur des terres commençant à l'embouchure de la Meuse et descendant aux limites sud du Charolais, et presque jusqu'à Lyon ; troisièmement, enfin, celle de Charles VII, qui s'exerçait sur les provinces les moins peuplées et les moins riches du royaume. Par ailleurs, la Bretagne et son duc étaient liés par traités aux Anglais ; le comte de Foix menait une politique particulariste, et la Provence appartenait aux ducs d'Anjou, rois de Naples et des Deux-Siciles.

Pour finir, ajoutons que les liens entre le reste du pays et le roi, à l'exception du Languedoc, fidèle province de la couronne, passaient par de grands féodaux qui s'efforçaient de les rendre théoriques (telles étaient les attitudes du duc de Bourbon, du comte de Nevers ou du comte d'Angoulême).

Pour faire face avec efficacité aux circonstances, il eût fallu que le petit roi de Bourges fût un homme constant et énergique, qu'il appartînt à l'espèce de ceux qui savent naturellement susciter les enthousiasmes, qui galvanisent autour d'eux les énergies, en choisissant, pour les aider, avec un sens inné, les meilleurs collaborateurs possibles, compétence et dévouements réunis. Malheureusement, Charles VII était le contraire d'une nature résolue et hardie. Quant à son flair pour détecter mérites et talents, on ne peut dire qu'il fut alors bien vivace.

Les renseignements que nous fournissent ses contemporains, sous diverses formes, ne nous laissent que peu d'illusions sur le nouveau souverain. Ce n'était qu'un petit homme souffreteux, au torse étriqué, aux jambes grêles et aux genoux cagneux. Son visage disgracieux indiquait à coup sûr une réelle et pénétrante intelligence, mais on n'oserait dire qu'il fascinait, ou plus simplement qu'il intéressait. De part et d'autre d'un nez épais et long, ses yeux glauques, sous des paupières lourdes et constamment clignotantes, semblaient minuscules. L'enthousiasme lui était étranger. Seule la bouche charnue indiquait une vraie sensualité, capable peut-être de l'animer.

Les vicissitudes précoces — ballotté de-ci de-là, tiré à hue et à dia — n'étaient certes pas étrangères à ce septicisme larvé et stérilisant, mais le résultat seul comptait. Vacillant et indolent, probablement par manque de perspectives, sa mélancolie s'aggravait de timidité, laquelle pouvait aller jusqu'au trac. Il suffisait que paraisse devant lui une figure inconnue pour le pétrifier, lui couper l'appétit, ou le rendre muet. Affable et courtois, mais follement secret, il vivait tel un exilé, plus préoccupé de sa propre existence, de ses plaisirs ou habitudes, que de la lutte pour la reconquête de son royaume. Sous le moindre prétexte il s'enlisait dans une inaction qui confinait à la paralysie intellectuelle et morale. Dévot, il écoutait jusqu'à deux et trois messes par jour, la première le plus souvent en musique. Il se confessait quotidiennement et récitait les heures canoniales. Parallèlement, il avait foi dans l'astrologie et se montrait fort superstitieux.

Outre Jeanne d'Arc, deux femmes eurent une grande influence sur sa vie : Yolande d'Aragon, dont nous avons dit qu'elle fut en partie son éducatrice et qu'il appelait sa « bonne mère », et la ravissante Agnès Sorel, sa maîtresse, qui, en dépit des critiques acerbes des Français, lui fut plus utile que néfaste.

Tout au long du règne de Charles VII, on trouvera à ses côtés des groupes de conseillers et de favoris (une qualité n'excluant pas l'autre) qui, successivement, l'utiliseront, l'influenceront ou l'aideront dans son gouvernement.

On appellera ces sortes de clans « des coteries ». La première d'entre elles, qui prédomine de l'année 1422 à la nomination du comte de Richemont — frère du duc de Bretagne, Jean V, et futur duc lui-même — aux fonctions de connétable, le 7 mars 1425, est composée principalement du président Jean Louvet, financier provençal (dont la sœur est la maîtresse du roi), de Guillaume de Champeaux, évêque de Laon, qui, de même que Louvet, est un incroyable renard des finances (tous les deux spéculeront sans vergogne sur les impôts et mettront en coupe les maigres finances de Charles VII), de Pierre Frotier, un écuyer hâbleur, ignard mais vigoureux, dont Charles VII, admirateur béat, a fait son grand-maître des écuries ; du sire de Giac, ahurissante figure, insidieux et brutal, aussi brave que perverti, ainsi que de Tanguy du Chastel, l'ancien prévôt de Paris, depuis toujours le fidèle acharné du parti Orléans-Armagnac, chauvin et malencontreux qui avait porté le premier coup meurtrier au duc Jean sans Peur, sur le pont de Montereau.

Apparaissaient aussi, de temps en temps, sur le devant de la scène de Bourges — pour en disparaître bientôt, il est vrai, tant les harcelaient, les pressaient un ennemi paraissant doté du don d'ubiquité —, les principaux chefs militaires des quelques chétives troupes du roi postulant, tels : Dunois, le bâtard de Louis d'Orléans, le sire de Barbazan, Étienne Vignolles, dit La Hire, à cause de sa permanente hargne contre l'ennemi, Jean Poton de Xaintrailles, toujours solide et dévoué, futur maréchal de France, Jean Rieux, dit le maréchal de Rochefort, et d'autres bien d'autres, moins connus de la postérité. Tous venaient aux ordres, consulter le roi et son conseil, afin de décider des actions les plus urgentes à mener. Surtout, ils espéraient recevoir quelques subsides qui permettraient de payer leurs soldats. Hélas !

l'argent se faisait si rare, quand la coterie s'était servie, que les soldes demeuraient au rang des mythes, et que le pillage ou le rançonnage demeuraient leurs seuls recours. Les prévaricateurs et concussionnaires patentés se souciant comme d'une guigne d'avoir par leurs manœuvres aminci les finances publiques jusqu'au ridicule.

C'était le temps où Charles VII se voyait souvent contraint d'emprunter de l'argent au premier venu. Ainsi, en 1423, il parvient à soutirer la somme de mille livres à son maître-queux, le « gentilhomme de cuisine », nommé Lubin Raguier, à titre de prêt, moyennant deux cents livres d'intérêts. La pauvreté du roi de Bourges était si grande qu'elle le privait parfois même du nécessaire. Les exemples abondent, comme en 1421, où il devait pour sa cuisine se faire octroyer des avances en nature, par le chapitre de la cathédrale de Bourges. Et cette dette ne devait être définitivement remboursée que vingt-trois années plus tard.

Paradoxe incompréhensible et troublant ! Ce fut pourtant au cours des périodes les plus sombres, dans les moments où il se retrouva le plus démuni, que Charles VII, dilapidant ses maigres rentrées, organisa les fêtes les plus dispendieuses, mû comme par un impérieux besoin de compensation.

Pour fort petit personnage qu'il fût, Jacques Cœur, perdu parmi cette cour insolente jusque dans la détresse, ne devait pas rester les deux pieds dans le même sabot. Son ambition, soutenue par une naturelle habileté et un entregent clairvoyant, devait le porter et le pousser à courir de-ci de-là, d'un personnage à l'autre, toujours s'efforçant de placer quelque marchandise ou, à défaut, de rendre service.

Aux ambitieux, leur imagination active fait apparaître clairement l'importance des interventions et des rencontres, même minimes ou brèves, car ces opportunités aident à faire naître d'infimes complicités, voire d'utiles familiarités, qui se retrouveront à certaines heures et feront utilement pencher la balance.

Et puis, il fallait bien vivre. Même si l'État se révélait pauvre, des miettes échappaient fatalement aux griffes des plus diligents, des mieux placés, des plus rapaces et vénaux personnages de la cour et du Conseil royal.

Cependant, à côté de la guerre par les armes, Anglais et Français en cette période de permanente et accélérée dévaluation, se livraient un autre combat, situé celui-ci sur le plan monétaire et financier.

Afin de faire face à leurs multiples dépenses, les uns et les autres, Français, Anglais, Bourguignons, se voyaient contraints de diminuer non seulement la quantité mais le taux du métal fin contenu dans les monnaies qu'ils émettaient. Chacun en profitait pour tenter de porter atteinte aux espèces de l'autre en refusant leur convertibilité. Ils décriaient celles de l'adversaire, c'est-à-dire qu'ils en refusaient le cours légal. Une pièce n'était plus acceptée ou prise en considération qu'en fonction de son poids et du titre de son métal. Cette méfiance généralisée vis-à-vis du numéraire entraînait le recours systématique aux changeurs, pour le plus grand bénéfice de ceux-ci.

Ce métier, dans lequel depuis des siècles excellaient les Lombards, s'avérait donc plus que jamais indispensable. Ce qu'il faut savoir, pour bien comprendre la complexité et l'ambiguïté de la circulation monétaire d'alors, c'est que jamais, depuis l'effondrement de l'empire romain, à aucun moment, par aucun pouvoir, la production et la circulation des monnaies n'avaient été réellement maîtrisées. Les pièces, aux effigies des souverains anciens ou aux empreintes de pouvoirs depuis longtemps évanouis, continuaient de s'échanger partout, parallèlement, concurremment avec celles que les nouveaux rois, seigneurs ou prélats émettaient. Les deux seuls dénominateurs communs entre toutes ces espèces, réclamées par les utilisateurs, résidaient, là encore, dans le poids et le titre du métal fin les constituant, puisqu'ils déterminaient la valeur intrinsèque. C'était là qu'intervenaient les changeurs. Moyennant certains droits, que ceux-ci percevaient directement sur le consultant, ils se chargeaient de cette évaluation de valeur intrinsèque des pièces soumises à leur examen, ainsi que de leur possibilité d'échange.

Les différents métiers exercés dans le domaine monétaire par ceux de sa belle-famille entraînèrent Jacques Cœur à s'intéresser plus particulièrement à cette profession. Il me semble logique de penser que durant les premières années qui suivirent son mariage il travailla avec un ou plusieurs changeurs accrédités auprès de Charles VII. Car l'accréditation pour cette fonction était devenue indispensable, ses membres étant régulièrement assujettis à des contrôles.

Mais que ce soit grâce à ses activités financières, parafinancières, voire monétaires, ou à celles relevant de la vente de marchandises, pelleterie et autres, tenons pour assuré que Jacques Cœur s'activait de son mieux multipliant sans cesse de nouvelles ouvertures.

Âpre période de tâtonnements, d'hésitations, d'impatiences, où la crainte de ne pouvoir utiliser au mieux les forces qu'on sent bouillonner en soi vous tient parfois éveillé durant des heures, gorge sèche et rongé par l'angoisse. Pulsions désordonnées, tout semble préférable à l'immobilité ! Quelle est, quelle sera la bonne voie, la plus rapide, pour atteindre ce but, juché si haut qu'on a dû le tenir secret, même à nos proches, crainte des railleries, crainte de passer pour atteint de la folie des grandeurs, aux yeux de tous ? Agir ! Naisse le jour qui permettra d'entreprendre ! Viennent les heures de la décision et de l'action. Brusque sursaut : et si on allait se conduire sottement, en aveugle, ne serait-ce qu'un instant, et passer à côté de l'occasion ? Et si l'on ne parvenait pas, malhabile ou gauche, à la saisir à la dernière minute ?

Le calme recouvré, Jacques Cœur se répétait que dans l'ordre des urgences il y avait bien entendu la nécessité de se constituer un capital de départ : la mise de fonds pour le grand jeu. L'héritage paternel ne pouvait y suffire, d'autant qu'il fallait faire face à certaines charges incompressibles : la vie de son ménage, l'entretien de sa mère, et, aussi, payer les études de son jeune frère.

En attendant de trouver les moyens financiers qui lui permettraient de se lancer dans sa grande aventure, Jacques Cœur observait les garçons et les hommes qu'il rencontrait, qu'il côtoyait dans le travail, les affaires, et il tentait de les apprécier à leur valeur, de jauger qualités et capacités. La perspicacité psychologique est l'indispensable marque du vrai meneur d'hommes ; elle fut une de ses facultés maîtresses. Car déjà, besogneux et obscur, il sélectionna au moins trois des hommes qui allaient devenir ses fidèles. Et l'avenir démontrerait que le futur capitaine d'industrie ne s'était point trompé dans son jugement.

Ainsi en alla-t-il de Jean de Village, son bras droit, qu'il appellera son neveu, car il lui fera effectivement épouser une nommée Pérette, dont il est bien difficile de préciser la filiation (ne serait-elle pas plutôt une cousine, à moins qu'elle ne fût sa nièce par alliance), de Guillaume de Varye, qui deviendra une sorte de fondé de pouvoir, et de Pierre Jobert, un de ses principaux et loyaux facteurs.

Cependant, les affaires du « roi de Bourges » loin de s'améliorer continuaient plutôt de se dégrader. Coup sur coup, ses troupes subissaient deux défaites, aussi sanglantes que redoutables par leurs conséquences territoriales : celle de Cravant, près d'Auxerre, en 1423 (l'année même où la reine Marie d'Anjou donnait naissance au dauphin Louis), et la seconde à Verneuil-sur-Avre, situé à proximité d'Évreux, en 1424.

En 1425, bouleversement brutal dans l'entourage du roi. Première des révolutions de palais. Certains noms de la précédente coterie disparaissaient tandis que d'autres surgissaient. A côté de celui du sire de Giac, qui parvenait à se maintenir à la première place, on allait désormais trouver ceux de Robert Le Maçon, Le Camus de Beaulieu, Georges de la Trémoille, et aussi celui du comte de Richemont, tout frais promu connétable après les adroites négociations de Yolande d'Aragon. Yolande avait non seulement réussi à détacher Richemont du parti anglo-bourguignon, bien qu'il eût épousé la fille du duc de Bourgogne, mais elle était parvenue, par la même occasion, à ébranler le duc de Bretagne, Jean V, dans son alliance avec l'Angleterre.

Au cours des mois qui suivaient, Jacques Cœur prenait une importante décision : celle de se lancer dans le monnayage. Au terme d'heureuses négociations, il s'associait en 1427 avec deux hommes : Ravand le Danois, un Normand, qui avait fui l'occupation anglaise de sa province, et Pierre Godard, changeur de profession et membre d'une riche famille de la bourgeoisie berruyère.

Ravand, chevronné maître-monnayeur, qui détenait déjà les fermes de la Monnaie royale d'Orléans et de Poitiers, venait tout juste de se voir attribuer celle de Bourges par Charles VII.

On frappait alors la monnaie royale dans les ateliers placés sous la responsabilité d'un maître qui s'engageait, pendant un bail de durée variable, à monnayer un certain nombre de marcs d'or et d'argent. Un marc représentant huit onces de Paris, soit 244,5 g de métal précieux. Des fonctionnaires de la Chambre des monnaies effectuaient des contrôles pour s'assurer que le maître-monnayeur avait bien respecté le cahier des charges, qui toujours spécifiait le nombre de pièces produites au marc et la teneur en métal fin. Bien entendu une marge bénéficiaire était très précisément prévue pour la rémunération de l'entrepreneur. Et toute fraude ne pouvait qu'être sanctionnée sévèrement.

La responsabilité de l'atelier de Bourges (ville capitale) en 1427 dut paraître trop lourde à un homme déjà chargé de deux autres ateliers. Sans doute entraînait-elle le concessionnaire à engager un capital fort important. Ce fut donc pour l'exploitation de cette ferme que l'association fut conclue. L'accord spécifiait qu'un tiers des bénéfices reviendrait à chacun des trois participants.

Et le travail commença.

Un peu moins de deux ans plus tard, les officiers de la Chambre des monnaies découvraient une fraude, qui portait sur l'affinage de 300 marcs d'argent, soit 63,300 kg.

Le taux des monnaies expertisées s'était révélé fort au-dessous du titre fixé, ce qui avait permis la fabrication d'un nombre de pièces très sensiblement supérieur à celui initialement prévu. Bien entendu, au fur et à mesure des émissions, les associés s'étaient débrouillés pour se répartir et empocher le surplus.

L'affaire était grave, les trois complices furent immédiatement arrêtés.

9.

La Pucelle d'Orléans

1429, année cruciale s'il en fût, année-tournant qui aurait dû, selon toute vraisemblance, voir l'écroulement des ultimes possibilités de Charles VII — un moment même le souverain découragé songea à renoncer, à s'exiler — et qui, paradoxalement, allait être marquée par les débuts d'une remontée irrésistible, et ceci en dépit même de la pérennité de certains défauts du souverain comme des actives réactions de l'adversaire. Trois noms symboliseront ce renouveau : Orléans, Patay et Reims.

Pourtant, durant les premiers mois de l'année, tout va de mal en pis. Toujours aussi indécis, aussi démuni de moyens, agissant comme à l'accoutumée sans le moindre plan d'ensemble et mal conseillé par au moins deux de ses favoris : La Trémoille et Regnault de Chartres, chancelier et archevêque de Reims, le roi Charles VII s'enlise dans un marasme tant intellectuel que physique. Ses armées, ou plus exactement ses bandes, font de moins en moins bonne contenance devant celles des généraux de Bedford. Le régent anglais, homme d'intelligence et de décision, dans le but d'en finir et d'aller forcer une bonne fois Charles VII, reclus dans les étiques débris de son royaume — comme fait le louvetier au maigre loup tant bien que mal gîté dans sa tannière —, Bedford donc a décidé de s'emparer d'Orléans.

Assiégée depuis octobre 1428 par les troupes de John Talbot, la ville résistait de plus en plus avec peine aux coups de mains audacieux et à la famine. Quant au moral des habitants, il se voyait ébranlé chaque jour par de nouvelles désillusions.

Dans le nom d'Orléans, dans le proche destin de la cité, risquait de se voir résumé l'avenir de Charles VII. Car la chute de cette ville c'était, pour les Anglais, le passage tenu et assuré de la Loire, la voie libre pour descendre jusqu'à Bourges, détruire ce qui subsistait de parti français, ruiner ses dernières ressources vaincre ses ultimes forces.

Quel pouvait être le suprême recours du roi en ce moment d'épreuve, de règlement de compte sans appel ? Nul ne semblait pouvoir intervenir pour son salut et certains s'apprêtaient pour la curée quand, brusquement, Jeanne la Pucelle surgissait sur la scène, bouleversant les calculs habiles comme les données les plus assurées.

Après avoir insisté sur le déséquilibre des forces en présence, après avoir souligné d'une part la puissance anglo-bourguignonne et, d'autre part, le désarroi du roi de Bourges et des siens, il est bon de préciser qu'au fil des ans quelque chose avait bougé en France, sur le plan des mentalités entre autres. Dans la conscience des Français du XVe siècle, l'idée du patriotisme, pratiquement inexistant jusque-là, était née, puis avait fait pas mal de chemin.

En dépit de la gestion intelligente des provinces qu'ils occupaient, l'entreprise d'accaparement des Anglais se soldait globalement par un échec, par un profond rejet. Dans toutes les régions occupées, une résistance, sourde ou armée, existait se développait même. Certes, comme toujours en pareille situation, quelques personnages y trouvant leur compte collaboraient avec le vainqueur. Mais la grande masse des habitants le détestait. Les exemples abondent.

Certains sont connus de tous. Qui n'a pas entendu parler des exploits du « Grand Ferré », tuant à coups de hache quarante ennemis, ou des succès extraordinaires de ces paysans de Longueil-Sainte-Marie, inexpugnables dans le château enlevé à leur seigneur, et causant de terribles pertes aux Anglais qui osaient les attaquer ? Dans maintes et maintes contrées, des bandes armées de « résistants » parcouraient les campagnes et bloquaient commerce ou communications.

A tant de désir de lutte, à tant d'espoirs, à tant et tant de volontés de libération ne manquait qu'un catalyseur. Ce fut Jeanne qui se présenta pour tenir le rôle. Et elle y réussit à la perfection.

Le poète Martial d'Auvergne (1430-1508) a écrit, dans *Les Vigiles de Charles VII*, ce texte tout à la fois naïf et touchant :

> *Tost après en cette douleur*
> *Vint au roi une pastourelle*
> *Du vilaige dit Vaucouleur,*
> *Qu'on nommoit Jehanne la Pucelle :*
> *C'estoit une povre bergière,*
> *Qui gardoit les brebis es champs,*
> *D'une doulce et humble manière,*
> *De l'aage de dix-huit ans.*

Histoire insensée, dans ces heures noires : une jeune fille, en provenance des marches de l'Est, venait d'arriver à Chinon, où résidait le souverain. Impavide et sereine, en dépit des sarcasmes ou de l'incrédulité de certains, elle affirmait pouvoir sauver le petit roi de Bourges et lui rendre son royaume. Faisant fi des arguties politiques, des discussions savantes des légistes ou des déclarations redondantes des grands, son programme et son mot d'ordre tenaient en six mots : bouter l'Anglais hors de France.

« Ces choses durans, fut admenée à Chinon devers le roy de France, une fille de simple estat, pucelle de sainte et religieuse vie, du pays de Barrois, qui fille fut d'un pauvre laboureur de la contrée, de l'élection de Langres près de Barrois et d'une pauvre femme du mesme pays, qui vivoient de leur labeur ; qu'elle estoit aagée environ de dix-huict à dix neuf ans, et avoit esté pastoure au temps de son enfance ; qu'elle sçavoit peu de choses mondaines, parloit peu, et le plus de son parler estoit seulement de Dieu, de sa benoiste mère, des anges, des saincts et sainctes de paradis ; disoit que par plusieurs fois luy avoient estédictes aucunes révélations touchant la salvation du roy et préservacion de toute sa seigneurie ; laquelle Dieu ne vouloit lui estre tollue ne usurpée mais déboutez en seroient ses ennemis. Et ces choses estoit chargée de dire et signiffier au roy dedens le terme de S. Jehan M CCCC XXIX. Si fut la pucelle ouye par le roy en son conseil et là ouvri les choses à elle chargées et à merveilles traicta des manières de faire vuider Anglais du royaume et là ne fut chief de guerre qui tant proprement sceust remonstrer les manières de guerroier ses ennemis, dont le roy et son conseil fut esmerveillé, car en toutes autres matières fut autant simple comme une pastoure... »

Ainsi sont racontés les débuts de Jeanne, par le chancelier Guillaume Cousinot, magistrat et conseiller de Charles VII, dans sa chronique intitulée *La Geste des Nobles*.

Bien qu'elle se fût entretenue avec le roi, et bien qu'elle l'eût prévenu qu'elle ne « durerait qu'un an », sa volonté de marcher sur Orléans sans retard, à la tête d'une armée, ne pouvait être si facilement exaucée. La crainte d'avoir affaire à une aventurière, la crainte aussi du ridicule en faisaient hésiter plus d'un, dont le roi. A la cour, deux camps s'affrontèrent, le premier favorable à Jeanne, dirigé par Yolande d'Aragon, et le second, qui lui était hostile, animé par La Trémoille et par Regnault de Chartres.

Des semaines durant, les religieux de Poitiers questionnèrent Jeanne, la harcelèrent, tentèrent de la prendre en défaut jusqu'à ordonner de la sonder, physiquement, afin de contrôler la présence de son pucelage, et tenter de déterminer s'il ne s'agissait point là de quelque créature démoniaque, venue pour perdre le souverain.

Finalement, la preuve de la présence en elle du malin n'ayant point été faite, et les affaires du royaume allant de mal en pis, on décida de lui confier le commandement de l'armée chargée de secourir Orléans. A l'ébahissement de la plupart des politiques et des rapaces aux aguets, aucun des chefs militaires, de Dunois à Gilles de Rais, en passant par La Hire, Xaintrailles et le duc d'Alençon, ne refusa ou ne s'opposa à l'autorité de la jeune paysanne.

Le 22 mars 1429, de Blois, où les troupes françaises commençaient d'affluer, Jeanne d'Arc envoyait une missive à John Talbot, ainsi qu'à ses lieutenants, en tant que représentants du roi d'Angleterre. Voici l'essentiel de sa teneur :

JHESUS, MARIA.

« Roy d'Angleterre, faictes raison au roy du ciel de son sang royal. Rendez les clefz à la Pucelle de toutes les bonnes villes que vous avez enforcées. Elle est venue de par Dieu pour réclamer le sang royal, et est toute preste de faire paix, se vous voulez faire raison ; par ainsi que vous mettez jus, et paiez de ce que vous l'avez tenue.

« Roy d'Angleterre, se ainsi ne le faictes, je suis chief de guerre ; en quelque lieu que je attandray voz gens en France, se ilz ne veulent obéir, je les feray yssir, veuillent ou non ; et se ilz veulent obéir, la Pucelle vient pour les occire. Elle vient de par le roy du ciel, corps pour corps vous bouter hors de France ; et vous promet et certifie la Pucelle que elle y fera si gros hahay, que encore à mil ans en France ne fut veu si grant, se vous ne lui faictes raison. Et croiez fermement que le roy du ciel lui envoiera plus de force que ne sarez mener detouz assaulz à elle et à ses bonnes gens d'armes... »

Et elle concluait :

« Escript le mardy de la grant sepmaine : Entendez les nouvelles de Dieu et de la Pucelle.
« Au duc de Bedford, qui se dit régent le royaume de France, pour le roy d'Angleterre. »

Au matin du 27 avril, l'armée de Jeanne quittait Blois et commençait de remonter la Loire par la rive gauche. Le 29 avril, la Pucelle pénétrait dans Orléans, où une foule ivre de joie l'acclamait. On se pressait autour d'elle, les gens voulaient embrasser ses pieds, ses jambes, ses mains, ou, à tout le moins, toucher son cheval. Déjà la peur et le désespoir quittaient les Orléanais, et le septicisme fondait comme neige au soleil. En quelques jours elle allait réussir à ravitailler par deux fois la cité, avant de s'emparer successivement des différents points forts de l'assiégeant, puis de le contraindre à une retraite précipitée.

Le 8 mai 1429 la victoire devenait complète. Du haut de leurs remparts les habitants de la ville voyaient enfin s'éloigner l'ennemi. C'était vers le nord-ouest que refluaient les « godons » déconfits.

Confortée par cette victoire, Jeanne décidait de ne pas donner à Charles le temps de se laisser reprendre par ses vieux démons nommés hésitation, louvoiement, atermoiement. Elle le rudoyait de mots, le suppliait de marcher sur Reims sans plus attendre, à travers des lieues et des lieues de pays toujours soumis à la domination anglo-bourguignonne, mais qui, affirmait-elle, se rallieraient d'allégresse à celui qui allait recevoir la divine onction.

En dépit de La Trémoille et de ses amis, qui avaient instamment poussé le roi à refuser, après des discussions délicates et difficiles, Charles VII acceptait enfin le projet fou et se résolvait à l'aventure.

Alors, tandis que le souverain faisait ses préparatifs, la Pucelle repartait sus à l'Anglais. Coup sur coup elle s'emparait de Jargeau, de Meung et de Beaugency. Mais Bedford, ayant appris l'imprévisible et stupéfiante défaite d'Orléans, réagissait. Il envoyait aussitôt de Paris une armée de secours à Talbot. Les troupes en retraite et les renforts fusionnaient à Patay, où le général anglais, conforté, survolté, décidait de livrer bataille. Le 18 juin, Jeanne et les siens enfonçaient les lignes de l'occupant et mettaient en fuite ses meilleurs routiers. Alors l'Anglais, effaré, fuyait jusqu'à Paris sans oser s'arrêter.

Pour la première fois depuis la bataille de Baugé (celle qui avait vu la mort d'un frère d'Henri V, le duc de Clarence) une grande victoire récompensait les efforts des Français, qui retrouvaient dynamisme et courage. Certes la libération complète et définitive du royaume ne s'annonçait pas encore pour le lendemain, mais l'espoir et l'assurance venaient de changer de camp.

Jacques Cœur fit peut-être partie de l'armée qui protégea et escorta le roi jusqu'à Reims, car on sait que son associé et ami, Ravand le Danois, en fut. Cet actif et énergique personnage avait déjà donné des preuves de son patriotisme en fuyant sa Normandie natale ; on le retrouva donc dans la cavalcade pour Reims, avec une suite de : « ... dix à douze combattants bien en poinct ou il a frayé grand argent ».

Sans vouloir mettre en doute la sincérité du sentiment patriotique de Jacques Cœur, qui aurait pu le pousser à entreprendre cette chevauchée (il eut d'autres occasions de prouver son dévouement à la France et à son roi), l'expédition du sacre était bien l'occasion rêvée de manifester publiquement et concrètement sa fidélité à Charles VII, et son inconditionnel engagement à ses côtés. Et puis... et puis n'avait-il pas comme Ravand à se faire pardonner et à prouver sa reconnaissance ?

Et aussi, quelle aventure exaltante, unique, que cette avancée sur Reims ! C'était à partir de Gien que l'ost royal s'engageait en pays ennemi. Sur son passage, hommes et femmes se reprenaient à espérer, et même la capitale de la Champagne, cette belle et riche cité de Troyes, se rendait au roi dès les premières sommations. Enfin, le 16 juillet, l'armée pénétrait triomphalement dans la ville du sacre. Dès le lendemain se déroulait la grandiose cérémonie au cours de laquelle la Pucelle et son étendard tinrent la place d'honneur.

Paradoxe ! Les victoires militaires de 1429 et la sacro-sainte consécration, loin de résoudre ou d'aider à résoudre les dramatiques problèmes financiers du royaume, les aggravèrent singulièrement. Armer, nourrir, équiper tant de troupes coûta cher, très cher ! Il fallut bien user de tous les expédients, même des plus scabreux, pour trouver des subsides. L'heure refusait les scrupules.

Par la même occasion, la fraude de Jacques Cœur et de ses associés se voyait minimisée. Pour condamnable qu'elle fût, elle perdait tout relief dans ce contexte général. Le roi lui-même ne se voyait-il pas contraint d'user de méthodes véreuses pour faire face ?

D'ailleurs, chez les monnayeurs à cette époque, semblable pratique n'était qu'habituelle. On ne peut juger les finances d'alors avec notre optique d'aujourd'hui, ni passer les faits et gestes des hommes d'autrefois au crible de notre morale actuelle. Tant et tant de gens en place prenaient des libertés — c'est ici un euphémisme — avec les finances publiques ! Toujours est-il que les trois associés, qui avaient plaidé coupable et offert de restituer dans les meilleurs délais les écus détournés, se virent d'abord condamnés par la cour de justice. Mais ce n'était là que sentence de principe, et Charles VII s'empressa de commuer la peine en une amende de mille écus d'or, plus fructueuse que la prison pour son trésor.

Les lettres de rémission accordées par le roi sont datées du 6 décembre 1429. Elles précisent qu'à l'avenir Ravand le Danois, Pierre Godard et Jacques Cœur ne pourront plus être « travaillés ni molestés » pour les faits venant d'être sanctionnés.

Non seulement Charles VII n'allait tenir nulle rigueur aux trois associés, mais il ne remit même pas en cause leur charge de maîtres-monnayeurs de Bourges. Jacques Cœur continua donc de frapper monnaie dans sa ville jusqu'en 1436. Simplement, il n'exerçait parfois sa charge que par personne interposée. Ainsi Jean de Village fut maître de la Monnaie royale de Bourges pour l'année 1433, tandis que, les deux années qui suivirent, le relais fut assuré par un autre commis, Pierre Jobert, homme dévoué par excellence.

Quant à Ravand le Danois, il allait devenir, de 1435 à 1461, général-maître des monnaies. Son amitié avec Jacques Cœur ne se démentira jamais et durera jusqu'à la mort ; un des fils de Jacques, le cadet, reçut d'ailleurs le prénom de Ravand (il y a de fortes chances pour que le Danois en ait été le parrain). Et les relations d'affaires, entre les deux hommes, continuèrent également sans hiatus.

En cette fin de l'an 1429, la situation des trois grandes figures qui marquent ce temps de manière indélébile — Charles VII, Jeanne d'Arc et Jacques Cœur — est singulièrement transformée. L'hiver, comme toujours, oblige à une sorte de trêve avant les actions, les combats, les risques du printemps. La longueur et la froideur des nuits sont une constante incitation à la réflexion et à la mise au point des projets.

Celui qu'hier encore on n'appelait par dérision que « le roi de Bourges », celui qu'on brocardait, qu'on chansonnait, qu'on proclamait incrédible venait soudain, comme par enchantement, de prendre consistance. Les désabusés, les sceptiques, les hésitants, ceux qui s'étaient ralliés au parti anglais plus par manque de perspectives ou d'imagination que par haine ou conviction, tous ceux-là et beaucoup d'autres, rapaces sans grande envergure qui, en telles périodes, flairent le vent et tâchent de choisir le bon côté (le camp du vainqueur doté de ses multiples avantages), doutaient soudain de leur choix de la veille. Ces victoires, ce sacre... grimaces d'inquiétudes qui précèdent les manœuvres pour une éventuelle reconversion. En revanche, se voyait confortée dans son innocente confiance la foule des hommes et des femmes sans calculs : paysans, artisans, ouvriers, tous ceux qui, plus ou moins consciemment, se sentaient appartenir par mille liens à une même communauté, la masse de ceux chez qui le sentiment patriotique, pour récent qu'il fût, ne se marchandait ni ne se discutait, pas même à l'aide de phrases ronflantes et d'arguments prétendument logiques.

La situation de Charles VII est devenue telle désormais qu'il ne peut pas ignorer que sa victoire est vraisemblable sinon assurée. Certes, les armées anglaises sont toujours redoutables, et le combat sera ardu, mais le traité de Troyes, faisant du roi d'Angleterre celui de la France, a perdu toute crédibilité. En cette époque de foi, Charles VII est désormais devenu : l'oint de Dieu.

En attendant de reprendre la guerre, au printemps 1430, Jeanne d'Arc se reposait. C'était à Bourges qu'elle avait principalement choisi d'attendre les beaux jours, habitant tantôt ici, tantôt là, dans les logis que ses admirateurs mettaient à sa disposition et la priaient d'honorer : tels celui de dame Marguerite La Touroulde, ou celui de messire Régnier de Boutigny.

La « mission » de Jeanne d'Arc, son extraordinaire aventure et son tragique destin ont donné lieu à d'innombrables débats et disputes. A son sujet, religieux et athées se sont violemment heurtés. Mais ce qui, aujourd'hui, semble indiscutable, c'est d'abord que Jeanne agit en accord total avec les couches profondes des habitants du royaume, qui, victimes d'un interminable et désastreux conflit, accédaient au sentiment national et au goût de l'indépendance. Par ailleurs, délivrer Orléans et faire sacrer Charles VII à Reims participent d'un plan aussi simple que rigoureux et clairvoyant. Il s'impose à un esprit moderne, sans qu'il soit besoin d'invoquer le merveilleux ou le divin.

Les troupes anglaises stationnées en France ne représentaient, par rapport à l'ensemble de la population, qu'un pourcentage infime. Leur victoire ne demeurait possible que dans le cas où cette population, comme dans les guerres féodales, se désintéressait de l'issue du conflit, ne se sentait pas concernée. La naissance du sentiment patriotique devait donc bouleverser les conditions de lutte. Jeanne a joué un rôle d'éveil en même temps que celui de catalyseur.

Ainsi qu'elle l'avait prévu et annoncé, la Pucelle n'a guère duré qu'un an. L'année de son apparition sur la scène est aussi celle de ses victoires. Ensuite, elle ne connaîtra plus que des échecs (jusqu'à la prise de Compiègne qui lui sera fatale). Bien entendu, en ces temps de crédulité, elle servit longtemps encore la cause de la France, non seulement par l'élan donné, mais par la peur qu'elle inspirait aux soldats anglais, peur qui se prolongeait par une possibilité de maléfice par-delà la mort. De son vivant, Bedford le régent, pour excuser et justifier la conduite de ses hommes, n'écrivait-il pas au roi Henri VI et à son conseil, lors de la délivrance d'Orléans :

« ... Le motif du désastre se trouve, selon moi, en grande partie, dans les folles idées et la peur déraisonnable inspirées à vos gens par un disciple et limier du diable, appelé la Pucelle, qui a usé de faux enchantements et de sorcellerie. »

Mais déjà les grandes heures de Jeanne appartenaient au passé.

Jacques Cœur a-t-il rencontré la Pucelle d'Orléans ou l'a-t-il aperçue, de près ou de loin, mêlé au peuple berruyer qui acclamait celle qu'il considérait comme son sauveur, chaque fois que l'occasion lui était donnée de l'apercevoir ? Encore lui aurait-il été présenté, parmi les officiers et serviteurs divers du roi ? L'une des deux possibilités est vraisemblable, malheureusement rien ne peut nous éclairer avec certitude. Mais le patriotisme de notre ambitieux peut laisser augurer qu'il fut profondément influencé par celui de Jeanne. Nous constaterons, par la suite, que jamais ce sentiment ne lui fera défaut.

Quoi qu'il en soit, attendant sa lettre de rémission ou l'ayant déjà reçue, Jacques Cœur dut éprouver bien d'autres inquiétudes, insidieuses et permanentes celles-là, vrillées au fond de son cœur, car touchant à son avenir et à son destin. Ses trente ans allaient bientôt sonner, et il n'avait encore rien accompli de grand ! Amère constatation ! Se retrouver, à cet âge, obscur et maigre personnage, sans particulière consistance et sans grand relief n'est guère réjouissant, lorsqu'on a tant rêvé d'activités lucratives et d'actions hors du commun. Ses désirs de richesse, de puissance et de gloire n'avaient encore obtenu aucune satisfaction, bien qu'il eût atteint plus de la moitié du gué. En ces temps de courtes vies son délai le talonnait, et il ne pouvait l'ignorer.

« Portant sa destinée et sachant son délai », écrit Claudel dans *Tête d'Or*.

Pour avoir voulu forcer le destin et plus vite acquérir une solide base financière, il s'était imprudemment hasardé. Recommencer serait folie. Il lui fallait donc à tout prix éviter un nouveau faux pas.

Mais l'échec ne décourage que les faibles. Les forts en tirent une leçon qui, sans attendre, doit les relancer, leur redonner le goût de la lutte, en veillant cette fois à se ménager de meilleures conditions de réussite. Il lui restait donc à constater que les moyens traditionnels ne peuvent octroyer que des résultats traditionnels. Pour transcender le marchand, le bourgeois de la ville, même fort riche, il devrait désormais imaginer, créer, recourir à ses anciens rêves.

10.

Le grand projet de Jacques Cœur

Convaincu que le monnayage ne pouvait être que d'un rapport modéré, « honnête », Jacques Cœur, en attendant de mettre en application l'idée qui couvait en lui depuis des années, fondait au début de 1430, avec les deux frères Godard, une compagnie pour la fourniture de marchandises diverses, visant à gagner en particulier la clientèle du roi et de la cour.

Bien gérée, s'appuyant certainement sur un capital solide, l'affaire prospérait et allait durer jusqu'à la mort des Godard, survenue en 1439.

Au cours des mois précédents, Jacques Cœur avait compris que la « pauvreté » même du souverain, loin d'être une gêne, pouvait se muer en source de profit. En contrepartie des crédits que ses fournisseurs lui accordaient, celui-ci était amené à consentir d'inestimables avantages, tels que : privilèges pour l'extension des affaires, patentes, exonération et dégrèvements, sauf-conduits, etc.

La vie des siens solidement assurée par deux activités (l'aîné de ses enfants, Jean Cœur, était déjà âgé de neuf ans et au moins deux autres naissances avaient dû se produire à son foyer), Jacques Cœur allait pouvoir se consacrer à dresser des plans d'avenir, à parfaire des projets à sa mesure, dont il espérait, outre l'exaltant plaisir d'engendrer et de mettre en œuvre, tout à la fois richesse, puissance et honneurs.

Au cours de tant et tant de conversations qu'il avait eues durant des années — pratiquement depuis les débuts de son apprentissage — avec des banquiers, des changeurs, et des négociants de haut vol, presque tous italiens, qui fréquentaient assidûment le palais ducal, en lui la certitude s'était forgée que seuls les échanges internationaux, basés sur le commerce maritime avec l'Orient, pourraient lui offrir l'occasion de devenir le démiurge qui, en lui, s'impatientait. Car, dans ces activités, foin des ridicules petits profits dont se contentaient les bourgeois des cités du royaume. S'il réussissait, il brasserait des sommes fabuleuses, et le pouvoir, le vrai, celui qui permet d'animer et d'entraîner dans son sillage des centaines, des milliers d'hommes peut-être, dans une action constructive, lui appartiendrait.

Les vaisseaux ventrus et roulants de Venise, de Gênes ou encore du royaume d'Aragon charroyaient à longueur d'années des trésors. Leurs cargaisons représentaient à volonté des palais et des armées, des routes et des ports, des bijoux et des œuvres d'art, des charges honorifiques et des consciences, et aussi, bien entendu, du pouvoir!

Eût-il été italien, ou espagnol, le problème aurait été fort différent : plus délicat, plus risqué sur le plan de la concurrence, mais en revanche infiniment plus facile quant aux installations nécessaires, aux navires à affréter, aux cargaisons à charger et décharger, ou à l'engagement des marins.

Car il y avait beau temps que la France ne possédait plus en Méditerranée ni flotte ni équipage, ni ports bien aménagés avec voies de dégagement. Les cent cinquante kilomètres de littoral — de l'embouchure du Rhône aux frontières du Roussillon — vivotaient difficilement, les hommes ne trouvant guère à s'embarquer que dans les ports de l'étranger.

LE GRAND PROJET DE JACQUES CŒUR 119

Pour transformer son rêve en réalité, il allait donc falloir envisager non seulement les voyages eux-mêmes, mais les problèmes humains, et aussi le financement des travaux nécessaires pour créer les infrastructures de base. Dans ses prévisions l'architecte et l'ingénieur allaient le disputer au marin, au négociant, voire même au négociateur.

Le projet de Jacques Cœur, s'il s'en était entretenu avec qui que ce fût, aurait semblé si totalement chimérique et contraire au bon sens que, sans vergogne, ses interlocuteurs se seraient moqués. Tant d'obstacles, apparemment insurmontables, se dressaient devant lui : physiques, moraux, psychologiques ! Les deux derniers n'étaient d'ailleurs pas les moindres. Recréer les conditions d'une activité maritime prospère paraissait à un esprit rationalisant devoir réclamer plusieurs années d'efforts.

« Mer variable ou toute crainte abonde. » Ainsi s'exprime Marot dans sa complainte première.

Pour un Berrichon du XVᵉ siècle — comme pour n'importe quel autre terrien d'ailleurs — la mer était avant tout un univers mystérieux et terrifiant, menaçant et imprévisible dans ses manifestations de colère. L'étendue amère s'identifiait avec le siège même de la mort et des angoisses. On la savait fréquentée par les plus terrifiants monstres et démons.

Les témoignages abondent de la peur que l'univers marin a suscitée, suscite, et suscitera durant des siècles. Au point que des navigateurs chevronnés, jamais totalement rassurés, renonceront à l'expliquer aux profanes, certains de n'être pas compris et nullement désireux de revivre leurs épreuves, fût-ce par la pensée. Ainsi Camoens fait-il tenir ces propos, dans les *Lusiades*, à Vasco de Gama :

« ... Dire tout au long les périls de la mer, mal compris des humains : orages soudains et terribles, traits de foudre embrasant le ciel, noires averses, nuits ténébreuses, grondements de tonnerre ébranlant le monde, ce serait pour moi une épreuve aussi grande que vaine, lors même que ma voix serait de fer. »

Et un moine, frère Félix Fabri, qui fit un voyage en Orient en 1480, affirme :

« Quand un homme a supporté plusieurs jours durant la tempête, a dépéri faute de nourriture et qu'il arrive à bon port, il risquerait plutôt cinq sauts que de rester à bord. »

Si la mer n'était que menace, comment ne pas se méfier de ceux qui la fréquentaient, qui vivaient avec et par elle ? Ne pouvaient qu'être foncièrement mauvais les hommes qui acceptaient ses humeurs et ses risques. A l'intérieur des terres les marins jouissaient d'une épouvantable réputation ; on les disait « mal ordonnables aux vertus morales ». C'est ce qu'affirme Nicolas Oresme.

Enfin, concurremment avec ces hantises, existait aussi la peur des hommes et de la faune habitant les autres rivages. Cette peur viscérale de l'inconnu, des pays insolites où la règle n'est constituée que d'étrangetés.

Sur le rivage en face, loin vers le sud et vers le levant, vivaient, selon mille et un témoignages, des hommes entre tous redoutables, des hérétiques, de races et de confessions diverses : Turcs, Arabes, Juifs, Nègres (Oh ! racisme !). Eux-mêmes menacés, d'ailleurs, par des monstres. Dans un livre paru à la fin du XVe siècle : *Le Secret de l'Histoire naturelle,* on lit à propos de l'Égypte :

« En Égypte, la basse..., vivent deux périlleux monstres. Et se tiennent volontiers sur les rivaiges de la mer qui sont moult crains et doutés des gens du pays dont les ung ont nom Ypothames et les autres Crocodiles. Mais en la haute qui est devers l'Orient repairent moult de bestes sauvaiges venimeuses comme lions, liépard, parides, trigides et basiliques, dragons, serpens et aspics qui sont plains de très périlleux et mortel venin. »

Quel extraordinaire courage n'aura-t-il pas fallu à un natif de la belle campagne berrichonne, au bourgeois Jacques Cœur, désormais solidement implanté dans sa ville et fort bien en cour, pour décider seul, et sans tapage, de se lancer dans pareille aventure : le commerce avec le Levant ! Quelle prodigieuse énergie, quelle farouche volonté de réussite sociale (entre autres) ont pu l'animer et le jeter en avant ?

A ce niveau il faut être poussé par une profonde nécessité intime. Cela relève d'une obstination impérieuse, celle de créer. Transmuter ses propres rêves en réalité, les vivre heure après heure. Jacques est un poète qui vit son chant, qui après l'avoir inventé le concrétise.

D'autant qu'avant même d'affronter cet élément liquide, ennemi acharné de tout homme assez fou pour se risquer sur lui, il allait falloir traverser une bonne moitié de cette France toujours plongée dans la guerre. Et ce n'était pas rien que cent cinquante lieues de mauvais chemins, hantés un peu partout par des brigands, des coupe-jarrets, des bandes d'écorcheurs.

Les prémices en vérité ne valaient guère mieux que la pleine saison. Mais rien ne pouvait rebuter notre homme ni le soustraire à sa détermination.

1430, 1431. Peut-être l'emprisonnement de Jeanne d'Arc, suivi de sa condamnation et de son supplice, à Rouen, sans que Charles VII ne daigne esquisser le moindre geste pour secourir celle-là même qui l'avait arraché au proche néant, sauvé d'une déconfiture prévisible, ont-ils contristé et inquiété Jacques Cœur. Peut-être l'ont-ils amené à quelques réflexions peu réjouissantes sur l'ingratitude foncière d'un souverain par ailleurs accessible et ouvert, sur le danger latent qui guette ceux qui donnent hors mesures ! Mais qu'importe ! Comme la Pucelle, dans un tout autre domaine certes, sa nécessité le portait. Sans doute éprouvait-il, par-delà prudence et sagesse, le besoin de s'engager à la vie à la mort.

Il me plaît d'imaginer notre homme à Bourges, tandis que, progressivement, jour après jour, discrètement, il réfléchit et se documente sur les mille et un problèmes qu'il va devoir résoudre et sur les dangers qu'il affrontera. Le voici extirpant une confidence ici, obtenant un éclaircissement là. La moindre information, en semblable circonstance, devient précieuse. Comme dans un puzzle les éléments, les renseignements qu'il obtient se logent, chacun à sa place, contribuent à donner couleur et vie à son projet.

Il n'existait alors aucune carte de notre pays. En 1381, l'infant Juan d'Aragon avait certes envoyé à la cour de France une mappemonde — elle était l'œuvre d'un savant juif nommé Abraham Cresques — qui existe encore et qu'on appelle aujourd'hui l'Atlas Catalan. Mais Paris, hélas !, se trouvait toujours aux mains des Anglo-Bourguignons. L'apprenti voyageur ne pouvait donc avoir accès à ce précieux document (si tant est qu'il eût pu l'obtenir en situation normale). La seule solution était donc d'interroger les messagers royaux, ou ceux des banques et des négociants. Ces derniers surtout connaissaient non seulement les itinéraires et les délais nécessaires pour les parcourir, mais ils savaient également chiffrer les frais de déplacement. Et Jacques Cœur de noter les ponts à péages encore existants, les gués praticables certains mois, les voies conseillées, celles qu'il fallait à tout prix éviter.

On mesurait alors les distances en journées, en milles et en lieues, plus quelques subdivisions complémentaires. Ainsi le royaume de France, selon Gilles le Bouvier, de l'Écluse, en Flandre, à Saint-Jean-Pied-de-Port : « a de long vingt-deux journées », et de la pointe Saint-Mathieu, en Bretagne, jusqu'à Lyon « de large seize journées ».

La moindre inconnue risquait de se transformer en obstacle. Ainsi devait-il apprendre, sans avoir l'air d'y toucher, quelles marchandises un novice devait emmener pour son premier voyage, faciles à écouler et d'un heureux bénéfice.

Ce fut au printemps 1432 que Jacques Cœur rompit les amarres et se mit en route après avoir fait ses adieux à sa famille. La jolie Macée dut se résigner, sans doute éplorée à l'idée des risques que l'époux aimé allait courir.

Le voyage jusqu'au littoral méditerranéen ne semble avoir posé aucun problème notable en lui-même, preuve de sa soigneuse préparation. Mais quels sentiments notre voyageur éprouva-t-il en constatant au fil des jours l'état de dévastation du royaume ? Quelle fut son émotion devant la misère des campagnes et des bourgs : châteaux éventrés et croulants, fermes et hameaux réduits à quelques pans de murs noirâtres, champs et vignes envahis par la ronce et le chiendent, bois et landes parcourus par des bandes de loups n'hésitant pas à s'attaquer à des groupes d'hommes ?

Les villes ne valaient guère mieux, lugubres avec leurs populations réduites et leurs activités exsangues. Pareil spectacle l'a-t-il momentanément découragé ou, au contraire, dopé ? Si ce qu'il entreprenait réussissait, il allait contribuer à revivifier et à faire renaître le pays tout entier. Il lui injecterait un sang neuf.

Quelques jours ou quelques semaines à parcourir les chemins et voici qu'apparaissait enfin la mer, qu'il pénétrait dans la région qui devait prendre une place prépondérante dans son existence. Comme Bourges et le Berry semblaient loin !

Quels furent ses premiers errements, ses premières visites, entre ces ports languissants qui se nommaient : Aigues-Mortes, Lattès-Montpellier, Frontignan, Agde, Sérignan, avant d'arriver à Narbonne ? Il est évident qu'il ne s'était pas mis en route sans quelques adresses, et nanti de solides recommandations. C'est dans la dernière ville nommée qu'il devait trouver ce qu'il cherchait : une galée qui accepta de prendre à son bord ce pétulant petit marchand encombré de ses ballots de marchandises. Il est vrai que ces derniers ne devaient guère peser lourd, car il ne s'agissait point pour cette fois de « faire de l'argent », mais plutôt d'indemniser ses premiers frais. Sur place il serait temps de tester, selon ses propres vues, les marchandises à écouler.

Dans le courant du mois de mai, il s'embarquait donc à bord de la galée *Sainte-Marie-et-Saint-Paul,* qui appartenait à un bourgeois de la ville nommé Jean Vidal. Ordinairement des marchands narbonnais louaient ce vaisseau, mais cette fois ses compagnons de voyage se composaient d'un petit groupe de négociants montpelliérains — Secondino Bossavini, Louis et Paul Dandréa, Philibert de Nèves — et d'un Agdois. Comment les aurait-il recrutés, en si peu de temps, s'il n'avait pu se présenter à eux en montrant patte blanche ?

Il est assez difficile de préciser à quel type de navire appartenait cette « galée de Narbonne » : nef, galée, galéasse, coque, ligne-galère ? Les mots et les modèles ne manquent pas. Sans doute s'agissait-il cette fois, car nous aurons par la suite pour certains vaisseaux d'autres précisions, d'un bateau ponté, avec des hauts-bords de deux à trois mètres, disposant à la fois de deux mâts portant larges voiles, et de rameurs (soixante-dix ou quatre-vingts). Un tel bâtiment pouvait charger deux cent cinquante à trois cents tonnes. La longueur de ces naves était de trente à quarante mètres et leur largeur de six à sept (parfois elle atteignait neuf mètres). Si les galères convenaient mieux pour la guerre (elles manœuvraient à volonté sans souci du vent), les nefs s'adaptaient de façon supérieure aux transports de marchandise.

Et voici la *Sainte-Marie-et-Saint-Paul* partie. Avec sa

coque peinte de vif et l'image de la Vierge sans doute sculptée à la proue, arborant un pavillon, aux armes de Narbonne, à moins que ce ne soit celui aux couleurs de Jean Vidal, qui flotte en haut de la perche dite « de l'étendard ». Selon le temps et les circonstances, l'équipage déploie les voiles, d'un blanc écru quelque peu jauni par le soleil, ou bien les rameurs peinent au rythme des cris et des chants scandés par les contremaîtres qui se nomment « comites » ou les « sous-comites ».

De Narbonne à Alexandrie, premier but du voyage, il fallait environ vingt-cinq jours. En ces temps, pour éviter au maximum les risques de piraterie, on naviguait au plus près de la côte. La galée allait donc suivre puis contourner la péninsule italienne. La Sicile dépassée, il fallait cingler vers le sud-est, c'est-à-dire entamer la partie la plus périlleuse du voyage.

Trois ou quatre semaines plus tard, et selon les prévisions, la galée de Narbonne atteignait Alexandrie, le plus opulent des ports de la Méditerranée orientale, celui que l'évêque Guillaume de Tyr appelait déjà au XIIe siècle « le marché des deux mondes ». Africains, Asiatiques et Européens se retrouvaient au coude à coude dans une cohue exubérante. Parmi les Européens prédominaient, dans l'ordre, Vénitiens, Barcelonais, Majorquins, Génois, Marseillais, Perpignanais.

Découvrant le site, Jacques Cœur n'en dut pas croire ses yeux : sous un ciel de feu, chauffé à blanc, sur une mer bleu sombre, dans un air épais aux odeurs lourdes, s'étendait un immense port, encombré de dizaines et de dizaines de navires, de toutes provenances, embarquant ou débarquant leurs cargaisons le long de quais obstrués autant par les marchands que par les marchandises.

Une fois la galée à quai, formalités douanières et administratives accomplies, ayant mis pied à terre, voici notre bourgeois berruyer parcourant les rues animées de cette ville blanche et ocre comptant plus de 80 000 habitants, contournant le palais du Soudan, errant le long du Nil sur lequel naviguaient des flottilles de barques aux curieuses voiles pointues, croisant des caravanes guidées par des hommes au visages burinés et imperméables, puis se perdant dans l'immense dédale du souk, autant séduit par ses boutiques et ses échoppes regorgeant des objets les plus divers, des plus précieux aux plus ordinaires, que par ses ateliers bruissant du travail d'habiles artisans.

Combien, en ces instants privilégiés, dut-il se féliciter de sa hardiesse et de son entêtement. Comme il avait bien fait de croire les récits d'hommes que d'aucuns traitaient de hâbleurs. Bouffées de joie qui gonflent le torse et qui libèrent, succession d'images prodigieuses qui enivrent et qui exalteront l'imagination.

Plus tard, à nuit tombée, comment trouver un sommeil paisible lorsqu'en quelques heures on a découvert tant d'entrepôts qui regorgent de sucre, d'épices, de tapis plus somptueux les uns que les autres, de soieries aux teintes merveilleuses, lorsqu'on a pu s'asseoir dans des boutiques pour, en dégustant un breuvage chaud et aromatisé, sentir des parfums subtils, examiner des bijoux, des pierreries et des perles d'une incomparable beauté.

Oui ! Comment se laisser aller à un sommeil béat lorsqu'on a vu, parallèlement au trafic du port avec ses bateaux innombrables, le départ ou l'arrivée d'interminables caravanes de chameaux et de dromadaires. Bosses flasques comme des outres vides et pas chaloupé, les fameux « vaisseaux du désert » ramenaient les produits bruts ou raffinés d'au-delà d'immenses déserts, des Indes, de la Chine, ou des fins fonds de l'Afrique noire.

Mais un voyage d'étude et de prospection ne permet guère les flâneries, et encore moins les états d'âme. A peine

LE GRAND PROJET DE JACQUES CŒUR 127

assimilés les renseignements souhaités, il fallait déjà songer à repartir. Le périple n'était pas fini et d'autres ébahissements l'attendaient. Pourtant la récolte de renseignements s'avérait dès lors fructueuse. Répertoriées les marchandises européennes, et plus particulièrement françaises, susceptibles de plaire sur les marchés d'Alexandrie et du Caire, enregistrés les prix pratiqués des produits à importer, point tombés dans l'oreille d'un sourd les propos tenus par les acheteurs musulmans concernant leur vif intérêt pour l'argent et le cuivre de même que leur relative indifférence vis-à-vis de l'or sous ses diverses formes !

La galée de Narbonne fit ensuite voiles et rames — en longeant la côte palestinienne — vers le Liban, où l'attendait l'ancienne Berytos phénicienne, l'active Beyrouth. Escale après escale, dans chaque petit port, Jacques Cœur se vit confirmé dans ses observations et constatations précédentes.

Arrivé à Beyrouth, notre Berruyer quitta pour quelques jours ses compagnons. Tandis que la *Notre-Dame-et-Saint-Paul* retournait faire un chargement à Alexandrie, lui fila sur Damas. Rendez-vous pris pour la date du réembarquement, il franchissait le Djebel Liban et l'Hermon.

Nouvel éblouissement : les rues de Damas ! La ville, qui s'était relevée de ses ruines depuis sa prise par Tamerlan, regorgeait de négociants venus de tous horizons. Une foule bruyante et animée se pressait dans les ruelles, les venelles, les passages, les boutiques. Géorgiens, Iraniens, Chinois, Turcs, Grecs, Chrétiens (renégats ou non), Arabes, Mongols, Indous s'efforçaient dans de curieux pathos de s'entendre pour conclure des marchés. A l'extérieur de la ville le trafic des caravanes ne connaissait aucun répit, et, devant des entrepôts pleins à craquer, gardes et chameliers mangeaient ou se reposaient en attendant placidement un prochain départ.

Jacques Cœur s'affairait de droite et de gauche. Le

hasard lui fit rencontrer un autre Français, un écuyer du duc de Bourgogne, venu faire un pèlerinage en Terre sainte, Bertrandon de la Broquière, lequel, dans une chronique, nous a succinctement conté l'anecdote :

« Et quand nous fûmes venus à Damas nous y trouvâmes plusieurs marchands français, vénitiens, génois, florentins et catalans, entre lesquels il y avait un Français nommé Jacques Cœur, qui depuis a eu grande autorité en France et a été argentier du roy ; lequel nous dit que la galée de Narbonne, qui était allée à Alexandrie, devait revenir à Beyrouth. Et lesdits marchands français étaient allés acheter marchandises et denrées, comme épices et autres choses, pour mettre sur ladite galée. »

Chypre, encore royaume franc, devait être la troisième et dernière grande étape du voyage. A Famagouste, une fois de plus, Jacques Cœur fut émerveillé. L'île constituait l'ultime retranchement de la chrétienté contre la poussée turque, mais, en même temps, elle jouait également le rôle d'entrepôt et de trait d'union avec les pays musulmans. Sa ville capitale connaissait donc elle aussi l'agitation, la prodigieuse activité des centres commerciaux fondamentaux.

Cependant la saison s'avançait ; le capitaine et les négociants de la galée de Narbonne devaient maintenant songer à prendre le chemin du retour, leur vaisseau ayant d'ailleurs fait le plein de marchandises.

La Sicile puis l'Italie furent d'abord regagnées sans encombre. Mais les tempêtes de novembre savent être redoutables. Ainsi, comme le voyage prenait fin et qu'il ne s'agissait plus que de quitter la proximité des côtes corses pour rejoindre Nice, arrivé à la hauteur de Calvi le navire, chahuté, malmené, faisait eau puis se voyait drossé contre des rochers et s'échouait en un lieu continuellement battu par les vagues.

Sans attendre, Jean Vidal, accompagné de ses affréteurs

et de quelques hommes d'équipage, faisait mettre une chaloupe à la mer et ralliait le rivage pour aller chercher des secours.

A cette époque la Corse vivait encore sous la domination de Gênes. En particulier, Calvi était un des solides points d'appui de l'ex-concurrente de Venise. L'accueil que reçut Jean Vidal et ses compagnons ne fut pas celui que les Français escomptaient. Le capitaine de la forteresse, qui commandait aussi la ville, un nommé Raynuxto de Marcha, faisait aussitôt arrêter et enfermer dans un cachot les naufragés, après les avoir délestés de tout ce qu'ils possédaient sur eux. Il ne leur laissa que leur chemise. Ensuite, avec l'aide de ses hommes grimpés sur des barques, il alla piller le bateau.

Si les marins et les rameurs furent assez rapidement relâchés, il n'en fut pas de même pour Jean Vidal, Jacques Cœur et les autres négociants, à qui on ne rendit la liberté que contre remise de rançons.

Lorsqu'un bateau avait été butiné, ses passagers et affréteurs détroussés et rançonnés, une sorte d'assurance jouait. Pour la déclencher il suffisait aux victimes de dresser un procès verbal énumérant leurs pertes, et de le remettre à une institution qui s'appelait « La Lettre de Marque ». Toutes les nations commerçantes dont les ressortissants possédaient des vaisseaux disposaient de la leur.

Aussitôt en possession du procès verbal, et après des vérifications prévues étudiant le bien-fondé des réclamations des victimes, celles-ci recevaient une indemnisation.

Les sommes versées provenaient des profits que réalisaient à cette intention des bateaux corsaires.

Le mécanisme était le suivant : une galée ayant été pillée, l'organisation de la Lettre de Marque, de même nationalité, délivrait une sorte de mandement appelé « lettre de marque », qui autorisait des représailles à l'encontre des compatriotes de ceux qui avaient commis le pillage. Le plus souvent, grâce à cette lettre de marque, des bateaux corsaires prenaient la mer et couraient sus aux ressortissants de même nationalité que les pilleurs. Les prises des corsaires étaient ensuite vendues, fréquemment aux enchères publiques, et le produit alimentait les caisses d'indemnisation.

En l'occurrence, ce fut la marque de Catalogne qui régla le dommage. Ainsi savons-nous que les vêtements et les sommes volées à Jacques Cœur furent estimés à dix ducats, soit à vingt-sept livres tournois. Somme peu considérable. D'ailleurs la galée de Narbonne n'emmenait lors de ce voyage aucun gros négociant, puisque les indemnités varient de treize livres tournois à soixante-cinq livres.

DEUXIÈME PARTIE

« A cuer vaillans riens impossible »,
devise de Jacques Cœur.

1.

Les bases de l'empire Cœur

A peine relâché par Raynuxto de Larcha, Jacques Cœur rentra tout droit à Bourges, porté par une volonté euphorique et drue d'entreprendre. Déjà s'effaçait de sa mémoire l'épisode corse — médiocre péripétie destinée à se muer en anecdote — au profit de l'essentiel : l'absolue certitude qu'enfin, pour lui, tout allait changer, que le vrai travail engendrant une existence conforme à ce qu'il avait toujours souhaité commencerait sous peu.

Désormais, inquiétudes et doutes, quant à son destin, en lui n'auraient plus leur place. S'y substituerait l'unique souci de parfaire ses desseins, de soigner les moindres détails de chacune de ses entreprises. Comme il saurait être rigoureux, précis, acharné ! Sans doute aurait-il pu, s'il avait songé à mettre en formule sa résolution, inventer la devise de Nicolas Poussin : « Ce qui vaut la peine d'être fait, vaut la peine d'être bien fait. »

Le martèlement assourdi des sabots de son cheval lui rappelait à tout instant que c'était authentiquement un homme nouveau qui rappliquait dare-dare chez lui, prêt à toutes les luttes après le périple au Levant. Il allait, insoucieux des bourrasques ou de l'aigreur de la bise, avec la conscience aiguë que ce voyage sur la galée de Narbonne marquait une rupture fondamentale avec le passé. Rien, désormais, ne pouvait plus être ni ne pouvait lui apparaître, comme avant. La mutation était si complète et si définitive qu'elle équivalait à une seconde naissance.

Vite ! Agir et agir vite, mais avec vigueur et précision, lui scandait aux oreilles le vent de sa course. Le nouveau Jacques Cœur n'avait plus de temps à perdre. « Portant sa destinée et sachant son délai... »

Fort, il bousculerait les obstacles, importants ou médiocres, mis en travers de sa route par la malchance ou les jalousies. Adroit, il déjouerait les ruses des dieux malins et des hommes artificieux, puis il amadouerait les puissants jusqu'à pouvoir les ligoter aux poutres de soutènement de son édifice. Impérieux, il saurait (par avance il se le promettait) régner sans partage, sans écouter les conseils, sans tolérer la moindre contestation de ses aides, à quelque niveau qu'ils fussent. Ouvert, il allait s'entourer, autant que faire se peut, d'hommes enthousiastes et de foi, certains portés vers l'action, d'autres vers la méthode.

Heures après heures, yeux clos ou yeux écarquillés, comme ont les visionnaires, il affinait son programme : bâtir fortune et puissance, se sentir maître de soi, sûr de son fait et de ses moyens, et, enfin, savoir faire évoluer à son profit la volonté de ceux que seule la naissance a placés au faîte de la pyramide sociale, quitte à leur suggérer leurs décisions.

Mouvante pensée ! Tandis qu'il harcelait ses chevaux pour rallier au plus vite sa ville natale et se mettre sans plus attendre au travail, ses rêves, aidés désormais par des souvenirs précis, images et sons, devaient tout à la fois l'exalter et lui serrer le cœur.

Comment ne pas comparer les paysages ternes et gris de ce royaume de France, plongés dans les brumes hivernales, avec ceux qu'il avait découverts, éclatants, éblouissants de lumière au point de vous brouiller la vue ? Comment ne pas s'étonner en retrouvant ces villes et ces bourgs que l'anémie rendait trop sages et discrets jusqu'à l'apathie? Comment ne pas être saisi d'angoisse devant les visages des multiples hommes d'armes, entrevus un peu partout, ces faces de brutes, taillées à coups de serpe, éclairées seulement par la luisance d'yeux aux reflets métalliques. Violence implacable et sourde, misère et angoisse. Tout était à faire ici.

S'il se sentait intimement si différent de celui qui avait quitté Bourges, presque un an plus tôt, comment ses proches perçurent-ils cette mutation? En prirent-ils d'ailleurs conscience? Les longs mois de séparation jouèrent peut-être un rôle d'écran, prisme qui brouille l'ancienne image et permet une trompeuse surimpression. Qu'importe! Il ne dut guère attacher d'importance aux éventuelles surprises. Déjà, Jacques Cœur se lançait dans le travail avec acharnement. Avant toute chose il lui fallait résoudre le grave problème des capitaux. Des sommes considérables seraient nécessaires au lancement de sa compagnie : achats d'immeubles et d'entrepôts, engagement de commis et de serviteurs divers, location ou affrètement de nefs — en attendant de pouvoir faire construire les siennes propres —, achat des marchandises à exporter, liquidités complémentaires pour l'acquisition des biens à importer, frais et risques des différents voyages par terre et par mer, installations de comptoirs pour écouler les cargaisons rapportées, enfin, et ceci ne représentait pas la difficulté la moins redoutable, financement des travaux indispensables pour remettre en état les infrastructures de son port d'attache, une fois celui-ci choisi.

Quels seraient donc ses bailleurs de fonds? Qui donc l'aiderait à rassembler les sommes nécessaires?

Que ce fût le monnayage ou le négoce, il venait à deux reprises de faire l'expérience de l'association. Il lui apparut clairement qu'il ne devait, cette fois, ni s'embarrasser d'un ou plusieurs associés ni vendre aucune participation à sa nouvelle entreprise, car une telle décision reviendrait à créer des parts d'associés qu'il faudrait ensuite rémunérer à la mesure et au rythme des bénéfices réalisés. L'éventualité de distributions de fonds dut, par avance, le révulser, lui sembler criminelle, voire destructrice — surtout dans les débuts —, car elle ne pouvait qu'entraver l'évolution rapide de sa situation. Réinvestir en totalité, ou presque, l'argent réalisé à chaque opération, capital et gain, était bien la condition sine qua non d'une ascension qu'il voulait foudroyante.

Sans compter que ces éventuels associés ne tarderaient pas à se croire des droits, quant à la gestion même des affaires, qu'ils iraient peut-être jusqu'à suggérer et tenter d'imposer une ligne politique particulière, voire opposée à la sienne, et qu'ils mettraient leur grain de sel à tous propos, dans chaque projet, sans hauteur de vue, sans valorisation imaginative.

Emprunter pour constituer le capital s'affirmait donc comme l'unique solution qui préserverait l'avenir. Ces dettes, certes, constitueraient d'abord de lourdes charges, mais elles auraient l'infini mérite de garantir sa qualité d'unique maître de jeu. Et puis, la vente du chargement d'un seul bateau ne lui permettrait-elle pas éventuellement d'y voir clair? L'audace se révélerait vite payante.

Il est certain qu'il dut frapper sans vergogne à toutes les portes, à celles du moins où il pouvait espérer trouver un accueil à peu près favorable. La bourgeoisie de Bourges dut être mise à contribution, ainsi que les représentants des banques italiennes. Insinuant et tenace, probablement obtint-il bribe par bribe les sommes dont il pensait avoir besoin, allant jusqu'à promettre de véritables taux d'usure aux plus réticents.

Travail obscur, dépourvu de panache, derniers efforts lancinants ne procurant pas de plaisir; mais le jeu n'en valait-il pas la chandelle ? Rien n'aurait pu l'en détourner ni le rebuter.

Lorsque, l'année suivante, Jacques Cœur reprit la route du Midi, pour la mise en place de son premier comptoir et l'organisation d'une première expédition maritime complète, ses arrières se trouvaient probablement assurés avec une marge de sécurité de plusieurs mois. Il n'avait plus l'intention de laisser au hasard quelque part que ce soit dans sa fortune.

Après une visite approfondie de la côte française, après avoir examiné une multitude de plans, après une fort sérieuse analyse d'études, de rapports et de devis, le tout prolongé par une globale réflexion, son choix se porta sur l'emplacement de Montpellier-Lattès.

Certes, le port de Lattès s'ensablait chaque saison, mais son concurrent direct, celui d'Aigues-Mortes, ne valait guère mieux. Trois éléments pesèrent lourd dans la décision finale. Le premier tenait au fait qu'à partir de Montpellier on rejoignait plus aisément les grandes voies de communication en direction des différentes régions de France, alors que derrière Aigues-Mortes, la bien nommée, s'étendait une large zone marécageuse qui contraindrait ceux qui y débarqueraient à de laborieuses et coûteuses manipulations des marchandises. Par ailleurs, Jacques envisagea peut-être dès le départ les deux ports qui, avec quelques travaux, pourraient être reliés et jumelés par la grâce d'un canal traversant les étangs boueux. Un peu plus tard, il le réalisa. Ce fut La Radelle. Le deuxième facteur de décision dut être la compréhension active des membres de la municipalité de Montpellier. L'adresse de Jacques Cœur dans les rapports humains ne put que jouer à plein en l'occurrence.

Ceux qui prirent langue avec lui acceptèrent sans doute progressivement l'idée de l'aider dans une entreprise globale qui, de toute façon, allait grandement favoriser l'activité économique de la ville, et même de la région, en hissant Montpellier-Lattès au rang de port méditerranéen de premier plan. D'autant que les entreprises du pays, grandes et petites, y compris les artisans, ne perdraient rien à exécuter les nombreux travaux indispensables tels que curages périodiques du port, draguages des canaux, des robines, des chenaux, consolidations et entretien de leurs rives, améliorations de la rade, agrandissements ou créations de bassins, constructions d'entrepôts et de hangars, etc. Chaque année il y aurait là du travail pour des centaines et des centaines d'ouvriers de diverses corporations.

Le troisième et dernier point, et non le moindre, tenait à ce que la ville de Montpellier bénéficiait d'une bulle, délivrée par le pape Urbain V (1362-1370), créant un droit d'exception à la règle sainte qui voulait que soit refusé aux chrétiens le droit de commercer avec les Infidèles. Par ladite bulle, Urbain V autorisait chaque année six nefs montpelliéraines à faire le voyage aller et retour jusqu'à Alexandrie. Il s'agissait du privilège dit des « nefs absoutes ».

Première installation ! Période d'agitation forcenée ! Tout se présenta et s'imposa en même temps. Il fallut simultanément aménager des entrepôts et des magasins, affréter un navire à Gênes ou à Barcelone, les deux ports les plus proches offrant les meilleures conditions pour le nolisement, courir acheter les marchandises d'exportation aux quatre coins du royaume, puis les faire transporter... Sans compter mille et un problèmes annexes, traverses et tracas en tous genres.

Certes, Jean de Village dut s'activer, se démener à ses côtés, ainsi que Guillaume de Varye, mais quelle tension nerveuse et sans relâche !

La seule grande industrie du moyen-âge était celle du tissage. Rien d'étonnant par conséquent que, parmi les produits exportés par Jacques Cœur, les tissus aient tenu une place de choix.

Du nord au sud et de l'ouest à l'est, on fabriquait du drap en France. Par ce mot « drap » il fallait alors entendre des toiles de laine dont les fibres étaient feutrées par l'action du foulage, méthode qui resserrait et embrouillait les fils, donnant de la sorte au tissu de la solidité, de l'épaisseur, et surtout de la douceur au toucher.

Ainsi à Bourges fabriquait-on des draps noirs de fort bonne qualité. Mais Jacques Cœur n'avait nullement l'intention de ne vendre en pays arabes que les seules productions de sa ville natale. Au fur et à mesure de l'extension de ses affaires et de la multiplication de ses voyages au Levant, il en fera venir et en sélectionnera de partout : de Flandres (Lille, Bruges, Gand), de Brabant (Louvain, Bruxelles, Malines), de Picardie (Amiens, Abbeville), de Bretagne, de Poitou, de Bourgogne. Et le Languedoc ne resta pas à la traîne avec Toulouse, Lodève, Narbonne, etc., ni la Champagne avec les couvertures de Provins, ni Lyon avec sa toile commune (la grisette). Et puis il y avait les toiles proprement dites, c'est-à-dire les tissus dont l'armure unie était plus simple que celle des draps. Elles aussi provenaient des quatre coins du royaume ou des pays limitrophes.

Outre draps et toiles, Jacques Cœur expédia ensuite des fourrures — renard, lynx ou loup-cervier, chèvre, mouton et agneau, martre et martre d'eau, écureuil —, des cuirs tannés, des objets de vannerie fabriqués dans la région de Montpellier, de la cire et du miel, des robes, des manteaux et des chapeaux, du bitartrate de potassium, du verdet ou vert de gris pour les teintures, du poisson séché, des roses et des violettes pour les parfums, et aussi des cuirs de poissons (peau de baleines, de dauphins, de marsouins).

Il faut à tout ceci ajouter du cuivre et de l'argent qui allaient, par leur contrepartie en or, lui rapporter des bénéfices fabuleux. Car l'or qui abondait dans les échelles du Levant était moins prisé que l'argent, infiniment plus rare. Et les échanges réussis par Jacques Cœur se faisaient le plus souvent poids contre poids. Inutile de préciser qu'en Europe l'or valait incomparablement plus que l'argent, d'où d'énormes bénéfices pour l'importateur.

Jacques Cœur contrôlait avec une extrême sévérité les marchandises qui lui étaient livrées à destination de l'Orient. Après avoir, dès son premier voyage, assis sa réputation d'honnêteté, il tint à la maintenir par un climat de confiance et de régularité. Ainsi, selon la qualité des tissus livrés, il voulut qu'une marque conventionnelle garantît de façon précise les caractéristiques énoncées par le vendeur, et que celles-ci fussent reprises et confirmées par l'intermédiaire. Le poids à l'aune, entre autres, devait être respecté.

L'énumération des produits ou des objets ramenés par les naves de Jacques Cœur ferait apparaître comme simpliste la liste des marchandises qu'elles avaient livrées. Le contenu de ses vaisseaux imitait le merveilleux, le fantastique de la grotte d'Ali-Baba, mais encore plus varié, encore plus éclectique. Et ces trésors se déversaient sur les quais de Lattès, ils envahissaient les entrepôts avant d'être chargés à destination de cent villes différentes.

A côté des tonneaux de vins d'Orient, des caisses de sucre candi et des sacs de sucre en poudre de Chypre, on trouvait des épices tels que le poivre, la cannelle, le gingembre, les noix muscades, les clous de girofle, auxquels s'ajoutaient des confitures, des fruits confits, de la réglisse, des conserves de fruits. Venaient ensuite les produits pharmaceutiques, comme l'ambre — qu'il suffisait, selon la croyance de l'époque, de porter autour du cou, enfermé dans un petit sac, pour ne plus souffrir de maux de poitrine —, l'alun, le benjoin, le borex et la graine de barbotine, le camphre, le cubète, la graine de Paradis, le sang-dragon, le galega, le sel ammoniac, le myrobolan (fruit séché des badamiers), l'agaricine, la casse, le séné. Les produits colorants : le brésillet, le cinabre, la cochenille, le henné, l'indigo, le safran. Des textiles : des soies, du coton brut et filé, des velours unis ou à ramages, des draps d'or et d'argent. Des métaux : l'or (déjà signalé), le cuivre, le mercure. Des parfums : le musc, le nard, l'eau-de-rose de Damas, l'essence de violette, l'encens. Et puis... et puis, les chevaux arabes, des plumes d'autruches, du corail, des fruits exotiques, du savon, de la gomme laque, de l'ivoire, du baume, des pierres précieuses, des tapis de Bagdad, de Perse et d'Afghanistan, des perles de Ceylan, des porcelaines de Chine, et des soieries de cent provenances...

Pour longue que soit l'énumération elle est fort loin d'être exhaustive.

Avant d'en finir avec le fret, il faut signaler une autre source de profit, non envisagée semble-t-il par Jacques Cœur dans les débuts : le transport des passagers. Des hommes et des femmes, nombreux, souhaitaient faire le pèlerinage de la Terre sainte et sollicitaient dans les ports leur embarquement. Dès que les voyages de Jacques Cœur tendirent à devenir réguliers, beaucoup de ces pèlerins trouvèrent plus avantageux de partir de Montpellier et d'y revenir, plutôt que d'avoir à descendre jusqu'en Italie. Les commandants des galées, affermées ou possédées, reçurent l'ordre de prendre à leur bord, contre monnaie sonnante et trébuchante, un certain nombre d'entre eux. N'était-ce point tout bénéfice ?

Ce trafic des caraques de Jacques Cœur en direction de

l'Orient, avec ses retombées, en premier, sur les productions régionales, ne tarda guère à influer sur la vie économique française en général. Un sang neuf se mettant à circuler, l'économie retrouva une dynamique juvénile et fougueuse. Ceci sans parler de l'extrême importance, dans ce système bimétallique, de l'accroissement constant de la masse d'or en circulation, l'une des raisons des crises ayant jusque-là été l'insuffisance de numéraire sur le marché monétaire.

Au-delà du Languedoc, les anciennes foires d'Auvergne, et du Velay, du Poitou et de Normandie, de Champagne ou de Flandre, un long moment oubliées par la faute des combats et de l'insécurité des routes, recommencèrent à vivre et à prospérer, ayant retrouvé une sorte de second souffle.

Un évêque de ce temps, du Puy-en-Vellay, écrivit que ce commerce à destination des échelles du Levant était, et il allait utiliser une formule que Sully rendrait célèbre un siècle et demi plus tard, « la principale mamelle de la substance et nourriture du pais de Languedoc ».

Cependant, la société que Jacques Cœur avait fondée en 1430, associé avec Barthélemy et Pierre Godard, et dont les statuts précisaient : « société en tout fait de marchandise et mesmement au fait du roy nostre seigneur, de monseigneur le Daulphin et autres seigneurs, et en toutes autres choses dont ilz pourraient faire leur proufitt », allait bénéficier du commerce avec le Levant en devenant une cliente privilégiée. Jacques Cœur négociant achetait donc à Jacques Cœur importateur-armateur. Et les bénéfices de s'ajouter.

1435. Après deux années et demie de fonctionnement la méthode et les principes commerciaux de Jacques Cœur étaient définitivement au point, et même fort bien rodés. Les fonds commençaient à affluer de toutes parts dans ses caisses. Désormais il se trouvait en mesure d'aller de l'avant sans prendre de risques. D'emprunteur, il allait devenir prêteur.

Prêteur peut aussi signifier acheteur ! Surtout lorsque le bailleur de fonds est un homme qui vise haut, très haut, et que ceux qui le sollicitent sont les principaux personnages du royaume.

2.

1433-1438

On a dit, on a écrit que le propre du gouvernement de Charles VII était d'être composé de « pièces et parties de divers gens ainsi rassemblées et cousues ensemble ». La réalité des faits et gestes de ce roi, au milieu de ses coteries avec ses favoris et conseillers, durant la première partie de son règne, est tellement extraordinaire pour un esprit moderne qu'elle en devient presque incroyable.

Bien des aspects de la personnalité de Charles VII demeurent indéchiffrables. Pour expliquer ses effarouchements, ses indécisions, ses repliements et ses angoisses on a invoqué les tribulations de sa première enfance (jusqu'à dix ans), pour son adolescence on a parlé du traumatisme causé par l'inconduite notoire et le reniement public de sa mère, qui l'a traité de bâtard ; on a également évoqué la violence qui l'entourait et les perversions de ceux qu'il côtoyait. Pourtant, tout ceci suffit-il à débrouiller les pulsions complexes de sa personnalité ? Peut-on découvrir à partir de toutes ces considérations ce qui le rendait capable de l'incroyable indifférence dont il faisait preuve en certaines circonstances ?

Cette ataraxie sentimentale dûment constatée et enregistrée, force est de constater qu'il n'en évoluait pas moins sur quelques points. Lentement, certes, ou par à-coups, mais il changeait. Par exemple, après le passage de Jeanne d'Arc il commença de mettre un frein à cette ronde des châteaux qui le lançait naguère dans une sorte d'exode permanent le poussant, toujours insatisfait, à migrer de-ci de-là, suivi de ses proches, de ses préférés de l'heure, comme si aucun lieu ne pouvait lui convenir, comme s'il s'était fui lui-même, ou qu'il ait partout ressenti une sourde et terrifiante menace. Mais c'est son attitude en présence des démêlés (s'il est possible d'user ici d'un tel euphémisme) opposant ses proches qui laisse perplexe et pantois.

Dans le redressement de la France, dans sa libération progressive, puis dans la remise en marche de son économie, le rôle de Jacques Cœur et des autres bourgeois, qui accédèrent dans le même temps aux principales charges du royaume, fut primordial. Ces hommes ne méritaient évidemment pas que des louanges, mais, quels que fussent les reproches qu'on puisse leur adresser, ces critiques apparaissent bénignes par comparaison avec ce qui s'était passé avant leur arrivée dans l'entourage du roi. Qu'on en juge.

La deuxième coterie, qui s'imposa en 1425, le 7 mars, presque au moment où Richemont recevait le titre de connétable, comptait encore une majorité de bas intrigants. Les années suivantes le démontreraient à l'envi. Politiquement pourtant sa composition gênait moins que la première, qui ne rassemblait, elle, outre des hommes compromis avec le comte Bernard VII d'Armagnac, de sinistre mémoire, que des voleurs, des bellâtres, des prévaricateurs ou d'anciens comploteurs assassins tels les Louvet, Giac, Champeaux, Tanguy du Chastel et Frotier. La plupart de ces derniers ne méritaient que la corde pour les pendre ; surtout aux yeux du parti d'Anjou, le parti fidèle mais modéré de Charles VII.

La toujours bouillonnante reine de Sicile et duchesse d'Anjou, Yolande d'Aragon, conservait en dépit des années sa bienfaisante emprise sur Charles VII. Et la belle-mère du roi restait la figure de proue de ce parti réaliste qui, ennemi irréductible de l'Angleterre, mais ne jetant pas le manche après la cognée, souhaitait voir dépassé le temps des meurtres (Louis d'Orléans contre Jean sans Peur) et désirait favoriser le rapprochement du roi avec les ducs de Bourgogne et de Bretagne afin de réunifier, sinon toute la France, du moins la majeure partie des Français. La vieille reine s'ingéniait à susciter des dévouements au roi, et, parallèlement, elle tentait d'éliminer peu à peu les favoris tarés, traîtres et escrocs qui l'exploitaient et l'encourageaient dans une vie d'indolence et de futilité. Son acharnement à obtenir la connétablie pour Arthur de Bretagne, comte de Richemont, ne relevait pas de la lubie, mais d'une excellente psychologie. Jamais Richemont, une fois engagé dans le parti du roi, ne tolérerait les agissements des Giac, Le Camus de Beaulieu, et autres La Trémoille. Or le connétable appartenait à cette catégorie d'hommes qui ne pardonnent jamais, et qui vont au bout de leurs oppositions, de leurs haines.

Cette nomination, qui marquait un premier tournant, ne résolvait pas tout, loin de là. Richemont était lui-même d'un mérite limité. Peu intelligent, ce rude guerrier, têtu, renfrogné et cruel, cachait son absence de scrupules sous des allures pudibondes et dévotes. Mais « la vieille lippe », comme l'avait surnommé Charles VII (bien que le Breton n'eût que dix ans de plus que lui), pouvait se révéler fidèle et même dévouée. Et puis, en corollaire de ses pénibles défauts, il se montrait en tous lieux aussi rigoureux dans ses exigences que fanatique de méthode, de discipline et d'assiduité. Qualités fort rares à cette époque, autant dans l'armée que dans l'administration. Le futur Arthur III se conduisait en chef précis et responsable, et Dieu sait si dans l'entourage du souverain cette caractéristique manquait.

Dans la deuxième coterie, avec le connétable, deux autres

personnages, individualités fortes et magnétiques, comptaient : le sire de Giac, qui venait de surnager à la purge, et Georges de la Trémoille.

Dès le début, une farouche haine, rigoureusement entrecroisée, allait opposer les trois hommes. Dans l'antichambre du roi, voire jusque dans sa chambre, une véritable guerre commençait, qui durerait jusqu'aux éliminations physiques des protagonistes. Il faut préciser que les deux adversaires de Richemont n'étaient pas des hommes ordinaires.

Les faits et gestes de Pierre de Giac, ancien partisan bourguignon, ancien amant de la reine Isabeau, ne passaient pas inaperçus : sa première femme, n'avait-elle pas joué un incompréhensible rôle (ou trop évident) auprès de son amant Jean sans Peur, le poussant à la paix avec le dauphin Charles et l'encourageant à se présenter au mortel rendez-vous de Montereau. Appartenant à une vieille famille noble originaire d'Auvergne, le sire de Giac portait allégrement quarante-six ans et ses succès féminins ne se comptaient plus tant il savait séduire par la parole et sa bravoure. L'or lui brûlait les doigts mais il aimait cette morsure. Quelque temps après l'affaire de Montereau, il tomba amoureux d'une dame ambitieuse, fantasque et follement riche : Catherine de L'Isle-Bouchard, comtesse de Tonnerre. Il fit sa cour à la belle Catherine, qui d'abord atermoya puis se rendit. Alors sa femme lui devint importune. In inventa donc une solution radicale. La dame de Giac était enceinte, son mari la contraignit à boire un poison puis, sans doute pour faire bonne mesure, la ligota sur la croupe de son cheval, qu'il enfourcha, et partit à bride abattue. Quelques heures plus tard il pouvait l'enterrer au pied d'un arbre, en écoutant les chuintements des effraies et les coassements des crapauds, avant de rentrer, fort satisfait, se coucher. Rien désormais ne l'empêcherait d'épouser la belle et florissante Catherine.

Georges de la Trémoille, d'une noble et puissante famille

du Poitou, possédait des fiefs à ne pouvoir les compter, pourtant sa richesse ne lui suffisait pas. Il avait su d'abord épouser la veuve, bien pourvue du duc Jean II de Berry, afin d'en hériter. Depuis, l'exploitation de son influence sur le roi le comblait, mais pas seulement d'aise. Toujours luxueusement accoutré, dans de longues et merveilleuses robes brodées d'or et parsemées de pierreries qui enrobaient son ventre proéminent, il impressionnait ses auditeurs, dont Charles, par une barbe presque aussi fleurie que sa parole. Car son éloquence séduisait, et en faisait un homme redoutable, prolongement remarquablement adapté d'un esprit insinuant et parfaitement rusé, tendu comme la corde de l'arc, par un égoïsme égal à sa cruauté et qui savait faire flèche de tout bois pour accroître sans répit sa puissance, ses titres et ses dignités. Ajoutons, pour faire bon poids, qu'il convoitait dame Catherine de L'Isle-Bouchard, depuis peu devenue dame de Giac.

Les duels potentiels ne pouvaient que découler les uns des autres.

Un beau matin, l'impudent sire Pierre de Giac, alors le préféré de Charles, osait, en 1426, enlever à la barbe du roi le vieux conseiller Robert le Maçon, créature de la reine de Sicile, ancien chancelier de Charles, du temps qu'il était Dauphin, membre lui aussi de la coterie ; et Giac de réclamer pour la libération de son prisonnier une solide rançon.

Tout autre souverain se serait fâché au rouge, aurait exigé, au besoin par la menace, l'élargissement immédiat de la victime, avant de châtier le coupable. Charles VII, impavide, poussa la faiblesse jusqu'à accepter de payer mille écus d'or — la moitié de la somme réclamée — pour revoir le Maçon. Et Giac de triompher.

Fou d'indignation et de rage, Arthur de Richemont intervint alors avec l'aide empressée de Georges de la Trémoille. Au beau milieu de la nuit les deux associés, accompagnés par quelques gros bras, allèrent tirer Giac de son lit et, sans se soucier de ses cris ni de ses protestations, dont un prophétique : « Ah ! je suis mort ! », ils l'emmenèrent jusqu'au château de Dun-le-Roi, propriété de la comtesse de Richemont. Là, après une très vague parodie de procès, un bourreau intervint. Giac fut noyé, mais seulement après qu'on lui eut, sur sa demande expresse, tranché le poignet droit, car, affirma-t-il, il avait vendu sa main droite au diable. Séparée du corps, elle seule irait en enfer.

Un mois plus tard, Georges de la Trémoille connaissait les joies d'un nouveau mariage en compagnie de dame Catherine de L'Isle-Bouchard, veuve Giac.

Je pourrais reprendre en partie une de mes phrases concernant Charles VII : devant un tel acte, « tout autre souverain se serait fâché au rouge et aurait... ». Or, contrairement à toute attente, le roi, qu'on venait de priver de son favori, ne protesta que faiblement et ne prit aucune sanction contre Richemont et La Trémoille. Et le premier de déclarer, dans une lettre, que Charles avait d'abord ressenti « en son cuer courroux et desplaisance » mais qu'après quelques arguments et explications il s'était reconnu « content ».

Au sire de Giac devait succéder, comme favori en titre, Le Camus de Beaulieu. Il s'agissait là presque d'une réplique de Frotier. L'homme, un valet d'écurie à la mâle prestance, apparut à Charles comme un véritable phénix. Ivre d'une pareille chance, Le Camus se mit à trancher de tout sur un ton définitif, éloignant du roi tous les autres conseillers et membres de la coterie. En un rien de temps il fut nommé premier écuyer, puis capitaine de Poitiers. Alors la reine de Sicile s'adressa une fois encore à Richemont.

Celui-ci n'y alla pas par quatre chemins. L'opération eut lieu à Poitiers, le 12 juin 1427. Comme Le Camus flânait le long du Clain, un petit groupe d'inconnus surgit et marcha fort paisiblement à la rencontre du favori, puis, brusquement, au passage ils l'immobilisèrent et le lardèrent de coups de dagues. D'une fenêtre du château Charles, alerté par les cris, put apercevoir sur l'herbe verte le cadavre carminé de Le Camus. D'abord médusé, il retrouva souffle pour hurler au meurtre et à la garde. Sûrs du trépas de leur victime, les spadassins s'éloignaient déjà, au petit trot, bousculant des gardes plus empotés qu'actifs. La scène avait peu duré et nul n'était intervenu. Les meurtriers disparus, un semblant d'agitation secoua la torpeur générale. Charles se mit tout de même en colère, ou tout au moins intima l'ordre d'arrêter les tueurs. Il y eut des allées et venues accompagnées d'appels, de clameurs, d'interjections. Quelques minutes passèrent, puis ceux qui s'étaient montrés les plus nerveux rentrèrent dans les appartements et vinrent dire à Charles que les hommes de main n'avaient pu être rejoints, qu'ils s'étaient enfuis dans une direction inconnue. Mais déjà la colère de Charles VII s'éteignait. Une heure encore et il n'en fut plus question.

Il va de soi qu'il s'agissait là d'un secret de polichinelle. Même les moins avertis, les moins au fait des manigances tortueuses de l'entourage de Charles, avaient reconnu la manière brutale du connétable dans ce meurtre impudent et sauvage.

Alors accéda à la première place celui qui s'y préparait depuis tant d'années : le tortueux, le malfaisant et cynique Georges de la Trémoille, qui entre-temps avait roulé, comme dans la farine, le fougueux et brutal Richemont. La Trémoille ! qui ne devait cesser de s'opposer à Jeanne d'Arc et qui semble avoir pensé tirer profit d'une abdication de Charles. Entre lui et le connétable la lutte, une véritable guerre privée, s'engagea aussitôt. Heurs et malheurs, le connétable et le grand chambellan (tel était le titre de La Trémoille) connurent des fortunes diverses. Enfin la crise s'acheva, en juin 1433, par un nouveau triomphe d'Arthur Richemont, grâce à un nouvel attentat.

Une nuit que le roi et La Trémoille dormaient à Chinon, dans le château du Couldray, un petit groupe d'hommes, ayant une solide connaissance des lieux et des habitudes, s'introduisit silencieusement dans les appartements royaux. Parmi ces « noctambules » se trouvaient Pierre de Brézé, qui allait devenir le principal ministre de Charles VII, Jean de Bueil, futur amiral et ancien compagnon de Jeanne d'Arc, ainsi que Prégent de Coëtivy, lui aussi futur amiral et gendre de Gilles de Rais, dont il héritera des biens. Les trois hommes allaient figurer dans la nouvelle coterie, la troisième.

Surpris dans son sommeil, La Trémoille, néanmoins, hurla, trépigna, se défendit — chandelles et torches qui s'allument, galopades dans les corridors sonores, appels aux armes, entrechoquements d'acier — alors les conjurés frappèrent. Blessé grièvement d'un coup de poignard, La Trémoille s'effondra, permettant aux intrus de l'emmener sans que nul n'intervienne. Des chevaux et une troupe attendaient les conjurés. Quelques heures plus tard, La Trémoille se retrouvait prisonnier dans un cul-de-basse-fosse d'un des chateaux de Bueil, celui de Montrésor.

Pour en sortir, le prisonnier dut payer une rançon de quatre mille écus. Encore avait-il été préalablement contraint de jurer qu'il ne chercherait plus jamais à approcher le roi. La mort lui était promise au cas où il trahirait son serment.

La leçon fut telle que La Trémoille, transi de peur, s'astreignit à tenir parole. Tout autre souverain se... Eh bien, non ! Richemont et ses complices s'abstinrent de paraître à la cour durant quelques jours, juste de quoi laisser au roi le temps de se réfugier dans son habituelle indifférence. Lorsqu'ils réapparurent, ils furent chaleureusement accueillis.

La troisième coterie, celle de 1433, au terme de ces remous et règlements de comptes, pouvait enfin apparaître au grand jour. La nouvelle équipe se voyait constituée, outre de Richemont le vainqueur, de : Pierre de Brézé, l'homme d'avenir, Regnault de Chartres, archevêque de Reims, le mauvais renard devenu inoffensif, Jean de Bueil, le comte de Sancerre, surnommé le fléau des Anglais, ainsi que de Prégent de Coëtivy, de Charles d'Anjou (beau-frère de Yolande d'Aragon), de Dunois, le bâtard d'Orléans, et du maréchal Gilbert de La Fayette.

1433, cette année-là, Jacques Cœur se démenait comme un beau diable, lancé à corps perdu dans la création de sa compagnie, dans la réalisation de son rêve. Le travail l'absorbait jour et nuit, vigiles, fêtes et dimanches. Et il courait sans repos, toujours supputant, comptant, dénombrant, réfléchissant et organisant. De Bourges à Montpellier, puis de Montpellier aux ports du Levant, puis, à peine de retour, en direction de vingt à trente villes éparpillées à travers la France et les pays limitrophes, qui ont noms aujourd'hui Belgique et Hollande.

Précisément en 1433, on notait de nouveaux changements dans l'attitude du roi. Les périodes d'apathie et d'indécision duraient moins qu'autrefois et, au cours des phases d'activité qui les entrecoupaient, Charles faisait preuve d'authentiques qualités, entre autres d'un remarquable discernement pour désigner les hommes aux fonctions et responsabilités qui leur convenaient le mieux.

Cependant la guerre contre l'Anglais, menée sans véritable plan d'ensemble, continuait de connaître des hauts et des bas. Pourtant il était devenu évident aux yeux de tous que Charles VII ne pouvait plus être vaincu, que depuis l'intervention de la Pucelle d'Orléans il représentait aux yeux des Français le principe central et durable de la cause nationale, sa personnalisation.

Cette fois, Yolande d'Aragon disposait parmi les favoris d'une majorité d'hommes dont elle avait besoin et qui partageaient ses vues. Aussi s'activait-elle secrètement, prenait-elle des contacts, étudiait-elle propositions et contre-propositions, à la manière d'un véritable ministre des Affaires étrangères. Elle continuait son œuvre d'apaisement des esprits jusqu'à pouvoir annuler les conséquences de la désastreuse affaire du pont de Montereau.

Et voici qu'au cours de l'année 1435, elle parvenait à ses fins : Charles acceptait de signer le traité d'Arras avec Philippe II de Bourgogne, surnommé le Bon. Enfin, le richissime duc de Bourgogne, sans aucun doute le souverain le plus puissant d'Europe, abandonnait l'alliance anglaise (elle ne pouvait plus rien lui apporter). Ses troupes, à l'avenir, ne combattraient plus aux côtés des armées de Bedford.

Succès de taille, grandissime victoire diplomatique qui frappa de stupeur les sceptiques, déjà ébranlés depuis 1429, et remplit d'espoir ceux qui continuaient de souffrir par la faute de l'interminable conflit. Cette nouvelle exalta la joie des ennemis viscéraux des « godons » et des patriotes convaincus, même si la note à payer — Philippe le Bon ne donnait rien pour rien — pouvait sembler lourde. Car en contrepartie de sa défection, le roi lui accordait les villes de la Somme, le dispensait à jamais de l'hommage de vassalité pour le comté de Flandre et faisait même amende honorable pour le meurtre du pont de Montereau.

Sans doute cette dernière condition, peu coûteuse pour le royaume des Lys, fut-elle la plus humiliante, la plus amère pour la susceptibilité du roi, puisque c'était la reconnaissance implicite de ce qu'il avait toujours nié avec énergie : la préméditation, la décision froidement prise de tuer, l'organisation préalable du meurtre. Sa fameuse « indifférence » joua-t-elle comme en d'autres circonstances ? Cette amende honorable lui sembla-t-elle un prix acceptable après réflexion ? Réponses délicates et pouvant toujours être controversées. Il reste qu'il eut l'intelligence et le courage de sacrifier son orgueil et de passer outre aux commérages malveillants, pour le bien de son royaume en général et la sauvegarde de beaucoup de ses sujets.

La paix d'Arras ! Dans les jours qui suivirent le duc de Bedford en mourut littéralement de chagrin, et cette disparition se transforma en atout supplémentaire dans le jeu de Charles, car le duc était un homme de talent et de solide entendement. Aussi l'armée française put-elle pénétrer l'année suivante (1436), presque sans coup férir, dans un Paris toujours dominé par le parti bourguignon. Curieusement, soit mauvais souvenirs soit crainte secrète, le roi attendit deux années avant d'y faire son entrée solennelle.

Si Charles VII récupérait en 1436 la grande cité de son royaume, cette même année voyait des transformations spectaculaires dans les façons de vivre de Jacques Cœur, après trois années d'incessante activité.

La fortune, l'argent qui arrive, qui se déverse en un flot chaque jour plus puissant dans vos coffres : le pactole ! Jamais comparaison ne sera plus frappante ! Comme une énorme et scintillante coulée qui monte, s'enfle, déborde sur l'obstacle, l'écroule ou l'emporte, puis reprend son cours, avec le même entêtement, la même indifférence. Et Jacques Cœur, l'apprenti sorcier, le responsable du déclenchement qui s'efforce de canaliser et même de faire jaillir de nouvelles sources, qui exulte, enivré, court et vole sans cesse, emporté par de nouvelles idées. Une danse, un ballet, la danse figurée de l'argent et de l'or, des navires et des longs convois terrestres ; un chant, celui de la persuasion et des échanges.

Qui dira quelle joie puissante devait animer Jacques Cœur en ces premières années où une réussite matérielle, sans précédent par sa rapidité, l'emportait ? Certes, déjà il pensait aux lendemains, à des projets apparemment plus fous. Mais le présent ? Cette première concrétisation de ses rêves ?... Même s'il voulait ne point trop s'y attarder ?...

Trop à l'étroit dans la maison paternelle de la rue d'Auron, le logis ne répondant plus aux impératifs de son récent train de vie familiale, il achetait à Bourges un hôtel proche de l'ancienne abbaye Saint-Hippolyte, dont il allait aussi utiliser les greniers comme entrepôts.

En mai, comme il s'y attendait, le roi le faisait appeler — un mois donc après l'entrée des Français dans Paris — et le nommait Maître de l'Hôtel des Monnaies de Paris. Il ne devait occuper ce poste qu'assez peu de temps, juste celui de mettre de l'ordre dans la circulation monétaire et d'organiser la frappe d'une monnaie de bon aloi, capable de supplanter, entre autres, celle que les Anglais avaient émise et émettaient encore.

En raison des circonstances, il fallait pas mal de courage pour accepter ce poste. Jacques Cœur ne pouvait plus être enthousiasmé par les bénéfices à réaliser dans cette fonction car, désormais, le temps passé dans ses entreprises lui rapportait infiniment plus ; mais en l'assumant il rendait un signalé service à Charles. D'autre part, cette mission l'amenait à des contacts fréquents avec son souverain, et le plaçait du même coup dans la position d'espérer une récompense.

Et puis, on est en droit de penser qu'en entreprenant cette véritable œuvre de salubrité publique, Jacques Cœur rendait service également au négoce tout entier, aux négociants, et donc, par conséquent, à lui-même. Car la dépréciation constante des monnaies paralysait les échanges en tuant la confiance, en ruinant les acheteurs, en ridiculisant le pouvoir d'achat. La valeur intrinsèque des pièces ne correspondant jamais à leur valeur nominale, tout échange s'en trouvait singulièrement compliqué.

Avant les dévaluations dues à la guerre, avec 1 marc d'or on fabriquait 320 pièces d'une livre. (La livre tournois — de Tours — représentait 20 sols ou 240 deniers tournois ; la livre parisis, seulement 16 sols ou 192 deniers parisis.) En 1436, avant la nomination de Jacques Cœur, toujours avec un marc d'or on en était arrivé à fabriquer 2 847 pièces dites d'une livre. De 1 à 9, telle avait donc été la dévaluation.

Il va de soi qu'à ce compte personne ne pouvait accepter de telles monnaies pour leur valeur nominale. Restait à les peser, à déterminer leur alliage et à ne les recevoir qu'en tenant compte de leur valeur intrinsèque.

Jacques Cœur porta le fer dans la plaie. L'opération dut paraître cruelle à plus d'un, le Trésor public n'étant pas le moins étrillé. Il fit frapper trois monnaies : deux à Paris et une à Bourges. Pour celles de Paris, l'écu neuf, en or, représentait de nouveau sensiblement 30 sols, selon l'usage, c'est-à-dire qu'on n'allait plus en tirer qu'environ 210 au marc ; le blanc à l'écu, en argent, contenait scrupuleusement lui aussi sa valeur en métal. Enfin, la monnaie de Bourges, de frappe plus tardive (1447), un gros, d'une valeur de 30 deniers tournois. Appelée d'abord « gros du roi » cette pièce prit bientôt la dénomination de « gros de Jacques Cœur ».

Pour rendre plus efficace la mise en circulation de ces nouvelles monnaies, des réformes les accompagnèrent : le nombre des ateliers chargés de la frappe fut considérablement réduit, et surtout les changeurs durent se plier à une réglementation plus stricte.

Par la suite, toujours sur les conseils de notre maître des monnaies de Paris, Charles VII apporta d'autres modifications aux finances nationales. D'abord quant à l'impôt :

réforme de l'assiette et surtout contrôle plus strict des recettes et des dépenses. Obligation fut faite à ceux qui géraient une portion des finances publiques de tenir un état mensuel de leurs débours.

L'Ordonnance de 1443 précisera :

« Et pour que, toutes les fois que bon nous semblera, nous puissions voir clairement le vrai de l'état et dépenses de nosdites finances sans qu'il soit besoin audit receveur général d'apporter devant nous lesdits rôles et acquis, voulons et ordonnons que, dorénavant, soit fait par nosdits gens de finances un registre ou papier auquel ils seront tenus d'enregistrer tout ce qui par nous aura été ainsi commandé et par eux expédié touchant le service de nos finances, lequel papier ou registre demeurera toujours près de nous. »

Ainsi, de même qu'il structurait ses affaires et rendait possible toute inspection, soucieux d'un efficace et permanent contrôle, Jacques Cœur allait aider Charles VII à organiser les services du royaume afin de surveiller, vérifier et connaître ses finances.

Après deux années de travail, en avril 1438, Jacques Cœur allait renoncer à la fonction de « Maître de l'Hôtel des Monnaies de Paris ». Ou, plus exactement, il s'en dessaisissait à sa façon. Ainsi passerait-il la main à un nommé Regnault de Thumezy, personnage qu'on ne reverra plus parmi ses fidèles ou ses aides. Aux termes d'un contrat en bonne et due forme, celui-ci s'engageait à verser à son prédécesseur la moitié des bénéfices qu'il encaisserait durant toute la durée de son mandat.

Dans cette même convention, il était spécifié que les sommes remises par Thumezy seraient comptabilisées « en déduction et rabat de ce que le roy devait audit Jacques Cœur ». Ainsi apprenons-nous que dès 1436-1437, au moins, notre armateur-négociant-monnayeur prêtait de l'argent à son souverain.

Toujours en 1436, le roi le désignait pour assumer de nouvelles fonctions publiques. D'abord, Jacques Cœur se voyait chargé de la rentrée des aides (sortes d'impôts indirects) en Berry. Puis il recevait également la mission de percevoir dans les États du Languedoc certains droits pour le compte de la Chambre aux deniers du roi.

Cette dernière mission a pesé à coup sûr fort lourd dans sa carrière, car elle lui a fourni l'occasion de descendre dans le Midi en compagnie du roi et de trois personnalités de premier plan : Pierre de Brézé et les deux frères Bureau, Jean et Gaspard.

Près d'un mois à se côtoyer journellement ! Les journées s'écoulaient identiques et languissantes, au pas des chevaux. Sur le passage de la maigre troupe, sortaient, des fermes et des hameaux, quelques hommes, femmes et enfants craintifs et hâves, mais seulement après qu'ils eussent reconnu l'étendard fleurdelisé. Les volailles s'enfuyaient piaillantes, des odeurs de purin ou de fumier assaillaient les narines des voyageurs, des chiens aboyaient de loin.

Tant que le défilé durait, nul des spectateurs ne soufflait mot, ce n'était que lorsqu'ils pouvaient contempler les dos oscillants du dernier groupe de sergents que les braves gens commençaient de chuchoter et de commenter l'inhabituel spectacle.

Aussi longtemps qu'il faisait jour la campagne vivait : de temps en temps le cortège croisait des charrettes, des tombereaux, des fardiers ; au loin parfois une poulie grinçait, un colporteur les saluait de la main en criant : « Vive le roi ! », du bétail meuglait, bêlait, béguetait.

Mais lorsque le soleil se laissait glisser derrière la plus basse colline, les bruits changeaient de tonalité. Parfois des formes, des groupes d'ombres aux allures inquiétantes, disparaissaient rapidement sous le couvert, avant d'avoir pu être identifiées. A cette heure la moindre auberge et le moindre toit devenaient aubaine. Et la soirée commençait. A la lueur de chandelles ou de torches, on se restaurait. L'appétit primait sur la fatigue. Un peu plus tard le plaisir ne naissait plus que de la détente, de l'agrément d'avoir quitté la selle. Que la couette semblait douce à des reins courbattus !

A l'aube, juste après le blanc sale, les voyageurs s'éveillaient et s'ébrouaient, puis ils se préparaient pour une autre étape.

Plus de vingt jours entiers occupés par des discussions ou des parlotes, ponctuées de plaisanteries, de boutades, ou de promesses, jalonnées par d'inévitables incidents, comiques ou irritants, rythmées par les repas, les haltes pour se désaltérer ou pour changer de montures. Quelle formidable occasion de conquérir les bonnes grâces du souverain et de s'en faire apprécier en exposant idées et projets.

Jacques Cœur ne dut pas laisser perdre cette merveilleuse faveur du destin, ce prodigieux coup de pouce. Et je l'imagine contant ses pérégrinations, heurs et malheurs, décrivant les ahurissants spectacles, les panoramas, la chaleur, le sable, le soleil, les mille surprises découvertes au cours de ses déambulations orientales, évoquant les peuples divers qui s'y entremêlent, leurs mœurs, leurs coutumes. Puis, sans presque de hiatus, en venant à parler de négoce et d'argent. Et d'insister sur l'impulsion que donnerait à toute l'économie du royaume cette voie d'échange trop longtemps négligée, et de dresser un tableau enchanteur des manufactures et des ateliers artisanaux à travers les provinces, même les plus reculées, à l'heure des marchés internationaux, affirmant qu'ils verraient leurs productions améliorées (qualités, quantités, prix) pour satisfaire également aux exigences de ces riches acheteurs lointains.

Et puis... Et puis de nouveaux enchaînements s'amorçaient, tout naturellement : de l'argent au pouvoir. Et le voici en train de faire miroiter les effets bénéfiques, pour la puissance réelle du royaume, de l'injection des petites masses d'or dans la circulation monétaire, du développement d'une flotte redoutable, de la création de ports bien aménagés, de la croissance, voire de la naissance, de villes riches, productrices de ressources en tous genres et aussi d'impôts.

Comment Charles VII ne se serait-il pas montré sensible, en dépit de son indifférence congénitale, à ce tableau séduisant, au ton passionné de celui qui le peignait, à ses arguments intelligemment étayés ? D'autant que Charles connaissait, en partie du moins, les qualités de travail, d'innovation et d'entendement de cet homme parti de peu, surclassant déjà ses principaux rivaux et ne s'en contentant pas.

Mais le roi, pour intéressé qu'il fût, ne pouvait être disponible en permanence. Par chance, leurs compagnons de route ne le cédaient en rien à Jacques Cœur, quant à leurs mérites et au dynamisme. Notre Berruyer pouvait bien discuter de pair à compagnon avec eux, leurs rôles seraient de taille !

Pierre de Brézé, d'abord. Le sénéchal du Poitou deviendrait sous peu membre du Conseil du roi (1437) et se hisserait, plus avant qu'il ne l'était à cette heure, dans ses bonnes grâces, jusqu'à devenir son confident et presque son ami. Ce serait lui qui dirigerait les affaires du royaume près de dix années durant, avant de finir grand sénéchal de Normandie.

Les deux frères Bureau ensuite ; hommes de haut talent et d'allure discrète que ces deux Parisiens d'origine bourgeoise, ces deux ingénieurs qui allaient devenir les créateurs de l'artillerie de Charles, la meilleure de son temps. L'aîné, Jean, avait d'abord servi le duc de Bourgogne en qualité d'officier d'artillerie, tandis que son frère, Gaspard, entrait directement dans l'armée de Charles VII, où Jean un beau jour décidait de le rejoindre.

L'artillerie : l'arme du peuple, comme l'arc et l'arbalète, en ce qu'elles contreviennent aux règles de la noblesse, en ce qu'elles exigent savoir et technique et non vanité bornée. Crécy, Poitiers, Azincourt... les féodaux perdent toutes les batailles et plongent le pays tout entier dans le malheur en raison de leur sottise arrogante (mépris des connaissances), de leur âpreté au gain (faire des prisonniers pour en tirer rançon), de leur incurie foncière (incompréhension devant l'évolution du monde). L'artillerie allait devenir, pour la libération du territoire, le principal atout, celui qui donnerait une réelle supériorité aux Français sur les Anglais.

Comme Brézé, Jean Bureau parviendrait au Conseil, en 1437. D'abord « commis au fait de l'artillerie », ils accéderaient l'un à la charge de Trésorier de France, et membre du Grand Conseil, l'autre au rang de grand maître de l'artillerie. Et le roi récompenserait ces zélés par de multiples charges, aussi profitables qu'honorifiques.

Après ce voyage leurs relations avec Jacques Cœur devenaient si amicales et si constantes que par la suite Geoffroy Cœur, le troisième fils de Jacques, épousait Isabeau Bureau, fille de Jean. De la lignée ainsi formée naîtrait, en 1536, celui que nous connaissons sous le nom de président Achille de Harlay, qui résista, parangon de dignité et de courage tranquille, aux fanatiques des Guise dans les plus dramatiques moments des guerres de Religion.

Comme Jacques Cœur, comme aussi Denis Dausseure, Pierre Doriole, Pierre Gaboureau, Jean Hardoin, Étienne Chevalier ou Guillaume Cousinot, les frères Bureau faisaient partie de cette montée des bourgeois aux premières places du royaume. Peu à peu, les roturiers (qu'on anoblissait bien entendu au fur et à mesure) s'infiltraient dans le Conseil royal, puis y devenaient majoritaires. Grâce à leurs sérieuses qualifications, à leurs connaissances parfaites dans un domaine donné, ils décourageaient les nobles — sauf Pierre de Brézé —, tel Charles d'Anjou. Humiliés par une telle prépondérance, ceux-ci finissaient par ne plus assister aux séances pour ne point siéger à côté des gens de « méschant état » ou de « petite extraction », comme on disait alors. Mais Charles VII n'en avait cure, et son gouvernement gagnait en efficacité.

Ce fut en 1437 que Jacques Cœur devint « commis au fait de l'Argenterie », et en 1438 qu'il accéda au titre d'Argentier de l'hôtel du roi, aux appointements de mille deux cents livres par an.

L'argenterie, qui n'avait rien à voir avec la surintendance ou le ministère des Finances, était un des services de l'hôtel du roi. C'était une sorte d'économat. L'argentier devait répondre à tous les besoins du souverain, de ses serviteurs et de la cour, en quelque lieu qu'ils se trouvassent, concernant la vie journalière et les missions extraordinaires, de l'habillement à l'ameublement, en passant par les armes, les armures, les fourrures, les tissus, les pièces d'orfèvreries, les bijoux, les chevaux, les voitures, les harnais, etc.

Chaque année, un budget était alloué à l'Argentier pour l'approvisionnement de ses magasins. Et des sommes lui étaient complémentairement versées ensuite, en cas de dépassement.

Argentier ! Le mot sonne clair à l'oreille ! Il évoque les pièces sonnantes et trébuchantes en même temps que des objets d'orfèvrerie rutilante. Mais, en réalité, nous venons de le voir, il ne s'agissait là que d'une charge subalterne. Qui a précédé Jacques Cœur dans cette place ? Et qui le suivra par-delà ? Hormis son suivant on ne les connaît pas. Les charges ou les offices valent ce que valent les hommes qui les assument. Et celle-ci, entre les mains d'une créature aussi originale que Jacques Cœur, d'obscure devenait éclatante.

Nul ne pouvait être mieux placé que lui pour cette fonction, lui le négociant et l'importateur en toutes marchandises. Merveille! Il tenait les deux rôles, celui d'acheteur et celui de vendeur, cumulant ainsi les deux bénéfices. Bénéfices qu'en outre il était le seul à déterminer. L'ambiguïté d'une telle situation (impossible de nos jours) ne semble avoir choqué personne pendant longtemps, ni n'avoir heurté en rien les susceptibilités et les principes moraux des contemporains.

Mais notre homme n'allait pas se contenter d'être une sorte de gérant de magasin, pour profitable que fût la situation. Dès le début, il donnait à sa charge une dimension jamais atteinte par ses prédécesseurs. Si celle-ci lui fournissait l'occasion de fréquenter les principaux personnages du royaume, ses finances lui donnèrent la possibilité de prêter de l'argent.

En quelques mois il s'affirma comme le banquier attitré de la famille royale, de la cour et du gouvernement. On sait qu'une fille de Charles VII, en 1440, lui emprunta quatre-vingts livres pour s'acheter une robe, et que la reine elle-même, la douce et effacée Marie d'Anjou, sollicita un prêt sur gage de quatre cents livres, en remettant une perle fine.

La richesse aux mains d'un homme actif et intelligent devient vite une arme redoutable. Au fil des ans, tous les personnages d'importance viendront solliciter quelques prêts à moyen ou à long terme, à moins que l'idée leur vienne d'obtenir une avance à court terme sur leurs appointements ou revenus. Le court terme? Pour commencer, bien entendu. Mais l'affabilité, la gentillesse discrète et constante ainsi que la compréhension du prêteur inciteront les uns et les autres à revenir, à récidiver, à s'endetter plus encore et à de plus lointaines échéances.

En 1451, le procureur général du roi, au parlement de Paris, Jean Dauvet, dressera la liste des créances de Jacques Cœur. Ces documents nous sont parvenus. Sur l'ensemble des sommes dues, il a semblé significatif de classer les débiteurs selon leur classe sociale, et leurs fonctions. Ils appartenaient pour :

48,1 % à la haute noblesse,
15,3 % à la moyenne noblesse,
0,8 % à la petite noblesse,
9,0 % aux officiers de rang élevé,
0,4 % aux officiers de rang moyen,
12,6 % au personnel de la Maison du roi,
0,4 % à des clercs,
8,0 % à des marchands,
5,4 % à des gens inclassables.

Ainsi, à eux seuls, les grands dignitaires et la haute noblesse représentent 57,1 % des prêts octroyés par Jacques Cœur. Quant au personnel de la Maison du roi (c'est-à-dire un certain nombre de personnages disposant de médiocres ressources mais bien placés) et la moyenne noblesse, ils atteignent ensemble 27,9 %. En revanche les marchands ne figurent que pour 8 %. Le reste est presque négligeable.

Qu'en déduire, sinon que les prêts de l'Argentier étaient délibérément orientés ? Marchands, négociants, fabricants et armateurs n'auraient-ils pas dû former la grande masse des débiteurs ? Eux dont les besoins en argent frais étaient inhérents au travail ?

Mais haute noblesse et grands dignitaires, voilà bien les gens redoutables dont il fallait craindre les humeurs, les foucades, ou, plus simplement, des prises de position éventuellement dommageables. Quant à ceux de la Maison du roi, comme de la moyenne noblesse, ils constituaient un potentiel d'hommes et de femmes à ménager. Certes, l'Argentier pouvait se passer d'eux assez aisément. Pourtant ils étaient capables à tous moments de rendre mille et un de ces services médiocres en apparence, mais qui deviennent vite inestimables lorsqu'ils peuvent s'accumuler.

Le pouvoir que donne l'argent ouvre les portes de la puissance. Un vieux proverbe des temps de la féodalité ne disait-il pas : « Poignard d'or brise mur d'Airain » ? Les plus imbus de leur lignée consentirent bientôt à se commettre avec l'Argentier.

L'homme qui sollicite un prêt craint souvent de devoir donner des gages d'inféodation. Or, la relation directe de dépendance, qui risque de régir en les dégradant les rapports de débiteur à créancier, se modifie pour peu que le prêteur paraisse ne pas vouloir tirer avantage de sa position. L'argent devient alors facteur de connaissance, trait d'union. Les quémandeurs auront tendance à parler beaucoup, voire beaucoup trop, sans le vouloir, sans même en prendre conscience. Ils livreront des secrets, qui parfois ne leur appartiendront pas, dans leur désir de ne pas perdre la face, de se justifier vis-à-vis d'eux-mêmes, de noyer le poisson sous des dehors faussement désinvoltes, dans leur désir de paraître aux yeux de celui qui les écoute.

Pour Jacques Cœur, durant des années et des années, il fut au courant de tout ce qui se disait, de tout ce qui se tramait, et ce sans inutiles efforts : il lui suffisait d'écouter les confidences spontanées. Pourtant, à la longue, semblable domination devient dangereuse. Les ennemis s'accumulent : ambitieux dont la voie se trouve barrée, jaloux par envie, par malice, sans compter tous ceux qui supportent mal la condition de qui leur rend service : tous les « Monsieur Perrichon » de l'époque qui préféreront toujours s'entendre louer comme sauveurs plutôt que de tresser eux-mêmes des couronnes de lauriers à qui leur aura fourni un appui. L'idée d'avoir à ménager, bon gré mal gré, les dressera furieux, les courbera sournois.

Et puis, lorsqu'on a tout acheté : les dignitaires, les grands, les officiers, la cour, et même (croit-on) le roi, n'est-il pas inéluctable de devenir imprudent ?

Cette même année 1438, Charles VII interdisait par ordonnance l'exportation des monnaies. Vieux thème cher à ses prédécesseurs, mais décision entre toutes inapplicable. En effet, toutes les rançons payées aux Anglais se faisaient en numéraires, l'argent collecté par et pour l'Église s'expédiait tel quel à Rome ; enfin, les achats dans les pays du Levant se faisaient comptant, et donc, par-delà les sommes récupérées grâce aux exportations, en numéraires. Comment la balance des comptes aurait-elle connu la chance de se voir excédentaire étant donné les conditions des marchés ?

3.

1439

La disparition de ses deux associés, Pierre et Barthélemy Godard, au cours de l'année 1439 dut représenter pour Jacques Cœur, au niveau des affaires, un avantage attendu, quels que fussent par ailleurs les sentiments d'estime et d'amitié qu'il éprouvait à leur égard.

La compagnie qu'il avait fondée avec eux, en 1430, aux temps où il cherchait encore sa voie et souhaitait se créer une solide base de revenus, afin d'être libre d'entreprendre par ailleurs, ne pouvait qu'être devenue depuis ses premiers voyages à destination des échelles du Levant une gêne, un véritable handicap.

D'un point de vue aussi bien moral que matériel, il lui était impossible de ne pas ravitailler cette société en produits exotiques et rares (pour lesquels les acheteurs ne manquaient pas); impossible de ne pas lui vendre à des « prix de gros »; impossible de ne pas partager, avec les Godart, les bénéfices qu'elle réalisait ainsi. Or, en vérité, qu'avait il besoin d'elle, et surtout d'eux ? C'était là proprement perdre de l'argent alors qu'il parsemait la France de comptoirs qui assuraient la vente directe aux particuliers, avec, par conséquent, un plein bénéfice. A la tête de ses comptoirs, nul besoin d'associés qui l'auraient contraint à un partage. Non, des employés banalement rémunérés, des « facteurs », comme on les appelait alors, suffisaient, avec comme « carotte » une prime éventuellement allouée pour s'assurer de leur dévouement et de leurs initiatives.

L'organisation que Jacques Cœur était parvenu à mettre sur pied devait tenir compte de deux grands courants de marchandises. D'une part, il lui fallait faire expédier et répartir à travers la France les cargaisons débarquées des navires revenant du Levant ; d'autre part, il devait acheminer, en partie vers les ports où on les concentrait avant de les exporter, en partie vers les comptoirs pour les vendre sur place, les produits, fabriqués en France ou dans les pays limitrophes, dont il assurait la diffusion.

Les villes où l'Argentier possédait des intérêts commerciaux pouvaient être classées en quatre grandes catégories distinctes.

Premièrement les ports disposant des infrastructures Jacques Cœur : Lattès, Mireval, Aigues-Mortes, Frontignan et Agde.

Deuxièmement les villes correspondantes de ces ports : Montpellier, Béziers et Beaucaire.

Troisièmement les villes-centres, c'est-à-dire dans lesquelles il disposait de toute une organisation de redistribution et de répartition : Le Puy, Lyon, Bourges, Buzançais, Loches, Tours, La Rochelle, Exmes, Rouen, Cherbourg et Bruges.

Quatrièmement les villes dans lesquelles il disposait d'un correspondant exclusif, qui non seulement vendait, mais éventuellement, si la région produisait des objets ou des matières, achetait pour son compte : Collioure, Fangeaux, Carcassonne, Toulouse, Avignon, Bordeaux, Limoges, Issoudun, Thouars, Saumur, Angers, Orléans, Troyes, Reims, Le Mans, Saint-Malo et Paris.

Avec Bourges, prise comme plaque tournante, comme lieu de croisement, on pouvait parler des deux axes majeurs de la compagnie : le nord-sud étant Bruges-Montpellier et l'est-ouest Lyon-Tours. Bien entendu, entre et au-delà de ces lignes fortes constituant l'armature centrale, il était possible d'envisager de rayonner dans chacune des directions souhaitables.

Au fil des années, une toile solide et toujours plus serrée se tissait.

Encore, les villes ci-dessus énumérées ne représentaient-elles, en gros, que les centres d'intérêt du négociant Jacques Cœur à l'intérieur même du royaume ! Mais dans les ports d'Égypte, du Liban, de Chypre, dans les villes de Syrie, d'Italie, de Flandre, dans les ports d'Aragon et jusqu'au Portugal, voire en Angleterre, ses facteurs avaient également pignon sur rue : boutiques, entrepôts, personnel.

Tant de marchandises à transporter sans répit ! Tant de chassés-croisés à travers plaines et vallées, collines et montagnes ! Produits en provenance des quatre points cardinaux, se rassemblant ou s'éparpillant au gré des besoins ou des caprices de la clientèle ! Tant de charrois à assurer en dépit des intempéries ou de la méchanceté des hommes, de l'incurie ou du refus de l'effort ! Et ceci par quels chemins !

Théoriquement — car la peste, la guerre ou le brigandage avaient remis en cause nombre d'acquis des siècles précédents — ou distinguait à travers le royaume cinq types de voies. Le sentier, d'1 m 20 de largeur, à vocation locale ; la charrière, qui doublait de largeur et qu'empruntaient surtout charrettes, tombereaux et engins de culture ; la voie, qui atteignait 4 m 80, et qui servait souvent de dérivation ; le chemin, qui doublait encore, avec 9 m 60, réunissait déjà d'importantes localités ; et, pour finir, le grand chemin royal, rectiligne, de 64 pieds et 13 pouces (soit 19 m 20), dont l'ancienneté remontait à la domination romaine, et qui, son nom l'indiquait, constituait la route par excellence, celle qui dessert les centres vitaux.

Selon la nature des marchandises à acheminer, le transport pouvait être fait soit sur des chevaux ou des mulets de bât, qu'on chargeait selon leur force d'un poids variant entre cent et deux cents kilogrammes, soit sur des chars ou des charrettes, bâchés, à quatre roues cerclées de fer et traînés par quatre, six ou huit chevaux. Le fret, les cargaisons à charroyer se présentaient sous différentes formes : ballots (ou « gibes »), fardeaux, trousseaux, à moins qu'il ne s'agisse de caques, de pipes, de queues ou de tonneaux.

Le franchissement des fleuves et rivières posait des problèmes redoutables. Les ponts n'étaient guère nombreux et leur chaussée souvent étroite (trois à quatre mètres). Il était nécessaire, en bien des cas, de rechercher un gué, ou de s'adresser à un passeur manœuvrant un bac.

Bien entendu, par prudence élémentaire on ne circulait jamais la nuit. L'été, avec ses jours plus longs, des sols plus secs et de meilleures conditions de nourriture pour hommes et bêtes, était la période idéale. En moyenne vingt à vingt-cinq kilomètres, parcourus entre le lever et le coucher du soleil, représentaient la norme.

Les frais de transport grevaient de façon très considérable les prix des marchandises, d'autant qu'en de nombreuses circonstances il fallait prévoir des escortes armées. Quant aux voies d'eau, jalonnées comme elles l'étaient par de multiples péages, elles ne revenaient pas meilleur marché que les voies terrestres. Simplement, les bateaux risquaient moins de se faire assaillir.

Ces chemins, royaux ou non, combien de fois les aura-t-il lui-même parcourus, notre Argentier, au cours de son époustouflante carrière ? On le croyait ici, il était déjà arrivé là ; on l'imaginait à la cour, il s'en trouvait à cent lieues. Un vrai feu follet ! Et lorsqu'il était las de se déhancher sur ces chemins de terre, de sable et de cailloux, il s'embarquait pour l'Orient et entreprenait un périple méditerranéen, roulant et tanguant sur une de ses naves, affrontant hommes et éléments comme par plaisir.

Puissant, dynamique, éclatant de vie et tendu comme un ressort, d'une aube à l'autre, tous les sens aux aguets, il ne cessait jamais de réaliser ni de projeter. En quelques années il réussissait à construire, à faire surgir des limbes, un édifice pyramidal dont il souhaitait en permanence élargir les bases, afin de se trouver poussé, tiré, hissé vers de toujours plus hauts sommets : vers les cimes. Quel souffle ! « A vaillans cuers riens impossible. »

Entre sa trentième et sa quarantième année, quelle différence de situation pour le petit monnayeur échappant de justesse à la prison, jusqu'au négociant, l'armateur, le commis de l'État bien en cour ! Quels progrès réalisés dans ce laps de temps somme toute assez bref !

Plus d'une fois, au cours de ses chevauchées d'affaires, ce preux chevalier, ce paladin du négoce, avait dû se souvenir de ses angoisses passées, ne serait-ce que pour jouir de les voir dissipées au cours de la dernière décennie. Mais si ces peurs juvéniles avaient disparu, son statut ne le satisfaisait pas pleinement pour autant. Le peu qu'il avait goûté, jusque-là, du plaisir qui naît de l'exercice de fonctions officielles, par la puissance, l'autorité qu'elles confèrent, lui faisait ardemment souhaiter être investi d'autres missions ou emplois.

La fortune qu'il avait jadis rêvé d'acquérir était enfin venue et s'il ne s'en satisfaisait pas encore, pour énorme qu'elle puisse devenir il savait désormais que jamais elle ne lui suffirait. Il voulait davantage, et autre chose. Le proverbe dit bien : « L'appétit vient en mangeant. » Jacques Cœur se sentait désormais de taille à jouer un rôle politique de premier plan, et, à l'exception du roi qu'il fallait jour après jour continuer de circonvenir, qui donc aurait l'audace de se mettre en travers de sa route ?

L'argent, depuis quelque temps, cessait d'être un but pour devenir un moyen. Raison de plus pour vouloir en gagner davantage, pour s'activer plus encore, pour se montrer plus fin, plus habile, plus entreprenant.

De son enfance, aux temps où il entendait son père conter le soir, en famille, ses démarches auprès du vieux duc Jean de Berry et ses courtisans, dans le but de leur offrir ses services, comme de son adolescence, lorsqu'il accompagnait son père au palais et faisait avec lui antichambre, dans l'éventualité d'une ou plusieurs commandes, il avait dû garder l'art et la manière de la flatterie et probablement le réflexe de s'incliner, d'approuver, en apparence du moins, les volontés des grands. Sa patience pour supporter certaines avanies ne pouvait déjà être morte.

Même si sa condition n'était plus celle de son père, il savait devoir tirer la leçon de ses expériences. Non qu'il respectât réellement les grands. Maintenant il en connaissait l'aune, pour les fréquenter, les voir parler et agir de près. Naissaient en lui la commisération, le mépris et, plus encore peut-être, la moquerie. Quant au roi, il pensait l'avoir assez senti et perçu pour espérer beaucoup de lui.

Comprendre les hommes, les apprécier, les jauger! Jusqu'ici, il ne s'était guère trompé dans ses choix au moment d'engager seconds et employés. Ne comptait-il pas désormais plus de deux cents facteurs ou directeurs de comptoirs, dévoués, honnêtes et capables? Des hommes susceptibles d'initiatives, d'une action soutenue et efficace, des gestionnaires aussi aptes à acheter qu'à vendre, à louer des services qu'à signer des contrats, à tenir une comptabilité de finances ou de matières, des hommes habiles à pratiquer des opérations de change complexes; car les acquéreurs payaient comme ils pouvaient, en usant de dix, de vingt, de cent monnaies dissemblables.

Bien entendu, des personnalités hors du commun émergeaient parmi la foule des facteurs, tels Jean de Village, son neveu (sans doute à la mode de Bretagne), son émule et par la suite son associé, son véritable second dans l'action. Jean de Village était également né à Bourges, où son père s'employait au commerce du drap et fournissait, entre autres, celui dont on habillait les enfants de la Sainte-Chapelle. Jacques Cœur, qui pouvait aujourd'hui lui confier des marchés complexes (à traiter de A à Z), l'avait engagé dès ses débuts. Doué d'un esprit vif, d'une volonté assurée, il était porté par le goût du risque et de l'aventure. Jean de Village, gaillard aux larges épaules et aux réflexes prompts, savait de plus s'imposer à ceux qui travaillaient sous ses ordres.

Guillaume de Varye (ou de Varie) faisait partie, comme Village, du clan des « premiers fidèles », des inconditionnels. Originaire de Bourges, il appartenait à une famille de solide bourgeoisie traitant également de drap. Les goûts de ce petit homme, malingre, souffreteux et physiquement timoré, le portaient vers les problèmes administratifs et une vie casanière. Très vite il était devenu le comptable en chef et l'administrateur de l'empire Cœur. De même qu'à Jean de Village, son patron pouvait lui faire toute confiance. Ses qualités d'exactitude et de rigueur faisaient merveille. Il comptabilisait les mouvements de fonds, surveillait et dénombrait les marchandises acheminées en toutes directions et contrôlait les opérations de n'importe quelle nature : débroussaillant les embrouillaminis, tranchant les contestations, désamorçant les conflits. Dans son bureau il était l'araignée au milieu de sa toile.

En somme, avec Jean de Village et Guillaume de Varye, Jacques Cœur eut à sa disposition l'équivalent de lui-même scindé en deux personnes : fallait-il se déplacer, courir l'aventure, prendre des risques, rencontrer des interlocuteurs nouveaux et peu sûrs ? Il usait de Jean de Village. En revanche, souhaitait-il faire une recherche dans ses écritures, retrouver les conditions d'un achat, découvrir une disparition de marchandise ou toute autre opération, difficulté ou avanie, il pouvait compter sur Guillaume de Varye. Grâce à cet homme, une claire vision des affaires traitées et des résultats obtenus se trouvait en permanence à la disposition du patron.

Guillaume de Varye devait épouser la fille d'un homme fort utile à l'Argentier : Jean de Bar, seigneur de Baugy et de La Guerche, qui deviendrait une première fois général des finances de 1444 à 1452.

A Montpellier, base de l'import-export, le directeur se nommait Antoine Noir, homme d'organisation et de commandement, devant qui tout et tous, sauf son maître, devaient plier ou s'effacer. Son caractère farouchement autoritaire et parfois même brutal, ses refus — trop fréquemment intransigeants — d'écouter l'opinion d'autrui, voire d'admettre d'honnêtes et judicieuses raisons, devaient tôt ou tard provoquer des réactions. Noir n'admettait en vérité que ce qui allait dans le sens des intérêts de la compagnie. Mais ce furent sans doute ses pressions — par trop ostensibles et trop sèches — sur certaines notabilités de la région, qui suscitèrent une animosité larvée, plus tard une hostilité enracinée à l'encontre de Jacques Cœur. Son âpre dévouement alla à l'encontre de ses souhaits et intentions, il suscita nombre d'ennemis à celui qu'il s'était choisi pour maître. Néanmoins, le travail d'Antoine Noir, vrai « chien de quartier », et de ses deux frères Hugues et Rostain, représenta un élément constant et considérable de solidité pour la compagnie.

A Bruges, point d'ancrage et aussi porte ouverte en direction de l'Europe du Nord, une personnalité de premier plan s'imposait. L'élu fut Hervé Paris, dont la pérennité dans le poste est une preuve d'efficacité et de réussite. A Rouen on connaît Hugues Aubert ; à Lyon résidaient et s'activaient deux frères, Pierre et Jean de Villars.

Bien d'autres noms nous sont parvenus sans qu'il soit toujours possible de localiser en permanence leur action, tels que Pierre Jobert, Simon de Varye (le frère de Guillaume), Martin Anjorrant, Étienne de Manne, Barthélemy de Carmonne, Jean Bourdin, Guillaume Gimart, Gaillardet de Boursa, Jean Forest le Jeune, etc.

Outre ces « directeurs de centre », notre Argentier employait aussi des « serviteurs », non pas de simples valets (il en avait aussi), mais des hommes de confiance, aptes à de multiples tâches, à des missions exceptionnelles, tels André Vidal, qui deviendra garde de la monnaie de Toulouse, Guillot Tripault, un temps dépensier de la « Grand'Maison de Bourges », puis garde de la monnaie de Bourges, après la disparition de Jacques Cœur, Jean Thierry (maître), clerc, qui sera notaire et secrétaire du roi, et aussi Jean Bellestat, Berangeon, Cambray, Le Petit, etc.

Certains de ses hommes eurent toute leur vie la même affectation spécialisée, par exemple : André de Courray, maître palefrenier, Martin Prandoux, maître voiturier, Antoine Cassanyes, technicien du transport des marchandises. D'autres, facteurs ou serviteurs, évoluèrent au cours de leur carrière, surtout après la mort de Jacques Cœur. Hugues Aubert devint receveur des aides à Rouen, Gaillardet de Boursa, Guillaume Gimart et Jean Forest le Jeune furent commandants de naves, Barthélemy de Carmonne se retrouva trésorier royal de Montpellier, Jean Lebrun, receveur aux aides en la sénéchaussée de Toulouse, Jean de Villars, maître saunier et ferratier de Lyon. Même Guillaume de Varye, pourtant surchargé de besogne, fut investi par le roi de la charge fort considérable de « Contrôleur général des finances du Languedoc », cependant que son frère se voyait nommé Contrôleur de l'Écurie du Roi.

Deux cents facteurs, a-t-on dit, et peut-être trente ou quarante serviteurs ! Mais pour obtenir le chiffre global du personnel travaillant pour Jacques Cœur, à tous les échelons, il faudrait aussi pouvoir dénombrer les scribes, les commis, les charretiers, les muletiers, les palefreniers, les manutentionnaires, etc. Et comment ne pas en oublier ? Ainsi, les marins, les rameurs, les officiers des galères, les débardeurs dans les ports, etc.

En fait, une conclusion s'impose : des milliers d'hommes travaillèrent à temps complet ou partiel, directement ou indirectement, pour le compte de l'entreprise Cœur.

Cet énorme personnel demeura-t-il honnête et dévoué, en dépit des innombrables tentations ? S'il est possible de répondre par l'affirmative pour les principaux facteurs et commis, nous ne sommes pas — et ne pourrions être — renseignés sur le comportement des autres. Constatons pourtant que l'écho d'aucune crise, de confiance ou de l'heureux fonctionnement de la compagnie ne nous est parvenu.

Jacques Cœur avait sans doute su intéresser l'ensemble de ses employés à leur travail, afin de créer chez eux un solide esprit d'entreprise. En outre, il autorisait certains à commercer, pour leur propre compte, dans des limites précisément définies. La seule exigence de Jacques Cœur en l'occurrence étant d'être tenu très précisément informé de ces tractations accessoires : nature des marchandises rapportées et prix de revente. Cette soupape de sécurité semble avoir parfaitement joué.

Ces milliers de volontés rassemblées, soudées, avaient à coup sûr conscience de concourir à la prospérité d'une œuvre collective utile. Après les désordres et les aberrations sans nombre de guerres anarchiques, l'organisation et l'efficacité de l'affaire Cœur devenaient le symbole de la paix et des possibilités de rapports harmonieux entre les hommes.

Pour conclure, disons qu'à la confiance des employés

dans les capacités d'initiative et de gestion du concepteur répondait celle de ce concepteur dans les qualités de travail et de dévouement du personnel.

1439 est en fait l'année qui précède les ultimes mutations. Désormais Jacques Cœur a le vent en poupe, nul ne pourra plus le freiner. Et cette année-là se produit un événement qui pèsera très lourd dans la balance du destin, bien qu'il soit en apparence fort extérieur à l'ambition d'un homme d'affaire qui commence à se passionner pour la politique : des évêques assemblés à Bâle, en désaccord avec leur pape, élisent un antipape.

Un peu partout on s'inquiète : la chrétienté va-t-elle s'enliser une nouvelle fois dans les insondables marais d'un schisme ?

Charles VII, qui n'en voudra à aucun prix, saura faire entendre sa voix. Mais, en attendant, la menace est assez sérieuse pour que les clercs s'agitent.

4.

1440

Comme un escalier qu'on gravit, marche après marche... Comme s'allongent, s'étendent, s'agrippent et se fixent les tentacules d'un poulpe... Comme se conçoit, se mûrit et patiemment se réalise une œuvre d'art... Les images abondent lorsqu'on réfléchit aux entreprises, à la compagnie, à la carrière de Jacques Cœur en cette quarantième année de son âge.

La parfaite connaissance et maîtrise de ses sociétés ainsi que le volume des affaires traitées assuraient à Jacques Cœur, à partir de 1440, l'assise et les moyens de repartir à l'assaut de nouvelles places-fortes.

Deux possibilités s'offraient à lui. Premièrement, fonder des sociétés prévues, dès l'élaboration de leurs statuts, pour un temps déterminé, semblables en somme à des contrats passés à moyen terme. Deuxièmement, obtenir, voire exiger, des prises de participation, avec chaque fois un pourcentage choisi par lui, dans des opérations précises, définies aussi bien dans le temps que dans l'espace, pour des marchandises spécifiques.

Semblable attitude aurait pu apparaître comme contradictoire avec ses anciennes positions. Durant quelques années, n'avait-il pas refusé farouchement tout principe associatif ? En réalité, il n'avait évolué qu'en raison de l'évolution même de ses propres possibilités. Précédemment, les sociétés qu'il aurait pu créer ne l'auraient amené qu'à partager des bénéfices réalisables et empochables par lui seul. Ainsi, la disparition des frères Godard, comme nous l'avons vu, l'arrangeait en ce qu'elle avait permis de dissoudre une affaire tout à la fois partielle, marginale et rivale.

A partir de 1440, au contraire, Jacques Cœur va pouvoir se permettre de passer des contrats d'associations multiples sans courir ce risque, puisque sa compagnie continue de drainer la meilleure part du marché. Mais qu'allait-il chercher par ce biais : sociétés ou accords limités ? Simplement le moyen de mordre sur la part qui restait à ses concurrents. Et le voici, choisissant de préférence comme partenaires ceux-là mêmes qui s'affirmaient comme ses principaux adversaires. Il n'envisageait plus le problème sous l'optique de la division de son profit, mais sous celle de la diversification et de la prolifération des sources de gain. Effectivement il allait en quelque sorte contraindre ces hommes à lui abandonner une part de leurs propres profits, car ils auraient pu se passer de lui.

Si ces compétiteurs acceptèrent sans trop rechigner ses propositions, ce fut d'abord parce qu'elles rendaient possibles de nouveaux bénéfices. D'une part, en répartissant ou en diminuant certains risques : plusieurs navires voyageant de concert représentaient une force capable de faire réfléchir le pirate ou le corsaire le plus intrépide, et une avarie à l'un des bateaux pouvait être réparée avec l'aide des autres ; d'autre part, lorsqu'il s'agissait de marchandises de très haute valeur — pierreries, perles fines, bijoux, ivoire —, le capital à investir devenait tellement élevé, même pour un homme fort riche, en cette époque de manque chronique de liquidités, qu'un tel investissement nuisait à ses autres activités (n'oublions pas qu'en plus de l'achat de ces pierreries et bijoux, il fallait prévoir l'engagement d'hommes d'armes capables, en cas d'assaut, d'assurer une meilleure défense de la caraque). Or l'Argentier tenait à demeurer le banquier de la cour. En vérité, ce qu'il espérait grâce à ces rapprochements c'était obtenir un quasi-monopole du marché.

Autant vis-à-vis du roi que de l'opinion des bourgeois-négociants influents du Languedoc, Jacques Cœur sentait la nécessité de s'imposer. Certes, grâce à ses initiatives, grâce à ses audaces, c'était lui, et lui seul, qui avait réouvert au négoce français les ports des échelles du Levant. Pourtant, il savait pertinemment que la première surprise passée, le premier étonnement surmonté, de multiples concurrents allaient se précipiter sur ses traces. Or il n'était pas pensable que, dès les débuts, il fût, à lui seul, en mesure de monopoliser le trafic des importations et des exportations, en provenance ou à destination de l'Orient. Aucune loi, aucune règle ne pouvait empêcher les autres de l'imiter. En conséquence, il devenait indispensable d'être omniprésent, de consolider sa prépondérance en se faisant reconnaître comme le chef de file incontesté, en prélevant aussi fréquemment que possible une part de bénéfice.

C'est donc en 1440 que Jacques Cœur passait des accords avec trois des principaux marchands montpelliérains pour l'affrétement de galées, la vente de produits européens en terre musulmane, et l'écoulement en France des marchandises rapportées.

Les archives ont conservé les noms des partenaires de l'Argentier. Il s'agissait de Janosso Bucelli, un riche et entreprenant Florentin, venu s'installer à demeure, comme tant d'autres de ses concitoyens, dans la ville de Montpellier, où il s'était fait recevoir bourgeois. Outre ses activités dans le négoce proprement dit, Janosso Bucelli possédait et gérait une banque. Sa fortune, son dynamisme et son entregent devaient lui permettre de devenir le bayle de la ville à deux reprises : en 1447 et en 1460. Position hautement honorifique et de grande influence que celle de bayle, officier de la fonction administrative et judiciaire, se voyant placé par ses pairs à la tête d'une subdivision de la sénéchausée.

Le second, Michel Teinturier, appartenait à une vieille et puissante famille de la ville. Son père, Isarn, et son frère, Pierre, avaient déjà été [ou seraient] également bayles. Par la suite, Jacques Cœur devait engager Michel Teinturier comme capitaine d'une de ses galées. Celui-ci, de même que ses parents, deviendrait bayle en 1471, sous le règne de Louis XI.

Le troisième associé, Paul Dandréa, dont le frère Lazarin suivrait exactement la même carrière que Michel Teinturier (patron de galée puis bayle de Montpellier), était loin de se présenter comme une nouvelle relation pour Jacques Cœur, puisqu'il se trouvait en relation avec lui depuis 1432. Dandréa avait fait partie de ce petit groupe de négociants embarqués sur la fameuse galée de Narbonne, au cours du voyage initiatique.

Quelques mois plus tard, Jacques Cœur se retrouvait au sein d'une nouvelle compagnie de négoce dont on prévoyait, dès la signature des actes, que l'existence ne dépasserait pas cinq années, jusqu'en 1445.

Une fois encore il prenait pour comparse ce Janosso Bucelli ainsi qu'un personnage important dans la région, nommé Jean de Jambes, qui cumulait titres et fonctions : baron de Montsoreau, premier maître d'hôtel du roi et viguier-châtelain d'Aigues-Mortes.

Outre ses associations « ... en tout fait de marchandises... » dans lesquelles, au cours de la décennie qui débutait, il allait très fréquemment s'inscrire, notre Argentier multiplierait ses participations au coup par coup. Ainsi se retrouverait-il successivement lié à tous les membres de l'oligarchie financière du Languedoc, et serait-il, peu à peu, en mesure de contrôler et de dominer l'ensemble des marchés de l'importation-exportation.

La logique de sa carrière est d'une intelligence particulière, tout à la fois rêvée et réaliste, rigoureuse et pourtant opportuniste. Une partie du caractère profond de Jacques Cœur se trouve ainsi révélée et mise en exergue.

Chez lui l'imagination se retrouve à la base de tout. C'est elle qui détermine les grandes lignes de ses options. Et pourtant, jamais prisonnier de ses conceptions, s'il tient à s'adapter à elles il sait aussi les transformer suivant les contraintes imposées par une réalité qu'il se garde bien de négliger. Qu'importent contrariétés ou tribulations, il adopte aussitôt les attitudes appropriées pour les surmonter. Cependant il ne saurait perdre de vue le projet initial.

Par-delà l'homme de pensée, outre le créateur, à tous moments on découvre en lui l'homme d'action, qui s'affirme et paye de sa personne. Travailleur infatigable, toujours en mouvement, à la tension jamais relâchée, ce Jacques Cœur-là aussi tente d'atteindre avec une implacable énergie le but qu'il s'était initialement fixé.

Pour se convaincre de la véracité de telles assertions, il suffit de suivre au fil des ans son évolution. D'abord petit monnayeur et changeur rêvant de richesse, il devient, pour assurer sa liberté financière, un marchand dont l'activité, limitée dans ses débuts à la seule cité de Bourges, s'étend progressivement aux villes du Berry et des bords de Loire. Le voyage aux pays du Levant, cette illumination, la découverte de leurs marchés et la réussite des premières expéditions en font un négociant-importateur-exportateur de dimension nationale puis internationale. Du coup, il s'emploie et parvient à devenir non seulement le premier fournisseur mais le banquier de la cour et du roi. Les difficultés rencontrées dans l'acheminement des marchandises l'amènent très naturellement à devenir le premier transporteur du royaume. Alors, la capacité même d'acheminer n'importe quel produit à travers la France et les pays limitrophes, par voie terrestre ou fluviale, l'incite à se tourner vers le trafic du sel. Dans l'Ouest, à Guérande en Bretagne, dans les marais salants de Vendée, ainsi que dans le pays rochelais, il se porte acquéreur de la production du sel, qu'il fait ensuite acheminer vers les centres de redistribution tels que Tours, Orléans ou Bourges. Dans le Sud du royaume, ce sont les salines de la Camargue, puis de la Provence et du Languedoc qu'il réussit à drainer. Après satisfaction de la consommation locale, il est facile d'expédier d'énormes quantités en direction de Lyon.

C'est alors que ses prises de participation et les diverses associations interviennent. Elles découlent très naturellement de la logique des affaires déjà existantes. Mais ce stade atteint, voici que sa vision une fois de plus s'élargit. Tant de bénéfices cumulés ne lui suffisent pas encore pour l'accomplissement de ses projets. Aussi va-t-il s'employer à parfaire ce qu'il est possible d'appeler désormais « l'Empire Cœur ». Il ne veut rien laisser échapper de ce qui passe à portée de main. C'est, en capitalisme moderne, à une véritable concentration verticale d'entreprises, déjà esquissée d'ailleurs, que nous allons assister.

Bénéfices du banquier, bénéfices de l'importateur et de l'exportateur, bénéfices du négociant de gros, bénéfices du transporteur, bénéfices du détaillant ! Pour que la construction du « trust Jacques Cœur » soit complète, il ne lui manque plus que les gains du fabricant, ceux de l'armateur et ceux du maître de mines. Si les deux derniers ne lui semblent pas encore accessibles dans l'immédiat, l'Argentier entreprend sans plus attendre de combler la première lacune.

Grâce à ses relations avec les membres des familles florentines de Montpellier, et sans doute grâce aussi à des contacts pris en Orient même, au cours de ses voyages, avec des Italiens rencontrés dans différents ports, Jacques Cœur va se rendre à Florence. Et là, en dépit des difficultés multiples qui découragent les étrangers, il parviendra à s'inscrire, à faire inscrire un de ses fils, Ravand, ainsi que son principal commis, Guillaume de Varye, à l'Art de la soie, c'est-à-dire à une sorte de chambre syndicale, qui contrôlait la profession. Car, à l'initiative de la « Seigneurie », toutes les professions à Florence, sans aucune exception, relevaient d'un « Art ». Et celui-ci était tout-puissant dans son domaine. Avec rigueur et âpreté il examinait chaque candidature. Au terme de ses investigations, sans possibilité d'appel, il décidait ou non de l'immatriculation de l'impétrant sur ses registres. Et cet enregistrement seul permettait à un homme de travailler de ses mains ou de créer une entreprise dans le domaine élu. La manufacture, dans laquelle Jacques Cœur posséda la moitié des parts, fabriquait des toiles de soie, ainsi que du drap d'or.

Tout en s'occupant de soieries à Florence, Jacques Cœur devint fabricant de drap de laine à Bourges, tandis que dans le Languedoc il s'intéressa à la teinture. Les teintureries, jadis prospères, appréciées en particulier grâce à la culture de la garance, acclimatée dans la région de Montpellier, avaient singulièrement périclité durant la guerre de Cent Ans. Pour les relancer, Jacques Cœur importa différentes substances colorantes, dont l'indigo, et surtout des graines de kermès. Car, un de ses buts, était de remettre en marche la fabrication du drap écarlate. Enfin, la teinturerie ayant besoin pour les lavages d'une eau abondante et claire, il fit également construire la fontaine Putanelle.

Mais l'Argentier regardait aussi vers l'avenir, soucieux des techniques et des fabrications nouvelles. L'usage du papier commençant à s'implanter, il acheta donc à Rochetaillée, dans la région lyonnaise, une propriété dans laquelle avait été bâti un moulin à papier. L'affaire n'a probablement pas donné de résultats mirobolants, qu'importe ! L'essentiel pour lui était d'être présent sur un marché neuf qui, tôt ou tard, se développerait. Sans doute n'a-t-il pas eu le temps de consacrer suffisamment d'énergie et d'attention à l'extension de cette affaire, mais sans doute se promettait-il de la lancer le moment venu.

De tous temps la guerre a été partie prenante dans l'industrie. Et elle a permis les plus gras profits. Aussi va-t-on voir Jacques Cœur s'associer avec des armuriers, les frères Balsarin et Gasparin de Très, tous deux originaires de Milan. Après les avoir convaincus de quitter l'Italie, il leur installa des ateliers à Bourges (ainsi formeraient-ils une main-d'œuvre berrichonne). L'idée de pouvoir un jour se passer de ses associés fut fatalement sous-jacente. Cette affaire devenue florissante, il en étendit le principe. A Tours, à côté du magasin qu'il tenait en sa qualité d'Argentier du roi, il disposa bientôt en permanence du travail d'un armurier allemand nommé Nicolas Hermann, capable de répondre favorablement aussi bien à une commande d'armures et d'armes que d'effectuer, après une bataille, les réparations nécessaires.

Jacques Cœur était un tel brasseur d'affaires, il abordait simultanément tant de domaines divers, qu'on a peine parfois à le suivre et à inventorier ses activités. Ne sera-t-on pas surpris d'apprendre, par exemple, qu'il a possédé des prisonniers anglais, en indivis, avec Dunois. La coutume voulait qu'on réclamât aux gens de qualité une rançon avant de leur rendre la liberté. Ces rançons, en l'occurrence, tardant à être payées, nous savons qu'il vendit une de ses deux parts au comte de Sancerre, Jean, sire de Bueil et amiral de France.

De même qu'on affermait les impôts, l'usage était alors d'affermer tous les offices susceptibles de rapporter de l'argent. Ainsi en était-il, par exemple, de l'organisation des foires, ou de celle de la marque de tel ou tel état. L'Argentier, membre pour 1440 de la commission responsable de l'adjudication de la ferme des foires de Pézenas-Montagnac, se la fit attribuer, à bas prix, par société interposée. Ses associés se nommaient cette fois encore Janosso Bucelli et Michel Teinturier.

Pour les fermes des Marques, de Gênes, de Provence et de Catalogne, qu'il obtint toujours de même manière, ses associés furent les mêmes que pour les foires de Pézenas, à l'exception d'un nom qu'il faut ajouter, celui de Jean Forestier.

J'ai dit que Jacques Cœur savait s'entourer de gens talentueux, capables de le seconder avec efficacité. Psychologue ! Voici un maître mot qui donne à réfléchir. Regard aigu qui dépouille, compréhension vive qui adopte ou rejette dans l'heure, le droit à l'erreur risquant d'être trop cher compté.

Mais la compréhension des autres n'implique sans doute pas l'altruisme, la générosité ou l'équité. Cependant, notre homme, nous en avons maintes preuves, suscita des dévouements par dizaines. Voici donc l'acuité du regard qui se tempère de chaleur humaine. L'impérieuse volonté se double d'enthousiasme, l'intraitable ambition se transforme en décision passionnée de construire, de faire évoluer la société et le monde ; avec un tel homme il devient empoignant d'œuvrer, de fonder, d'aller de l'avant.

Hélas ! Cette idyllique vision n'est pas la seule. Il n'y a là qu'une des faces du complexe caractère de Jacques Cœur. Une autre apparaît, moins aimable, dès qu'on entreprend de le vouloir cerner.

La ferme de la foire de Pézenas valait 9 500 livres tournois. Cœur contraignit ses associés à participer sur la base de 12 000. Autrement dit, il en posséda le quart avec seulement 500 livres, tandis que les autres payaient le leur 3 000.

Fermier de la marque de Provence, il empocha, certaine année, 12 000 florins qui devaient indemniser des marchands pillés. Les victimes ne reçurent pas même un denier.

Acceptant d'intervenir auprès du roi, à titre de service, pour le compte de villes qui souhaitaient obtenir un avantage, et l'ayant obtenu de Charles VII, il exigea de fortes sommes avant de leur remettre la lettre spécifiant la faveur acquise, et menaçant de la détruire au cas où il ne serait pas rapidement payé.

Ce ne sont là que trois petits exemples parmi beaucoup d'autres. Les témoignages ne manquent pas, incontestables et circonstanciés.

Bien qu'il faille se défier de nombreuses accusations contenant des exagérations ou des propos totalement mensongers, dus aux rancunes, aux rancœurs et aux jalousies, il n'en reste pas moins que Jacques Cœur ne peut échapper à une foule de reproches pour des faits prouvés qu'il commit sans vergogne : indélicatesses, malversations, détournements, trafics d'influences, concussions, etc.

Comment trouver — non une justification, il n'en existe pas — une explication, ou des raisons ? On peut évidemment invoquer l'époque et ses mœurs. Jacques Cœur ne pouvant qu'être, en partie du moins, le reflet d'habitudes solidement ancrées, et ses attitudes ne pouvant qu'être conditionnées par des pratiques généralisées. En réalité, aucun de ceux qui lui jetèrent la pierre ne se trouvait à l'abri de blâmes similaires.

Des admirateurs inconditionnels pourraient aussi plaider la nécessité, au nom d'une noble cause, son but étant la restauration et la prospérité de ce pays. En outre, jamais ses victimes ne se classèrent parmi les pauvres gens. Alors ?

Plaie d'argent n'est pas mortelle ! A malin malin et demi !

En dépit des arguments ou des arguties, il reste que Jacques Cœur, déjà aux alentours de 1440, ne se montrait guère chatouilleux sur le plan de la morale lorsqu'il s'agissait d'accroître sa fortune, et que beaucoup de moyens lui semblaient bons. Mais...

Peut-être n'a-t-on pas vécu impunément durant plus de trente années comme un simple petit bourgeois, hanté par des rêveries mégalomanes.

Peut-être encore, prisonnier de sa propre ambition illimitée, est-on inéluctablement conduit à oublier le respect des autres et de soi-même, et qu'il est bien difficile de ne se révéler jamais sordide lorsqu'il vous a fallu, et vous faut encore, besogner, batailler dur et longtemps pour se hisser là où l'on croyait, et où l'on croit encore, devoir se trouver.

Peut-être enfin n'est-il pas facile de dominer sa réussite matérielle et sociale lorsqu'elle est toujours en devenir.

1440, Jacques Cœur a quarante ans. Il ne peut ignorer que la moitié de son âge adulte est écoulée. Est-ce la coriacité des êtres et des choses qui le rend dur par contrecoup et le pousse à tricher avec ses acolytes ?

Fouquet, à qui on le compare parfois, avait eu la chance de trouver baucoup dans son berceau ; lui, les fées n'ont pas présidé à sa naissance. L'un agissait en dilettante, lui vit en bourreau de travail. Plus encore peut-être que Colbert qui, pourtant, ne chôma guère.

Il n'est qu'une seule phrase du grand superintendant qui lui convienne : « J'ai le cœur au-dessus des périls. » Et, de fait, il en a affronté mille et un sans jamais renâcler.

Homme d'action qui paye de sa personne, disais-je, en voici une preuve : à aucun moment Jacques Cœur n'a possédé de bureau fixe. Pas une saison, contrairement à ses pâles concurrents, il ne vécut en sédentaire. Même à Bourges, où pourtant demeuraient sa femme et ses enfants, même à la cour, où le roi aimait à le consulter et à l'entendre, toujours et partout il n'était que de passage. Notre Argentier, lorsqu'il descendait de ses naves, courait les routes, à cheval et par tous les temps. Sans doute parcourait-il parfois en bateau le Rhône ou quelque autre rivière de courant rapide. Sa selle, voilà son vrai bureau ! C'était là qu'il imaginait, cogitait, décidait. Probablement, grâce à un écritoire léger, prenait-il chemin faisant notes et réflexions, le balancement de l'allure aidant au mouvement des idées.

Tandis que Jacques Cœur développait ses affaires, Charles VII et sa coterie travaillaient. Progressivement, des mesures visant au redressement de la France se voyaient édictées. Entre autres, une véritable réforme de l'armée s'imposait. L'Ordonnance royale, du 25 septembre 1440, la concernant tentait de mettre un terme à certaines pratiques, à certains abus commis par les hommes de guerre.

Tout avait commencé en 1439, lors des État généraux réunis cette année-là à Orléans. A l'instigation du brave et sentencieux maréchal Mottier de La Fayette, les délégués avaient soutenu le roi et l'avaient poussé à promulguer sa grande « Ordonnance concernant les gens de guerre ». Texte daté du 2 novembre 1439 et attendu par les meilleurs esprits.

Si cette ordonnance n'avançait aucune proposition très nouvelle, du moins reprenait elle avec rigueur certains principes fondamentaux, édictés déjà sous Charles V, mais depuis lors devenus caducs par manque d'application. Le nouveau règlement prévoyait que les « compagnies » relevant de chefs non autorisés par le souverain devaient être immédiatement dissoutes. Seules, les troupes qui dépendaient de capitaines choisis, reconnus, ou nommés par le roi seraient dorénavant considérées comme ayant droit de cité et faisant partie de l'armée royale. L'atteinte aux attitudes mentales de la féodalité était claire. On s'éloignait à jamais de l'ost. Du bon vouloir, même juré, on passait à l'obligation.

Pour faire passer dans les faits les décisions de 1439, il fallait des mesures complémentaires. Telle était l'ambition de ce mandement du 25 septembre 1440, qui concernait en particulier les « séquelles ». Ainsi appelait-on l'ensemble des individus qui suivaient un chevalier en guerre et qui se composait de « pages, femmes, varlets et toute telle manière de conquinaille qui n'étoit bon à rien qu'à détruire le peuple ».

L'ordonnance prévoyait qu'une lance ne comporterait plus que trois chevaux, c'est-à-dire qu'un chevalier ne disposerait désormais que de deux écuyers. Quant aux archers, ils n'auraient plus droit à l'avenir qu'à un seul « coustiller » pour deux d'entre eux. Le coustiller, armé d'un long couteau aigu ou d'une dague, était un valet chargé d'achever les blessés et d'égorger les chevaliers (lorsque la rançon était négligeable) dont le cheval venait d'être abattu par une flèche ou une lance.

Un commencement d'application suivit de près la promulgation de cette réglementation : Richemont, Dunois, Brézé, le sire de Bueil, Xaintrailles firent arrêter et exécuter des centaines d'irréguliers, appelés par le peuple « les écorcheurs ». Ces derniers, sous couleur de combattre l'Anglais, mettaient en coupe réglée ou pillaient sauvagement villes et campagnes. Ainsi, sans qu'on eût égard à son rang, le bâtard de Bourbon et une vingtaine de ses principaux lieutenants et comparses furent-ils saisis et noyés par le bourreau.

La réaction à ces mesures suivit de près. Le duc de Bourbon, rendu furieux par l'exécution rapide de son demi-frère, ainsi que La Trémoille, l'ex-favori du Charles VII, mis à la raison par Arthur de Richemont et ses amis, et qui guettait impatiemment une occasion de revanche, s'insurgèrent de concert et prirent les armes.

Ils s'appliquèrent à fomenter leur fronde au mieux. Plusieurs étapes leur parurent nécessaires. D'abord ils s'employèrent à gagner les capitaines des compagnies qui risquaient d'être dissoutes ; puis ils se tournèrent vers ceux dont les activités seraient désormais surveillées et contrôlées plus sévèrement ; enfin ils s'adressèrent aux princes. Ceux-ci ne pouvaient voir d'un bon œil la création d'une armée royale nationale, l'ordonnance se présentant comme un authentique outrage à l'un de leurs plus anciens privilèges : la guerre.

Le duc de Bretagne et le duc d'Alençon, entre autres, répondirent favorablement à ces avances. Mais ce qui dut apparaître aux comploteurs comme leur plus significative victoire fut le ralliement du Dauphin à leur cause. Le dauphin Louis (le futur Louis XI), âgé de seize ans mais brûlant les étapes, ne rêvait que de supplanter son père. La hâte de diriger les affaires du royaume le tenaillait.

Tenant leurs assises à Blois, les conjurés décidèrent de s'emparer de la personne du roi et de le tenir en tutelle. Une fois la coterie dispersée, ils créeraient tous ensemble une sorte de cabinet de régence qui durant quelque temps disposerait de l'autorité royale. Ainsi venait de naître la révolte qu'on devait appeler « la Praguerie ».

Cependant, sur les conseils du connétable de Richemont et sur ceux de Pierre de Brézé, approuvés par l'ensemble des membres du Grand Conseil, Charles VII réagissait vite et frappait fort.

Après avoir réoccupé Loches, dont les princes conjurés s'étaient emparés mais qu'ils n'avaient pas eu le temps de garnir de troupes en suffisance, le roi descendait sur le Poitou, région dominée par Georges de la Trémoille. Melle et Niort, en peu de jours, tombaient aux mains des troupes royales, à la tête desquelles Arthur de Richemont et Pierre de Brézé faisaient merveille.

Les provinces appartenant au duc de Bourbon devenaient alors le principal objectif des royaux. La campagne menée avec énergie obtenait succès sur succès. En quelques semaines, ils conquéraient une trentaine de forteresses avant d'investir Clermont.

Les princes, ayant partout échoué et ne sachant à quel saint se vouer, demandaient alors à traiter. Mais Charles VII refusait d'engager la moindre négociation avant le retour de son fils à la cour. Le dauphin Louis s'y refusant, la guerre continua. Les prises de Vichy, Cusset et Roanne contribuèrent singulièrement à assouplir l'esprit des insurgés.

Alençon le premier se soumit. Enfin, après quelques ultimes tergiversations, le duc de Bourbon et le Dauphin se présentèrent devant le roi installé à Cusset. Charles VII posa alors ses conditions : s'il acceptait de traiter avec Bourbon et s'il pardonnait à son fils, en revanche son refus d'étendre à certains sa miséricorde demeurait ferme. La Trémoille, Chaumont et Prie, en particulier, lui semblaient mériter un sévère châtiment.

Vraisemblablement mécontent du rôle sans lustre ni brio que lui accordait son père, le Dauphin, pour défendre des complices guère défendables, menaça de quitter à l'instant la cour. Et le roi de lui répondre, non sans ironie :

« Loys les portes sont ouvertes, et si elles ne vous sont pas assez grandes, je vous en ferai abattre seize ou vingt toises de mur pour passer où mieult vous semblera. »

Toute continuation de la lutte était suicidaire, et la « Praguerie » prit fin. Bourbon restitua les places et villes encore détenues et le dauphin Louis se vit enfin accorder par son père la possession effective du Dauphiné.

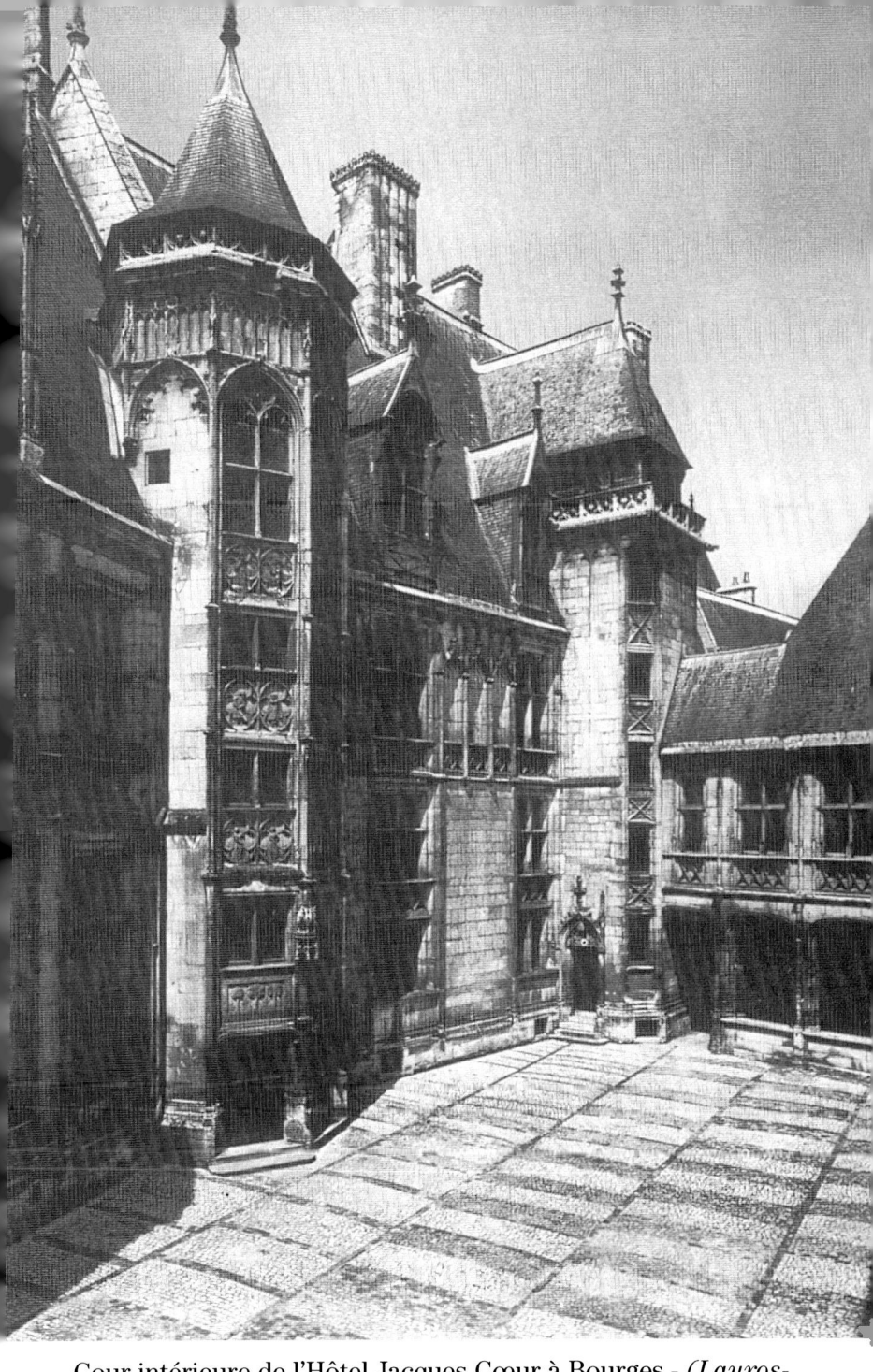

Cour intérieure de l'Hôtel Jacques Cœur à Bourges - *(Lauros-Giraudon)*.

Façade de l'Hôtel Jacques Cœur à Bourges - *(Lauros-Giraudon)*.

Fausses fenêtres de la façade : Jacques Cœur et sa femme ? - *(Jean Roubier)*.

Cheminée du Tournois Grotesque.
Personnages de la fenêtre centrale : Jacques Cœur et sa femme ? - *(Lefevre-Poutalis / SPADEM)*.

Macée de Léodepard, femme de Jacques Cœur - *(Violet)*.

Yolande d'Aragon - *(Violet)*.

Boutique d'orfèvre au XVe siècle - *((Bibl. Nat.)*.

Attitude d'un receveur d'impôt au XVe siècle -

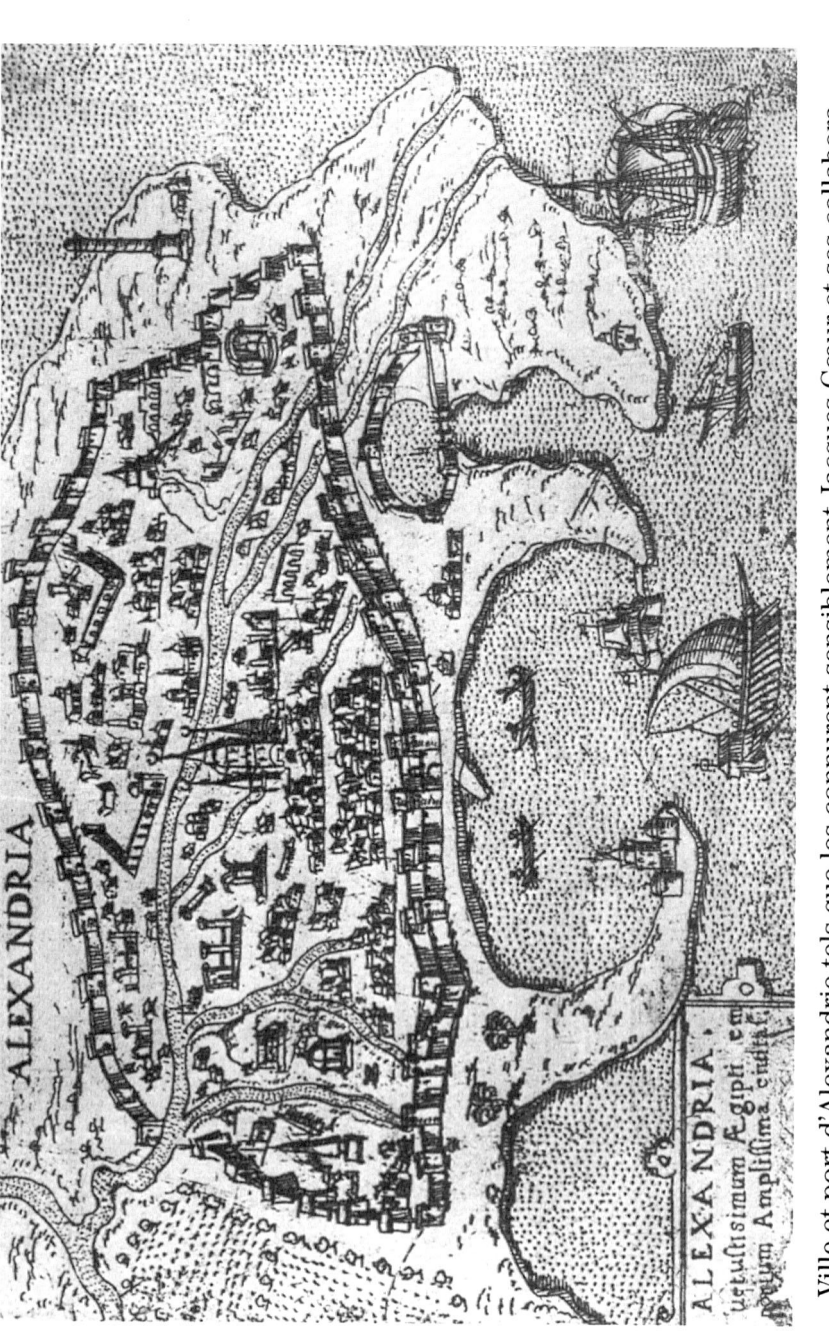

Ville et port d'Alexandrie tels que les connurent sensiblement Jacques Cœur et ses collaborateur - *(Lauros-Giraudon)*.

Jeanne d'Arc vue par un peintre anonyme du XVIe siècle (1581) - *(Lauros-Giraudon)*.

Dessin de Jeanne d'Arc exécuté par un greffier pendant son procès - *(Violet)*.

Jeanne d'Arc à Chinon - Tapisserie - *(Lauros-Giraudon).*

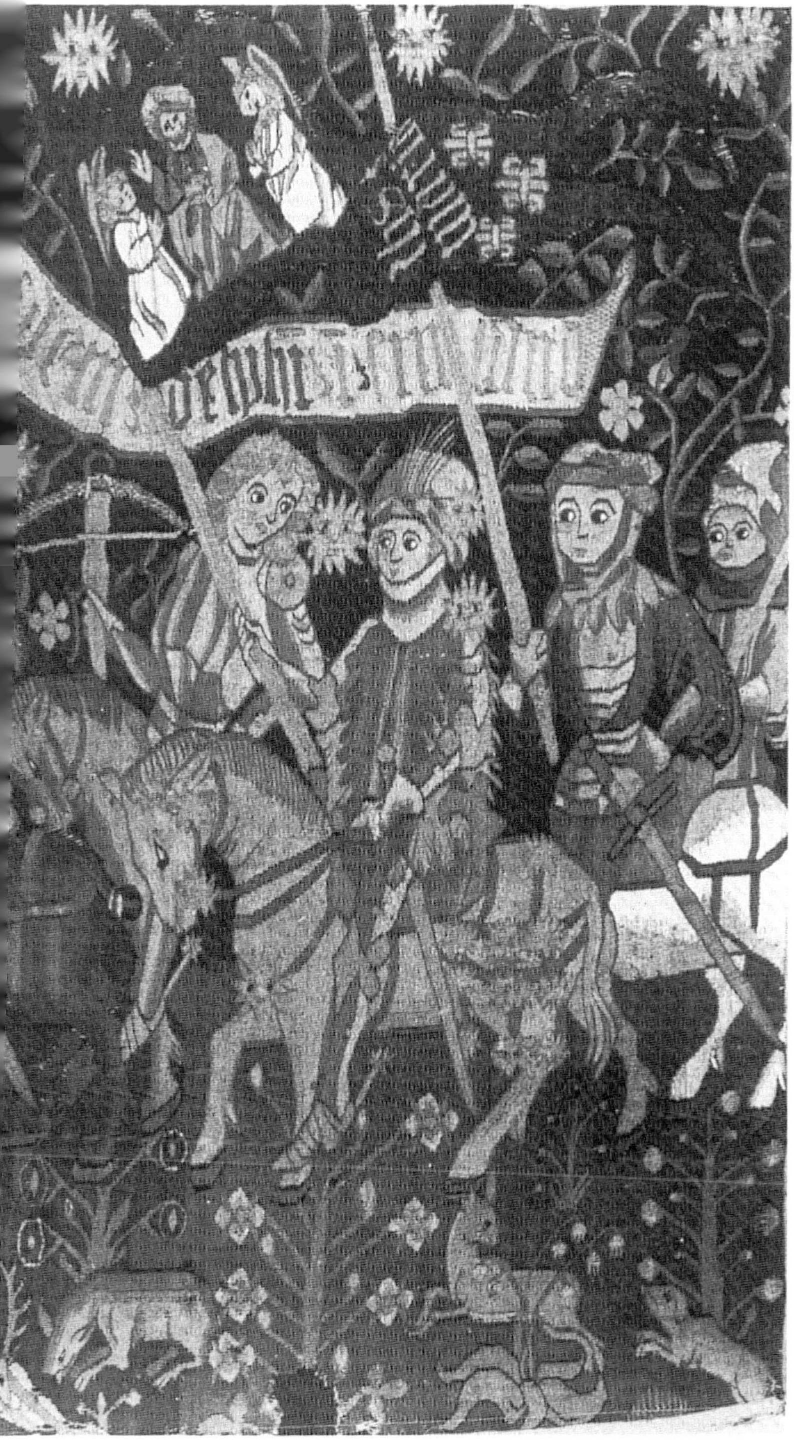

Galée de Jacques Cœur, bas relief à l'Hôtel de Bourges - *(Jean Roubier)*.

Nef de Jacques Cœur, vitrail de l'Hôtel de Bourges.

Grand sceau de Charles VII
- *(Lauros-Giraudon)*.

Signature de Jacques Cœur.

Gros de Jacques Cœur
- *(Studio Marlet)*.

Ecu de Jacques Cœur.

Cela fait tost s'en retournerent.
Et apres dunoys lieutenant.
Et ses compaignies arriuerent
Pour faire au roy le bien venant

Coment dunoys breze e largentier
Vindrent au deuant du roy
Ledit dunoys estoit monte
Sur vng cheual plaisant a lueil

Dunois, Brézé et Jacques Cœur lors de la reconquête de Rouen - *(Bibl. Nat.)*.

René d'Anjou, roi de Jérusalem et de Sicile, comte de Provence, dit : Le Bon roi René - *(Giraudon)*.

Portrait de Charles VII par Jean Fouquet - *(Lauros-Giraudon)*.

Portrait d'Agnès Sorel, XVᵉ siècle - *(Lauros-Giraudon)*.

Jacques Cœur en prière - Miniature de Jean Colombe dans le livre d'heures de Munich - *(Bayer - Munchen)*.

Jacques Cœur faisant amende honorable - Miniature de la Chronique de Monstrelet.

1440, c'est aussi l'année de l'exécution à Nantes d'un hallucinant personnage : Gilles de Rais, haut seigneur apparenté aux ducs de Bretagne, follement riche et maréchal de France. Gilles de Rais, l'ancien compagnon de Jeanne d'Arc, enthousiaste et intrépide, mais aussi auteur d'un impressionnant nombre de forfaits.

Ce jeune homme mince et élégant (il n'a que trente-six ans lors de son exécution) ne ressemblait guère au personnage qu'il a fait naître dans les contes populaires, l'énorme brute nommée Barbe-Bleue. Dès 1427 il prenait parti pour Charles VII et combattait loyalement pour son souverain. En 1429, il suivait la Pucelle d'Orléans et participait à ses campagnes et à ses victoires. Pourtant, un peu plus tard, en 1435, sans invoquer de raison particulière, il quittait les armées et la cour pour se retirer sur ses terres. Désormais il vivrait dans ses châteaux, principalement dans celui de Tiffauges.

Esprit bizarre, sans doute malade, il s'entoura de sorciers et se lança dans l'exercice de la magie noire. L'alchimie aussi le passionnait, mais, hélas !, d'affreuses perversions l'entraînèrent. Il sacrifia des centaines d'enfants qu'il faisait enlever et sur lesquels il assouvissait ses désirs sadiques et sataniques.

Faut-il voir dans sa terrifiante démarche, comme l'affirme Georges Bataille, une manifestation du désespoir de la grande noblesse féodale, vaincue et dépassée, mais non encore totalement dépossédée d'un pouvoir presque illimité ?

5.

1441-1442

Avril 1441. En ce début de printemps échoit à Jacques Cœur une récompense à coup sûr attendue et fort désirée : Charles VII l'anoblit pour ses mérites et ses services — « ... tant en sa charge d'Argentier qu'autrement... », telle est la formule utilisée —, ainsi que sa femme et ses enfants.

Le voici désormais de plain-pied avec ceux de la cour et ceux du conseil (bien qu'un peu de mépris continuât toujours de se manifester, chez les seigneurs d'anciennes filiations, vis-à-vis des nobles de fraîche date), mais la promotion est suffisamment importante pour qu'elle ne soit point dédaignée ou sous-estimée, de la part surtout de celui qui la reçoit, et qui l'espérait.

Cette promulgation ne pouvait d'ailleurs surprendre personne. La richesse d'un tel homme, l'exercice toujours plus fréquent de fonctions officielles, la qualité, la réitération, l'intimité même de ses entretiens avec le souverain lui avaient depuis des années conféré une sorte de statut social spécial, une position à part, et en avaient déjà fait un personnage de première importance, à travers le royaume tout entier.

Même lorsqu'on est suffisamment intelligent et lucide pour juger, à leurs justes valeurs, les hochets auxquels s'attachent passionnément l'immense majorité des hommes, on peut se laisser aller pourtant au plaisir de recevoir des marques publiques, et ostensibles, de l'officielle reconnaissance de vos exceptionnelles qualités. Qu'elle qu'ait été son opinion sur la gentilhommerie et sur ceux qui s'en targuaient, nul doute que Jacques Cœur et les siens ne se soient pleinement réjouis d'une telle mesure.

D'autant qu'à cette époque l'appartenance à la noblesse entraînait le bénéfice d'un nombre appréciable d'avantages réels, concrets, éminemment enviables : que ce soit au niveau de l'impôt, des ouvertures potentielles ou du simple statut social.

Plus que les armes qu'il se choisit, avec l'assentiment et l'aide des héraldistes — sur champ d'azur, trois cœurs symbolisant son patronyme, et trois coquilles Saint-Jacques, pour rappeler son saint patron —, sa devise est clairement révélatrice et de son caractère profond et de ses espoirs, elle qui proclame : « A vaillans cuers riens impossible ».

Il est bon, ici, d'avoir présentes à la mémoire les caractéristiques de la société hyper-hiérarchisée de l'époque pour comprendre, pour sentir l'orgueil fou et l'ambition démesurée contenus dans une telle phrase. On ne peut alors s'empêcher de la rapprocher du célèbre : « *Quo non ascendam* » de Fouquet, dont prit ombrage Louis XIV. D'autant que la formule de Jacques Cœur paraît plus directe encore en raison du jeu de mot sur son propre patronyme, cette personnalisation qui s'oppose à l'anonymat de la formulation de Fouquet.

Preuves que Jacques Cœur ne prit point à la légère son anoblissement : son attitude vis-à-vis des vêtements et des façons de se vêtir qu'il adopta dès lors. La description de ses ajustements, de ses habits nous a été fournie par les dépositions des serviteurs interrogés lorsqu'il fut question de déterminer s'il appartenait ou non à la cléricature.

L'Argentier du roi ne se vêtait nullement comme les gens

de sa première condition, gens de robe et bourgeois, mais à l'instar des seigneurs, des orgueilleux gentilshommes de la cour. C'est-à-dire qu'il portait des chausses de couleurs vives et gaies, plus généralement rouges ou vertes ; des poulaines, longuement étirées en pointe, et des pourpoints plissés sur la poitrine, rembourrés aux emmanchures, avec l'attache froncée des manches sur l'extrémité de l'épaule, les manches elles-mêmes étant ouvertes au-dessus du coude.

A son cou pendait, en général, jusqu'à hauteur de l'estomac, un large et épais collier d'or. Quant à sa coiffure, elle consistait en une sorte de strict bonnet de velours noir qui enveloppait de la nuque au front, bordé de fourrure et doublé de cramoisi.

Bien entendu il suivait la mode, qui voulait alors qu'on se fît couper les cheveux en couronne, de manière assez simple, au rasoir, pour dégarnir très amplement les tempes et les oreilles.

A l'occasion des jours de fêtes ou des cérémonies, comme tous les personnages de hautes fonctions ou de lignage royal ou princier, il revêtait la robe longue, coupée dans de riches et coûteux tissus, et se coiffait d'un vaste chapeau chargé de vair et de menu vair.

Lors de l'entrée solennelle de Charles à Rouen, le 10 novembre 1449, Dunois, le guerrier, Brézé, le ministre, et Jacques Cœur, le financier, se tenaient côte à côte derrière le roi, équipés et vêtus pareillement. Montés sur des destriers caparaçonnés de velours vermeil, ils portaient une jaquette de velours également vermeil, doublée de martres-zibelines, et leurs armes s'ornaient de joyaux, étincelant aux moindres rayons.

C'est Martial d'Auvergne qui, dans ses *Vigiles de Charles VII,* parle ainsi de la royale et triomphale procession :

Après li le suyvoit de court,
Brézé, Jacques Cueur l'argentier
Avec le sire de Gaucourt,
Tenant les rencs de leur quartier.
Ces trois estoient vestus de mesmes
De jacquettes et paravant,
Comme Dunois et en tout esmes,
Sans différence aucunement...

Ainsi donc la mutation va devenir complète. Cet anoblissement l'aidera à franchir une frontière, tant physique que morale. Le rejeton du petit pelletier saupourçinois, émigré à Bourges, et de la veuve d'un modeste boucher des faubourgs, vivra à la manière de ces seigneurs présomptueux et impertinents qui l'humiliaient dans son adolescence.

Mais l'année 1441 devait lui réserver d'autres joies et prendre une importance particulière aux yeux du récent anobli. Peu après son ascension sociale, Charles VII se décidait à le nommer Commissaire royal auprès des États du Languedoc qui siégeaient à Toulouse.

Cette mission, considérable en soi, prenait une valeur particulière pour l'Argentier, tant par les affaires qu'il dirigeait et montait que par les relations qu'il entretenait dans cette province avec ses bourgeois. Son rôle officiel prenait un sens ambigu qui, en fait, décuplait ses pouvoirs et sa marge de manœuvre. Si on y ajoutait l'excellence et le degré d'intimité de ses rapports avec le roi, il est clair qu'il apparaîtrait aux yeux des délégués régionaux, siégeant aux assemblées et commissions, comme l'intercesseur privilégié et tout-puissant. Ainsi, au sein de la commission envoyée chaque année par le roi auprès des États du Languedoc, pour discuter du montant et de la répartition des impôts, sa voix deviendrait-elle prépondérante.

Le rôle des Commissaires royaux auprès des États était de

notifier, d'abord aux membres élus, le montant global de l'impôt fixé par le roi et son conseil, puis d'attendre leur réponse. Bien entendu la somme réclamée, gonflée à dessein, se voyait contestée. A la proposition royale s'opposait bientôt la contreproposition, très inférieure, des délégués de la province. Les commissaires, alors, à l'issue de longs débats entrecoupés de colloques entre conciliateurs, décidaient et fixaient définitivement et la somme à percevoir par le roi, et la participation de chacune des villes et des municipalités des différentes sénéchaussées.

Les États du Languedoc — sénéchaussées de Toulouse, de Carcassonne et de Beaucaire — bénéficiaient sur le plan fiscal d'une autonomie particulière. Durant des années, les plus délicates du règne de Charles VII, le Languedoc avait fait preuve d'une intangible fidélité, s'était montré la seule vraie province, en dehors du réduit berrichon et des provinces de la Loire, attachées au parti français.

Depuis 1428, l'année noire par excellence, depuis l'assemblée de Chinon, le roi avait accordé des lettres de sauvegarde qui établissaient que la région ne pouvait être contrainte à aucune aide ou taille en dehors de l'accord des trois États.

Par leurs statuts le clergé et la noblesse échappaient très largement à l'impôt; celui qui discutait le plus âprement l'imposition globale ou régionale, c'était le Tiers État. Les bourgeois, par conséquent.

Les marchandages duraient parfois des semaines. Tour à tour s'opposaient les doléances des uns — tout entrait en ligne de compte: la pauvreté de la région, la mauvaise récolte, la guerre, un marasme endémique — et, des autres, les appels au dévouement pour la sauvegarde du royaume — le coût des hommes d'armes et les mille et une dépenses indispensables au bien de la France. Aucune des parties n'avait, hélas, besoin de mentir. Enfin, les commissaires accordaient une « remise » sur le chiffre d'abord réclamé. Plus ou moins satisfaits, les états pouvaient procéder à la répartition de l'impôt diocèse par diocèse. Une fois encore, même arrivé à ce niveau, Jacques Cœur décidait. Ainsi, en 1444, l'imposition globale du Languedoc proposée par les représentants du roi s'élevait à 200 000 livres, mais les commissaires finirent par accepter de transiger à 160 000 livres.

Jusqu'au bout l'Argentier apparaîtra aux Languedociens comme un maître tout-puissant. D'autant que, soucieux de maintenir sa prépotence et ses possibilités de contrôle, il avait pris la précaution de faire nommer en bonnes places des amis totalement dévoués. Ainsi en fut-il d'Étienne de Cambrai, qui, grâce à son appui, obtint d'abord l'évêché d'Agde, et qu'il fit ensuite nommer au poste de Contrôleur général des finances du Languedoc.

Sachant qu'il représentait l'ultime recours dans leur région, non seulement les délégués des états ménageaient l'Argentier, mais encore ils lui allouaient des sommes non négligeables en récompense de ses interventions.

Bien que défrayés et rémunérés par le roi, l'usage voulait que les commissaires reçussent des dons en numéraire, qu'ils se répartissaient à leur guise. Si Jacques Cœur se contentait, sur ces sommes, d'une part modeste — ainsi, en 1448 il ne devait accepter que 573 livres sur les 7 000 globalement allouées aux sept commissaires — c'est que par ce biais il se conciliait ses collègues, s'assurant de leur reconnaissance et éventuellement de leur appui, ou... complicité. Et puis n'était-il pas certain, par ailleurs, de pouvoir compenser ces insignifiants manques à gagner ?

On n'en finirait pas d'énumérer les sommes qui lui étaient baillées à des titres divers, ou qu'il s'octroyait de son propre chef. Par exemple, sur 6 000 écus d'or accordés au roi, il n'hésitait pas au passage à en prélever la moitié. Parfois même, à l'occasion de votes publics, les États du Languedoc lui octroyaient directement certaines sommes. Ainsi, 2 500 livres pour une intervention auprès du roi à propos des aides, puis 4 000 livres (en 1449), avec cette précision : « ... pour les despences par lui faictes pour entretenir le fait de la marchandise par le moyen de galées, navires et autres fustes » ; ensuite 5 000 livre des capitouls de Toulouse qui « demandaient japieça au roi certaine porcion et aussi certaine franchise et congié de lever certains droiz sur eulx ». De 1440 à 1445, une pension annuelle de 250 écus lui fut assurée par la municipalité de Montpellier, à condition de témoigner son intérêt aux affaires de la cité...

Cette nomination au poste de Commissaire royal auprès des États du Languedoc va peser très lourd dans la carrière de Jacques Cœur, car c'est à partir de cette fonction qu'il entre de plain-pied dans les affaires du royaume, et qu'il s'en mêlera toujours plus. Mais comme il l'exerce sans pour autant cesser de diriger son trust, peu à peu attributions publiques et charges privées se mélangeront de façon quasi inextricable, et sans qu'on sache toujours démêler les motivations immédiates des unes et les prévisions des autres.

D'ailleurs, bien malin qui saurait s'en dépêtrer puisque le rôle de Jacques Cœur comportait encore une troisième facette : après avoir fait voter par les États l'impôt annuel, en tant que Commissaire royal, il se transformait dans la seconde en banquier de fait : fréquemment il avançait tout ou partie de l'impôt réclamé, moyennant, bien entendu, un certain intérêt. Et il se remboursait du tout, principal et agios, sur les rentrées de fonds.

Un an plus tard, en 1442, Jacques Cœur se voyait chargé de la même mission auprès des États de l'Auvergne. Aucun problème d'aucune sorte, car cette fois il allait devoir faire adopter les impôts dans une province avec laquelle il n'entretenait aucune relation d'affaire, et qui, en outre, ne disposait que de maigres ressources. Plus question ici de sommes oscillant entre 120 000 et 200 000 livres. La contribution aux finances royales varierait, selon les années, entre 12 000 et 33 000 livres. Pour en discuter, Jacques Cœur devrait s'astreindre à plusieurs voyages dans les villes de Riom, Montferrand et Clermont. Les profits royaux ne se retrouvèrent sans doute pas à un niveau digne des efforts déployés, car le roi ne le chargea jamais plus de cette mission.

Cette année 1442 ne dut pas être de tout repos pour l'Argentier, car nous savons qu'il fit une nouvelle fois le voyage du Languedoc en compagnie du roi. Certes, une telle promiscuité présentait de sérieux avantages, mais elle pouvait se révéler lourde à supporter pour un esprit indépendant. Bien sûr on a toujours quelque réclamation, quelque suggestion en réserve, mais de telles périodes nécessitaient un contrôle rigoureux de soi et une mobilisation constante de ses facultés. Est-ce durant les interminables journées de selle qu'il obtint l'appui du roi pour la nomination de son frère cadet, Nicolas Cœur, au siège d'évêque de Luçon ? Probablement, puisque avant la fin de cette même année Nicolas recevait la crosse et la mitre et se vêtait de violet.

Mais un événement de portée internationale allait fournir à Jacques Cœur l'occasion de faire preuve de qualités exceptionnelles en tant que négociateur. Dans le même temps seraient établies, de la façon la plus percutante qui soit, l'excellence de sa réputation en Égypte et son influence sur l'esprit du Soudan.

Les relations, en ces temps d'intolérance et d'intransigeance, entre musulmans et chrétiens (le souvenir des Croisades demeurait vif), étaient souvent tendues et toujours susceptibles de se détériorer au moindre incident. Or, en 1442, divers malentendus sans gravité réelle, mais probablement faciles à envenimer, avaient opposé des équipages vénitiens aux marins et fonctionnaires du Soudan, qui se nommait alors : Abou-Said-Djamac-el-Daher. Furieux, celui-ci décidait d'interdire désormais l'entrée de ses ports à tout navire ou individu d'origine vénitienne.

Plus grave encore, en ce que cette mesure coupait les derniers ponts, les ressortissants de la Sérénissime République, installés depuis des décennies en pays arabes, se voyaient traqués, chassés, et leurs biens saisis sans indemnités.

De tous les concurrents que l'Argentier devait affronter au Levant, Venise se révélait la plus efficace, la plus entreprenante, la plus orgueilleusement impitoyable. Jamais aucune faveur ni aucun cadeau ne pouvait être attendu de la reine de l'Adriatique, dont la puissance et la vie dépendaient en totalité de son négoce avec l'Orient. La politique des doges et de leurs conseils faisait passer les intérêts commerciaux avant toute autre considération. Et ce fut cependant en faveur de l'arrogante cité que Jacques Cœur décida d'intervenir.

Dix années s'étaient écoulées depuis le voyage initiatique. Dix ans durant lesquels Jacques Cœur avait affrété par dizaines, saison après saison, galées, caraques, grandes tarides et naves, la fréquence des voyages conditionnant son influence et ses profits.

Ses représentants habitaient eux aussi l'Égypte et la Palestine, le Liban et la Syrie, occupés à longueur de temps à traiter — vendre, acheter, troquer — avec les marchands autochtones, ou avec ces négociants de toutes races arrivant avec leurs interminables caravanes de chameaux ou de dromadaires, hirsutes et épuisés, des lointains horizons. Comme par miracle, ils surgissaient d'au-delà des déserts, du fin fond de l'Asie ou de l'Afrique, à moins que ce ne fût, ayant franchi les monts du Caucase, des contrées septentrionales de l'Europe.

Selon les consignes de leur patron, les facteurs ainsi que

leurs commis veillaient à garder une attitude scrupuleusement déférente devant les manifestations religieuses, les coutumes et les mœurs de leurs interlocuteurs. Aucune idée de prosélytisme chrétien ne les devait effleurer. Bien au contraire, au cours des conversations, amicales ou commerciales, il leur fallait tenter de rechercher ce qui pouvait les rapprocher d'hommes croyant comme eux en un Dieu unique. Pour ces vassaux du négoce, les affaires, tel l'idéal du religieux, demeuraient le but suprême.

En contrepartie de cette tolérance, les musulmans, à quelque degré de la hiérarchie sociale qu'ils se trouvassent, respectaient leurs interlocuteurs et accordaient crédit aux paroles, aux promesses, aux affirmations des Français.

Nous ne sommes pas renseignés sur la nature précise des incidents qui opposèrent Venise et ses ressortissants au Soudan. Pourtant, dans le but d'éviter les frictions entre les différentes communautés, nous savons qu'une réglementation assez stricte régissait la venue des navigateurs. Ainsi, à Alexandrie, les bateaux occidentaux ne pouvaient aborder que dans la partie orientale du port, au-delà de l'ancienne île de Pharos transformée en pointe avancée par une jetée qui la reliait au continent. Là s'élevaient les restes de l'ancien phare d'Alexandrie, considéré comme une des sept merveilles du monde de l'Antiquité.

Dès que l'amarrage du bateau était achevé, son capitaine devait faire démonter vergues et gouvernail. Les gardes du port s'en saisissaient et allaient les enfermer dans un bâtiment spécial. Ils ne les restituaient qu'au moment du départ, peu avant l'appareillage, après que l'ensemble des formalités commerciales et fiscales eut été accompli.

Une fois à quai, le marchand fraîchement débarqué devait acquitter les frais de douane. La taxe à payer représentait sensiblement 10 % ad valorem. Les marchandises pouvaient être, s'il le désirait, vendues aux enchères publiques ou par démarchage, à moins qu'elles ne fussent déjà promises à des commerçants par contrats préétablis.

En Égypte, le gouvernement s'était adjugé le monopole du commerce de certains produits. Là, il fallait passer par les fonctionnaires désignés.

Durant l'escale et pour leur vie quotidienne, les étrangers chrétiens en terre arabe vivaient répartis selon leur nation d'origine (Génois, Vénitiens, Majorquins, Florentins, Provençaux, etc.) à l'intérieur d'enclaves et de réduits parfaitement délimités, véritables concessions. Et ces différentes colonies se retrouvaient toutes groupées dans une zone urbaine unique, dans un seul et vaste faubourg facile à surveiller.

Ces ensembles d'habitations portaient le nom de *« fondouk »*. Ils jouissaient du privilège d'exterritorialité et bénéficiaient d'un consulat. On y trouvait souvent aussi un notaire pour la rédaction des contrats, publics et privés ; un prêtre, qui desservait une petite chapelle sommairement installée dans une simple salle ; des tavernes, pour s'y divertir et s'y restaurer. Bien entendu, celles-ci se voyaient abondamment approvisionnées en vins de toutes provenances du pourtour méditerranéen.

Ces tavernes suscitaient plus souvent qu'à leur tour les récriminations et les protestations des autorités religieuses islamiques, qui voyaient en elles des facteurs de désordre. Par quels moyens empêcher avec efficacité des musulmans de s'y faufiler, en compagnie de compères, d'acolytes chrétiens, pour y consommer, sans respect ni retenue, ce que la loi du Prophète rigoureusement prohibe ?

Certaines soirées, calmement ou joyeusement commencées, se terminaient parfois assez mal. Car si ribotes et saouleries peuvent sceller une amitié fraîchement éclose ou raviver les souvenirs, l'échauffement des esprits par l'alcool conduit avec une même facilité aux rixes, aux batailles rangées, voire au meurtre.

Jacques Cœur, à la nouvelle de la rupture des relations entre Venise et le Soudan, s'activa. Il dut rencontrer les autorités vénitiennes à un échelon élevé, probablement même fit-il un voyage jusqu'aux rives de l'Adriatique, car il fut bientôt en mesure de donner des instructions précises et circonstanciées à ses gens du fondouk français d'Alexandrie. Il dut arranger à sa manière la version vénitienne des faits à propos de la naissance du conflit, afin de pouvoir faire argumenter ses délégués. Quoi qu'il en soit, nous savons que les Français furent clairs et convaincants, puisque la thèse présentée et défendue par Jacques Cœur se vit acceptée et que, fort peu après, le Soudan consentit à annuler ses ordres précédents et permit aux Vénitiens de reprendre leurs activités commerciales.

L'attitude de l'heureux négociateur peut paraître, en semblable occurrence, particulièrement élégante. S'entremettre pour sauver les intérêts d'un concurrent malheureux ! Quel panache ! En réalité, Jacques Cœur dut trouver dans ce conflit l'occasion rêvée pour obtenir un certain nombre d'avantages délicats, à négocier, sans autre contrepartie selon toute vraisemblance. La paix constituait son apport. Comment Venise, en dépit de sa coutumière ingratitude égoïste, aurait-elle pu refuser de manifester sa reconnaissance à son sauveur ?

Il suffit de réfléchir pour ne pas se laisser abuser par la beauté du geste. Premièrement : notre Argentier prévoyait d'avance que sa démarche, couronnée de succès, allait lui valoir un prestige cent fois accru auprès des autres puissances maritimes qui fréquentaient Alexandrie (ne viendrait-il pas de faire la preuve de son influence auprès d'Abou-Said-Djamac-el-Daher ?). Deuxièmement : aux yeux de ce même Abou-Said-Djamac-el-Daher, n'apparaîtrait-il pas fatalement comme un homme sage, pondéré et juste, ainsi que le porte-parole, presque le chef, des négociants chrétiens. Troisièmement : comme un accord vaut mieux qu'un procès, comme une paix même bancale vaut mieux qu'un bon conflit, le Soudan et Venise ne regretteraient jamais leur réconciliation, car ils en tireraient, grâce à la reprise de leurs échanges, des avantages solides et sans cesse renouvelés. Il est donc hautement probable que Jacques Cœur sut obtenir, en compensation de son heureuse intercession, des privilèges directs et précis.

La puissance de Venise se manifestait relativement peu en Méditerranée occidentale, devenue, depuis des décennies, le domaine presque réservé de Gênes et des Majorquins-Aragonnais. Obtenir l'appui général de la Sérénissime en lui offrant des bases sur le littoral français représentait déjà une amélioration de la situation languedocienne. D'autant que les Vénitiens entretenaient depuis quelques années des relations amicales avec les Provençaux. De temps à autre, ils se risquaient à envoyer des convois de lourdes caraques jusqu'à Marseille et son vieux port, ou jusqu'à Bouc, dit aussi Port-de-Bouc, situé après Martigues, aux confins du canal servant de débouché à l'étang de Berre, et, vers l'ouest, à l'extrémité sud du canal qui relie Arles à la Méditerranée.

Les capitaines des naves vénitiennes s'acharnaient à conquérir les grâces du « Bon Roi René », dont le règne, commencé en 1434, devait s'étendre jusqu'en 1480. Afin de le séduire, tandis que les équipes de débardeurs s'affairaient aux déchargements, timballiers et trompettes des naves faisaient le voyage d'Aix, rien que pour lui offrir quelques aubades sous les fenêtres de son palais.

Ravi et toujours munificent, René remerciait les musiciens par des pluies de monnaie. A la suite de ces amabilités réciproques, des banquiers et des négociants vénitiens s'installaient en Provence, particulièrement à Marseille, où ils ne tardaient guère à se faire recevoir bourgeois de la ville afin de profiter des multiples avantages attachés à cette reconnaissance devenue prérogative.

Or, Jacques Cœur tenait à l'amitié des Provençaux, bien qu'il en affermât la marque (ce qui lui permettait de modérer les coups que les Languedociens pouvaient porter à leurs plus proches voisins). D'une part, parce qu'il avait des visées sur le port de Marseille et ses facilités d'ancrage, d'autre part, parce que, soucieux de ménager ses arrières, il pensait pouvoir avoir un jour besoin de l'actif soutien du « Bon Roi René ». L'opération Venise-Soudan s'inscrivait donc dans un vaste plan d'ensemble. Cependant, l'Argentier n'était pas homme à se contenter d'espoirs. Il dut savoir rentabiliser son action sans excessive attente par des accords précis. Peut-être Venise le rémunéra-t-elle directement (en attendant mieux), soit qu'elle lui ait livré des marchandises en un lieu déterminé, soit qu'elle lui ait offert des participations dans quelques opérations ponctuelles.

Qu'importe ! En fin de compte, il reste que l'intervention de Jacques Cœur venait d'éviter la mort à un certain nombre de ses contemporains, Italiens et Égyptiens, et qu'il avait démontré avec éclat que la discussion et la négociation peuvent triompher des hostilités et des colères aveugles. Au lieu des destructions, que le moindre conflit entraîne, son intervention provoquait un renouvellement des échanges, et, par conséquence directe, un commun enrichissement.

Longtemps la navigation méditerranéenne avait été l'unique souci de l'Argentier. Puis, les échanges avec les régions du Nord de la France, avec les cités des possessions bourguignonnes et même avec celles de l'Allemagne s'accroissant dans les deux sens (achats et ventes), Jacques Cœur découvrait une nouvelle fois l'intérêt du transport maritime, qui évite les mille traverses des chemins terrestres.

Dès lors, certains de ses bateaux modifièrent leurs itinéraires. Ils augmentèrent très considérablement le nombre de leurs escales. Contournant l'Espagne et le Portugal, bientôt ils firent relâche dans un ou plusieurs ports d'une nouvelle liste : La Rochelle, Saint-Malo, Harfleur, Bruges, et ils poussaient parfois jusqu'à l'Écluse en Zélande.

Durant la grande trêve de Tours (1444-1449) Londres devait également recevoir leur visite.

6.

1443

Les nombreuses et complexes remises en état des installations portuaires de Lattès-Montpellier-Mireval et d'Aigues-Mortes achevées, l'affrètement des navires et leur armement n'avaient tout d'abord guère posé de problèmes. Tout semblait concourir au développement harmonieux du commerce maritime français.

Pourtant, peu à peu, au fil des mois et des années, une difficulté fort grave se manifesta : l'accroissement continuel du nombre des voyages vers l'Orient, l'augmentation permanente de la quantité de bateaux en service démontraient, hélas !, la pauvreté du pays en équipages. Les marins manquaient, et en particulier les mariniers-avironneurs. Bientôt, cette pénurie s'aggravant encore, la probabilité d'une paralysie complète des vaisseaux devint quasi-certitude.

Selon leur taille, naves et galées exigeaient de 80 à 300 hommes, dont les quatre cinquièmes n'avaient d'autre occupation que la plus pénible, celle de souquer. Ce travail fort rude, exténuant parfois lorsque les vents s'obstinaient à demeurer contraires, commençait de rebuter, même si les paies grimpaient loin au-dessus des salaires de ceux qui demeuraient à terre, et plus d'un hésitait à s'embarquer. D'autant qu'à la fatigue venaient s'ajouter les risques de mort ou de capture.

Durant tout le moyen-âge, tant en pays chrétiens que musulmans, les équipages n'avaient été formés que d'hommes libres et de volontaires. Les marins s'enrôlaient à leur seule convenance, sans subir d'autres pressions que celles des traditionnelles promesses, les appâts cousus de fil blanc des racoleurs professionnels.

Les formalités se résumaient au strict minimum. Pour se voir engagé, il suffisait de fournir nom, prénom, lieu de naissance, âge (souvent approximatif) et domicile. Celui-ci étant le plus souvent l'adresse de la dernière cambuse, du dernier boui-boui occupé entre deux ribotes, dans les jours précédant le départ.

Le nouvel enrôlé percevait aussitôt un acompte — en général le tiers de la paie convenue. Car les voyages se traitaient à forfait. Trois, quatre, six mois, voire au maximum un an, représentaient les durées habituelles pour ces visites de ports ou ces successions d'escales, toutes ou presque situées sur le littoral de la Méditerranée. Pourtant, certains voyages de retour prévoyaient parfois, comme nous venons de le voir, le passage en Atlantique et la remontée le long des côtes, à partir du Portugal, en direction de La Rochelle, de Saint-Malo, de Harfleur, de Bruge et de l'Écluse.

Les marins se recrutaient dans toutes les classes de la société. Mais, évidemment, la majorité se composait d'aventuriers, de gaillards possédés par le goût du risque et de la bougeotte, de fortes têtes se croyant libres en refusant les liens traditionnels de la société, et, paradoxalement, acceptant pour les fuir la rigueur implacable du service en mer. Ils subissaient alors règles et contraintes pour le prix de quelques nuits de débauche ou quelques jours de libre errance.

Cependant, on y rencontrait aussi des hommes qui avaient choisi d'exercer cette dure profession le temps seulement d'amasser et d'économiser, au prix de privations, un pécule suffisant qui leur permettrait d'organiser un nouveau départ dans la vie. Parfois, des fils de familles bourgeoises connues, ruinés par des pertes de navires, s'y risquaient autant avec l'intention de se former moralement, physiquement et commercialement, que de gagner assez vite la mise de fonds indispensable à leur réinsertion sociale.

Dès qu'un bateau avait été affrété, le négociant capitaine ou son mandataire s'employait à rassembler un équipage. Pour ce faire, il organisait une criée publique à travers le quartier du port, ses annexes et ses prolongements. C'était un véritable cortège de fête qui se formait, s'agençait, puis déferlait de rues en places, généralement un dimanche ou un jour chômé, dans un assourdissant tintamarre d'instruments et de cris. Car, pour mieux attirer le badaud et se faire entendre jusqu'au fond des tavernes, installées dans des caves, des celliers pourvus de recoins, trompettes et timbaliers marchaient en tête.

Entre deux airs, deux entraînantes chansons, le crieur s'époumonait, faisant savoir et l'enrôlement et les avantages multiples dont l'équipage allait bénéficier. La nomenclature ne négligeait rien : salaires, nourriture, nombre de jours de relâche durant les escales dans les fondouks, poids et volume des bagages que chaque marin serait autorisé à rapporter (sujets donc à bénéfices, augmentant la solde en numéraire), merveilles et richesses des pays destinataires... Pour conclure, l'aboyeur indiquait le lieu où se trouvait installé le bureau d'enrôlement, et il invitait, de la plus pressante façon, ses auditeurs intéressés à se hâter d'y filer, car, à coup sûr, il n'y aurait de la place que pour les plus dégourdis, les plus futés.

Souvent, la veille de la criée, la municipalité amnistiait, au nom du souverain, les coupables de délit mineurs, avec l'espoir d'aider les négociants et les armateurs — qui siégeaient d'ailleurs en son sein.

En différents ports et pays chrétiens, les deux premières décennies du XVᵉ siècle écoulées, des difficultés avaient commencé d'apparaître pour l'embauche en nombre suffisant des « mariniers-avironneurs ». Et cette pénurie conduisait naturellement aux premiers enlèvements, pour des enrôlements de force. Bien entendu, les rapts ne se produisaient pas dans la ville même de l'affrètement, mais dans les villes voisines et les régions limitrophes.

Contre ces « prises » illégales, qui bientôt se multiplièrent, certaines autorités et certains souverains réagirent avec vigueur, tel le comte-roi d'Aragon et de Catalogne, Alphonse V le Magnanime, qui, par ordonnance, menaça de la peine de mort quiconque userait de telles méthodes à l'encontre de ses sujets.

Cependant, le manque de mariniers-avironneurs dans le Languedoc s'aggrava si rapidement que tout trafic courut le risque d'être complètement suspendu à brève échéance.

Plus de vaisseaux pour les échelles du Levant ? Mais alors, la source des formidables profits du commerce extérieur ainsi tarie, qu'allait-il advenir des comptoirs, comme des rêves et des projets ambitieux de Jacques Cœur ? Plus que jamais un afflux d'or s'avérait nécessaire. Sa compagnie, son emprise sur le roi et les grands personnages de la cour et de l'administration exigeaient de nouveaux investissements, de même que ses secrets desseins et ses prochaines entreprises.

Il ne se trouvait d'ailleurs pas seul en cause. Des négociants aux cantonniers des ports, des débardeurs aux ouvriers des entreprises du bâtiment, des ouvriers textiles aux travailleurs des tanneries, des transporteurs routiers et fluviaux aux charpentiers maritimes, en passant par une foule d'artisans travaillant grâce à l'exportation des productions françaises et l'importation des produits exotiques, tous souhaitaient que fût imaginé un remède, une solution, un expédient, même contestable, pour enrayer cette crise.

C'eût été méconnaître l'Argentier que de le croire capable de baisser les bras et de s'avouer platement vaincu. Jacques Cœur appréhenda certainement le manque de mariniers ou le refus de ceux-ci de se réembarquer comme une opposition à sa propre ambition, presque comme une attaque personnelle. Eh bien, on allait voir ! Soutenu qu'il se sentait par des milliers et des milliers de gens, on allait voir de quel bois il se chauffait !

Autant il savait, face aux puissants, se montrer souple, courtois, prévenant, insinuant, autant, avec ces gens sans « destin », il allait se montrer impitoyable. On peut penser qu'il rêva disposer du pouvoir de mater ces avironneurs, et qu'il aurait voulu les contraindre à rentrer dans le rang, à oublier leur libre arbitre, manifestation à ses yeux de sottise et de paresse.

Il est vraisemblable qu'il en parla avec ses confrères armateurs et négociants, car c'est avec leur appui et celui des municipalités des ports languedociens — soutiens au moins tacites — qu'il allait intervenir auprès de Charles VII.

Une argumentation sans failles s'imposait. Il s'agissait même plutôt, en cette occurrence, d'une démonstration rigoureuse et claire, afin de prouver au souverain les désastreuses conséquences de cette soudaine pénurie d'hommes de mer.

La ruine du florissant commerce avec les échelles du Levant allait affaiblir le royaume et étrangler la province du Languedoc. A travers le pays tout entier, l'industrie textile serait en perdition, de même que nombre d'autres activités. Les bénéfices dont la France serait privée tomberaient immanquablement dans les poches des négociants et importateurs étrangers, et, par le biais des taxes et impôts, des souverains profiteraient de notre démantèlement. Quant à la flotte de guerre, qui se composait presque uniquement de navires appartenant aux ressortissants du royaume, elle risquait de disparaître. Le roi acceptait-il de se retrouver à la tête d'un royaume appauvri et désarmé sur mer?

Charles VII fut mis ainsi au pied du mur et devant ses responsabilités. L'Argentier pouvait maintenant évoquer à loisir une autre plaie sociale. Les navigateurs étaient des gens turbulents et violents, la mer et les voyages les retenaient longtemps loin des cités. Depuis leur refus de s'engager comme mariniers, on assistait à un accroissement angoissant des troubles et des rixes dans les quartiers du port des grandes villes du littoral méditerranéen, et les bons bourgeois, soutiens du royaume et payeurs d'impôts, ne se sentaient plus en sécurité. Nombre de rues leur étaient interdites, parfois même en plein jour, tant abondaient « coquins, ruffiens, taverniers, et autres méchantes gens... ».

De même que la solidité du royaume, sa sécurité et celle de ses sujets devaient être le principal souci du souverain. En conséquence, n'importait-il pas d'intervenir au mieux et de faire sentir à tous sa justice? Par une décision sage et opportune, on pouvait d'une pierre faire deux coups. Il suffisait d'autoriser l'utilisation de ces « méchantes gens » en tant que mariniers-avironneurs. Tout le monde en tirerait avantage : le royaume, les bourgeois, et ces énergumènes eux-mêmes, puisqu'ils gagneraient leur vie dans l'effort, au lieu de perdre leur âme dans le stupre. Ainsi assureraient-ils leur rédemption.

Le 22 janvier 1443, Charles VII, convaincu, se décidait à suivre les conseils de son Argentier. Après avoir pris l'avis « d'aucuns nos principaux conseillers » il accordait le « privilège » d'enrôler par tous les moyens, y compris la force, et à condition de leur fournir une convenable rémunération — nous savons ce qu'il en fut —, les « personnes oyseuses, vagabondes et autres caïmans » qui troublaient l'ordre et la paix des cités du littoral.

Désormais, Jacques Cœur détenait l'arme absolue contre les pauvres hères, contre le libre arbitre des miséreux, des sans-logis, des errants, et des récalcitrants, contre tous ceux qui, pour quelque motif que ce fût, refusaient l'ordre social imposé. Sans le moindre trouble de conscience, il allait utiliser son instrument pour son plus grand profit.

Ainsi venait-il de fonder les bases de ce vieux bagne, de cette institution qui plus tard, et durant des siècles, porterait le nom infamant de « galères ».

Sinistre invention ! D'autant que les excès de zèle de certains — capitaines en mal d'embauche, sergents des ports point trop regardants, et même magistrats municipaux ou royaux soucieux de faire plaisir à des gens bien en place (Jacques Cœur, accusé d'avoir embarqué des innocents, se retranchera derrière les décisions du bailli de Montpellier, comme s'il ne les avait pas dictées par ses pressions) — entraîneront à de redoutables abus : ainsi, de simples voyageurs ou des pèlerins se retrouveront assujettis au régime draconien des rames !

Ailleurs qu'en France, où naissait donc et s'implantait « l'invention », le système allait également s'étendre. On l'adopterait peu après en Savoie et en Bourgogne.

Pour Jacques Cœur, ce mandement royal équivaudrait bientôt à un cadeau royal, puisqu'il est vraisemblable que la paie des galériens devint à partir de ce jour le fait des finances publiques, selon la logique suivante : au lieu de nourrir et d'abreuver les délinquants dans une prison, n'est-il pas juste de subvenir à leurs besoins à bord des navires ? Il ne restait qu'à indemniser les armateurs ou les affréteurs.

Toute nouvelle législation exige un certain délai de mise au point avant qu'elle puisse être appliquée. Ce ne fut qu'au mois de mai 1444 que la première galée, portant le nom double de *Notre-Dame-et-Saint-Jacques*, placée sous le commandement de Jean de Village, embarqua des enrôlés de force.

Au-delà de l'odieux des contraintes, au-delà également des souffrances imposées individuellement ou collectivement à chaque rameur, les conséquences de ce mandement allaient être graves. Nous avons vu que les terriens ne considéraient les marins qu'avec méfiance et mépris, à la façon de têtes brûlées infréquentables. Désormais la vie à bord en serait à jamais perturbée. L'équipage comporterait deux catégories de travailleurs : les marins, des hommes libres, et les rameurs, des condamnés de droit commun. Mais, à terre, comment les populations auraient-elles pu faire la différence entre les uns et les autres ? Tous les hommes descendant d'un navire les inquiétaient, et ils éprouveraient à l'avenir l'inévitable tentation de les confondre.

Désormais également, les équipages compteraient un certain nombre d'individus qui, se sentant rejetés, à l'écart de la société, presque bannis, et sûrement vilipendés, se déchaîneraient sans retenue au retour de voyages périlleux, n'ayant plus grand-chose à ménager ou à perdre.

En cette année 1443, débarquait sur le pavé de Toulouse un jeune Florentin répondant au nom d'Otto Castellani, qui, sans que nous sachions au juste pourquoi, avait choisi de faire fortune dans cette ville — si possible en un temps record.

Ambitieux à tout crin, séduisant et disert, il disposait d'un esprit aussi vif qu'entreprenant. Pour peu qu'on l'interrogeât sur son passé, le sieur Castellani évoquait fort complaisamment sa famille et se targuait de relations amicales et suivies avec la fabuleuse tribu des Médicis, ses compatriotes.

En dépit de telles affirmations, Otto n'en était pas moins

le prototype de l'aventurier prêt à tout pour « réussir », l'archétype de l'intrigant subtil et dépourvu de sens moral que rien ne peut rebuter lorsque son intérêt est en jeu. Aucun procédé, si contestable soit-il, aucune démarche, aucune recette ne lui sembla jamais hors de ses moyens.

Mais la gueuserie n'est pas la panacée, et les places sont chères, même pour les moins scrupuleux. Durant des années, Castellani allait travailler d'arrache-pied pour de médiocres résultats. Parallèlement à Jacques Cœur, qui œuvrait désormais dans les sphères de haut niveau, lui s'acharnerait à gravir un à un, péniblement, malaisément les échelons d'une fortune sans lustre, en commençant par exercer les métiers de changeur et de prêteur.

Son intelligence retorse et son acharnement devaient pourtant lui assurer quelques succès puisque au bout de sept à huit ans on le retrouvera petit magistrat municipal de Toulouse, puis officier du roi de second rang (trésorier pour la sénéchaussée de Toulouse des États du Languedoc). Et son ascension ne s'arrêtera pas là.

Probablement est-ce en tant que trésorier pour la sénéchaussée de Toulouse qu'il eut l'occasion d'approcher pour la première fois Jacques Cœur, lui-même Commissaire du Roi aux États du Languedoc, car sa clientèle comme changeur et banquier se recrutait davantage chez les moyens que chez les gros négociants, et sans doute ne traitait-il pas souvent avec les principaux armateurs de Montpellier, eux-mêmes devenus partenaires mineurs de l'Argentier.

Quoi qu'il en soit, Jacques Cœur ne pouvait se douter qu'en cette année 1443 s'installait en France celui qui, le moment venu, deviendrait son pire ennemi, le plus jaloux, le plus obstiné, le plus féroce et le plus roué. Paradoxe ! L'un des principaux personnages du royaume trébucherait en partie grâce aux menées et aux manigances d'un chétif individu acharné à s'emparer de sa place.

Si de nouveau, pour l'année 1443, Jacques Cœur s'était vu confirmé dans sa charge de Commissaire du Roi aux États du Languedoc — il allait l'être sans interruption jusqu'en 1451 — Charles VII le nommait également membre de la Commission royale de la draperie.

L'intention du roi, précisément sur les conseils de son Argentier, était de confier à des hommes compétents la rédaction d'un ensemble de mesures qui régiraient la fabrication des draps. Cesdites mesures devaient à la fois revitaliser cette industrie, tant à Bourges que dans le reste du royaume, et assurer une réelle conformité dans la qualité des produits.

La commission accomplit ponctuellement son devoir et établit des statuts qui, avec rigueur, prévoyaient des marques distinctes selon les différentes qualités de drap. Ceux de première catégorie portaient obligatoirement un petit sceau de plomb, et le tisserant brodait, avec du fil rouge, de proche en proche, à hauteur du liséré, un signe conventionnel. Il s'agissait là de tissus fabriqués en « laine-mère coupée ». Ceux de la seconde catégorie, appelés « gris-bâtard », recevaient une marque différente pour éviter toute confusion.

L'interdiction de tisser des draps de qualité inférieure (draps de redondailles) se voyait complétée par une ultime précaution : on pesait les coupes, afin d'établir qu'elles comportaient bien la quantité réglementaire de laine. Tout manquement aux prescriptions se voyait sévèrement puni d'amendes, dont un quart alimentait les caisses du roi.

Propriétaire d'une manufacture de drap à Bourges, Jacques Cœur se voyait intéressé au premier chef par une bonne réglementation qui assurerait une constance dans la production. Sans doute son inflexibilité concernant la qualité vint-elle du souci, vif chez lui, de ne jamais décevoir ses clients étrangers.

Une vie trépidante, faite d'incessants voyages, de rencontres disparates et innombrables, d'activités aux cent embranchements et débouchés divers, fait toujours naître chez un homme, tôt ou tard, aussi infatigable soit-il, l'idée du havre, d'un lieu entre tous privilégié où il souhaiterait à la fois goûter le repos et pouvoir traiter ses affaires dans un confort jusqu'ici ignoré. Cet incroyable coureur de grands chemins n'échappa pas à ce principe commun.

Cependant, une individualité telle que la sienne — y compris bien entendu l'idée qu'il se faisait de lui-même —, en ces siècles de mégalomanie galopante, pouvait-elle se contenter d'acheter quelque demeure, si luxueuse fût-elle? Il avait acquis naguère les bâtiments jouxtant l'ancienne abbaye Saint-Hippolyte, mais était-il possible qu'il acceptât désormais de mettre encore une fois ses pas dans ceux d'un prédécesseur?

Sa richesse, énorme, insolite, sa noblesse récente, immanquablement brocardée par les uns et les autres, son intimité avec le souverain et les grands du royaume (grands par la famille ou par le talent), ses expéditions en Orient où s'affichaient d'incroyables luxes, ses voyages en Italie, à Florence surtout, où il lui avait été donné d'admirer une prodigieuse et insurpassable explosion artistique, et où il avait vu des familles commerçantes, telle celle des Médicis, de même origine que lui, se faire construire de splendides palais, tout ceci se mêlant inextricablement à d'innombrables et secrètes pulsions devaient bien finir par le convaincre d'entreprendre une construction digne de sa personnalité, de ses ambitions comme de ses rêves.

Harcelé, surmené, coincé durant des années par mille et un desseins, il avait dû remettre à plus tard ce projet. Mais voici qu'en 1443 une occasion se présenta. Il se décida aussitôt, et, sans tergiverser, passa au stade de la réalisation.

C'était à Bourges, au cœur de sa ville natale, qu'on lui proposait un terrain sis sur l'enceinte gallo-romaine. Ainsi achetait-il le fief dit de « la Chaussée » pour la somme de 1 200 écus — il réalisait au passage une excellente affaire, car plusieurs arrière-fiefs dépendaient de la Chaussée : immeuble d'habitation, granges et moulins. Dans le même temps, il trouvait à acquérir un fort important lot de pierres de taille, récupérées à la suite de démolitions et provenant initialement d'un temple gallo-romain.

Sous les yeux admiratifs des Berruyers, l'hôtel de Jacques Cœur — du « Jacquet », comme certains le nommaient, mi-ironiques, mi-étonnés —, dont les mauvaises langues disaient, ricanantes, que le roi proposait tandis que lui pouvait, un vrai palais allait sortir des limbes.

7.

1444

Au fil des ans les grands seigneurs, membres du Conseil du roi, prenaient plus rarement la parole, assistaient de moins en moins aux séances, lassés, rebutés par leurs collègues bourgeois. Ah, ils n'avaient pas la partie belle, avec ces fils de négociants ou de juristes, rigoureux et assidus, compétents et précis, persévérants et zélés, qui accaparaient dossiers, tâches et problèmes en véritables boulimiques du travail ! Mais une autre catégorie d'affiliés de la coterie de 1433 ne se sentait désormais guère plus à l'aise : je veux parler des militaires.

Les conditions d'existence du royaume, au cours des quinze dernières années, avaient tellement changé ! Naguère les faits de guerre l'emportaient de loin sur tous les autres sujets, question élémentaire de survie. Maintenant, l'administration et les finances ainsi que la vie économique recommençaient de prédominer. Et même, à partir des années quarante, c'était au contraire la liquidation des soldats irréguliers ou sans emplois, devenus bandits de grands chemins, qui présentait les pires difficultés.

Si le conflit persistait, il n'avait heureusement plus le même impact. De vastes régions, des provinces entières étaient pacifiées et retrouvaient leurs rythmes de vie. Et donc les militaires de devoir céder le pas devant les gestionnaires, les ingénieurs et les commerçants, tous hommes des activités de paix.

Charles VII, la quarantaine passée, continuait de se bonifier. Son intelligence et son sens du devoir prévalaient désormais presque à tout coup sur son caprice. Après le règne des favoris frivoles, inspirant et suscitant le désordre, on en arrivait aux ministres qualifiés, devenant favoris.

Grâce à quelques hommes, dont Jacques Cœur et les frères Bureau, à partir de 1444, date d'apparition de la quatrième coterie, Conseil et personnages familiers vont totalement s'identifier. Le chef de file du nouveau groupe d'intimes n'était autre que l'élégant et subtil Pierre de Brézé, qu'appuyait toujours le parti angevin, même après que celui-ci eut subi un mauvais coup avec la disparition de celle qui l'avait constitué et dirigé : la sagace, la discrète et efficace reine Yolande d'Aragon, veuve de Louis d'Anjou, morte en 1442.

Derrière Brézé venaient donc Jacques Cœur et les frères artilleurs, Jean et Gaspard Bureau ; puis on trouvait Guillaume Cousinot, légiste, magistrat, et diplomate adroit, Étienne Chevalier, grand commis des finances, qui deviendrait secrétaire du roi et trésorier de France (Chevalier a laissé également le souvenir d'un esthète et d'un amoureux judicieux des arts), Jean Dauvet, procureur général du roi, chargé des missions réputées délicates, homme de rigueur et d'intégrité, au point d'apparaître inhumain, Jean Barillet, dit Jean de Xaincoins, du nom de son village natal, adopté pour son anoblissement (d'abord notaire et secrétaire, il sera nommé trésorier général avant de descendre aux enfers de la géhenne au cours d'un redoutable procès ; homme d'acier, ce dernier refera surface sous Louis XI), Guillaume Jouvenel (ou Juvénal) des Ursins, chancelier de France à partir de 1445, Jacques Jouvenel des Ursins, frère du précédent, président de la chambre des comptes et prélat comme son autre frère Jean. Tous les trois étaient les fils d'un avocat champenois, Jean Jouvenel, qui avait assumé la charge de prévôt des marchands à Paris en 1388 ; reniant et voulant à tout prix effacer leurs origines bourgeoises, les frères Jouvenel tentaient d'accréditer la légende de leur filiation avec une illustre famille italienne, Juvénal, dont les racines dataient de l'Empire romain.

Tous ces hommes avaient beau ne pas porter le titre de ministre, ensemble ils n'en formaient pas moins un authentique gouvernement, car ils en assumaient les charges et les responsabilités, le roi se déchargeant volontiers sur eux une fois leur compétence reconnue.

Cette quatrième révolution de palais se déroula sans à-coups et sans douleur. Et cependant, plus que les précédentes, elle marqua une rupture avec le passé. Décidément la page « féodalité » était tournée, et bien tournée. A l'idée du souverain élu, du roi premier noble-homme parmi les nobles hommes de son royaume, et désigné par leur choix à la fonction royale (l'onction par la Sainte Ampoule lui conférant ensuite sa condition sacrée d'intercesseur divin), se substituait le principe monarchique, avec ses connotations à la fois humaines et légistes : le roi, s'identifiant à l'État, justifiait toutes les fidélités puisqu'il agissait en tant que représentant de la totalité des habitants de son royaume.

Aucun souverain ne pouvait demander plus. Il va de soi que Charles VII, sensé et clairvoyant, comprit le parti qu'il pourrait tirer d'une telle conception de sa fonction, et qu'il entreprit de rechercher l'alliance bourgeoise pour lutter contre le clan des féodaux.

Des bourgeois au Conseil royal ? Voilà qui, depuis des générations, se voyait couramment, mais les proportions, elles, étaient nouvelles. Leur accaparement du pouvoir avait de quoi surprendre. D'autant qu'à cet étonnement il fallait ajouter trois éléments, tous trois aussi novateurs.

Premièrement : ces bourgeois ne se recrutaient plus seulement parmi les membres du Parlement, ils ne possédaient pas tous une (ou qu'une) formation de juristes. Ainsi, les Bureau ? Des ingénieurs ; Jacques Cœur ? Un négociant devenu armateur et banquier ; Jacques Jouvenel des Ursins ? Un prélat ; Étienne Chevalier ? Un fonctionnaire des finances.

Deuxièmement : comme nous l'avons vu déjà, ces bourgeois professaient des sentiments monarchistes convaincus. Le souverain, à leurs yeux, représentait et symbolisait à la fois le royaume et la masse des Français. Or, parmi ces Français, quels étaient ceux qui ne payaient pas l'impôt ? Les nobles. Qui donc fournissait l'essentiel des finances nationales ? Le Tiers état. Conséquence logique et juste, le roi devait en priorité s'appuyer sur l'élément vital et vivant du royaume, sur ces millions d'hommes et de femmes dont le solide travail, les efforts, les mille et une activités faisaient, et pouvaient faire plus encore, la prospérité, la grandeur et la puissance du royaume des Lys.

Troisièmement (et ce troisièmement découlait d'abord du deuxièmement, avant d'affirmer sa spécificité propre) : dans les sphères gouvernementales et dans l'esprit du roi même s'imposait l'idée de la primauté de l'économie sur la guerre — car la guerre, pour être menée avec des chances de succès, exigeait d'importantes ressources. Non seulement il fallait produire des richesses, des biens matériels (manufactures, ateliers, chantiers, etc.), mais aussi produire cette plus-value que les marchandises acquièrent en circulant. D'où découlait donc à leurs yeux l'importance neuve du négoce national et international, qui exige des transports terrestres, fluviaux ou maritimes. Aux temps féodaux la richesse était surtout obtenue par la possession de la terre, ensuite par les prises et les pillages, enfin par les rançons. Désormais, tandis que la propriété terrienne allait marquer le pas (tout en conservant un réel prestige au point de fasciner anoblis de fraîche date et enrichis récents), les deux dernières formes d'accaparement s'amoindriraient graduellement jusqu'à disparaître.

Mais il faut aussi insister sur le fait qu'un gouvernement de bourgeois ne pouvait tolérer les formes anciennes d'appréhension des affaires. L'organisation devait à jamais supplanter le bon-vouloir et ses incohérences, la fantaisie et ses illogismes. Les nouveaux venus se révélaient porteurs de la conception moderne de l'État, et ces ministres sans titres semblaient saisis de la rage de structurer et de réformer, de contrôler et de surveiller.

Finis (ou finissants) les actes relevant de l'impulsivité royale tels qu'aux siècles passés. Tout désormais serait soumis au crible des lois, des décrets, des ordonnances. Une administration, toujours plus cohérente et plus exigeante, allait remplacer les improvisations sans lendemains, afin de canaliser les forces et les énergies disséminées à travers le royaume.

Et Charles VII, au milieu de tant et tant de mutations radicales, me direz-vous ? Qu'advenait-il de lui ?

Ce n'est certes pas la moindre gloire de l'ex-petit roi de Bourges que d'avoir su, même si les étapes furent longues et parfois délicates, passer, par étapes certes, de la coterie de 1422 à celle de 1444. Car même s'il fut influencé et aidé dans sa démarche par des esprits perspicaces, il accepta personnellement d'évoluer dans le bon sens, celui de l'histoire des hommes, en respectant et en encourageant le processus du progrès.

Cependant, après la formation de sa quatrième coterie, on pouvait se demander comment le roi allait réagir, lorsqu'on savait que Charles VII détestait se retrouver face à ses responsabilités et à son angoisse d'être. Cette relative solitude ne lui deviendrait-elle pas très vite peur et torture ?

Comment se comporterait-il livré à lui-même ? Car son ministre préféré, sans contestation possible Pierre de Brézé, dont le chroniqueur flamand, Georges Chastelain, devait écrire : « La ou espée ne pouvoit donner vertu, sa langue vainquoit et amolloit les puissans », ne pouvait à la fois assumer ses tâches et demeurer disponible.

En fait, 1444 est infiniment plus qu'un changement de coterie, quelle que soit la valeur de ceux qui la composent. A la révolution de palais s'ajoute cette fois une véritable révolution dans les habitudes du roi. La présence permanente à ses côtés que Charles exigeait jusqu'ici de ses favoris, il l'exigera dorénavant d'une femme, de la dame de son cœur, Agnès Sorel.

Vers 1420 naissait en Touraine, dans un fief nommé Fromenteau, situé entre l'Indre et la Claisse, une enfant qu'on décidait de prénommer Agnès.

Son père, Jean Soreau, ou Sorel, n'était qu'un petit écuyer, seigneur de Coudun. Il remplissait les fonctions de conseiller auprès du comte de Clermont dans le Beauvaisis. Sa mère, Catherine de Maignelay, devait mourir châtelaine de Verneuil en Bourbonnais. L'un comme l'autre appartenaient à la noblesse de second rang.

Ce fut au cours d'un voyage à Toulouse que le roi accomplit en 1443 avec son épouse Marie d'Anjou, que les deux futurs amants se rencontrèrent pour la première fois. Le roi René, vaincu et chassé de son royaume de Naples mais son naturel optimiste nullement atteint, se présenta avec son épouse, Isabelle de Lorraine, devant le couple souverain de France. Des fêtes furent organisées, brillantes et joyeuses. Agnès faisait partie de la suite d'Isabelle.

Entre la reine Marie, âgée de quarante ans, alors enceinte d'un treizième enfant (elle en eut quatorze), et la jeune et ravissante Agnès Sorel (vingt-deux ans) aucune lettre ne pouvait être envisagée. Marie, d'ailleurs, n'avait jamais été belle, ni coquette, ni enjouée, ni... intellectuellement vive. Un chroniqueur contemporain devait cruellement écrire que : « même un Anglais aurait peur d'elle ». En outre, elle ne possédait aucune des qualités de sa mère sur le plan politique. A aucun moment elle n'avait influencé les attitudes et les décisions de son époux. Elle se contentait d'aimer. Sa devise, soigneusement choisie par elle, traduisait fort bien son caractère de gentillesse et de dévouement, de même que son insignifiance : « Tout dis en bien. »

Aussi Charles ne se privait-il pas d'aventures amoureuses. N'oublions pas qu'il n'avait pas dix ans lorsque Marie d'Anjou devint sa fiancée et qu'ils commencèrent dès lors de vivre côte à côte.

Bien des femmes avaient souhaité exercer un réel pouvoir sur ce prince apparemment influençable et velléitaire, telle la sœur du président Louvet. Aucune pourtant n'y était parvenue. Mais cette fois la séduction joua à plein. Le roi fut subjugué par Agnès.

Dans les mois qui suivirent leur première rencontre, Charles et Agnès bénéficièrent de nombreuses entrevues. Le roi se rendit à Saumur, à Angers, puis à Tours où des fêtes somptueuses eurent lieu. Agnès y participa, suivant Isabelle. Bien entendu la cour entière remarqua les enthousiasmes de Charles et le plaisir rieur d'Agnès. Mais ce ne fut qu'en l'année 1444 qu'Agnès Sorel devint aux yeux de tous la favorite du roi, et même un peu plus.

Elle était mince, mais avec des rondeurs agressivement charmantes, ses seins et ses hanches étant accusés par une taille fine et des jambes longues. Et ce corps voluptueusement provocant était surmonté par un visage angélique à la peau translucide, avec un regard bleu, une chevelure blonde et des dents si blanches que le sourire éclatait et désarmait.

Charles n'en perdait miettes ! Identité entre ce qu'on a toujours, même inconsciemment, souhaité et une extraordinaire réalité, une inoubliable présence qui, tout à la fois, bouleverse et réconforte, qui exalte les sens et calme l'esprit. Dans l'instant de sa découverte, Charles avait cessé de mériter les qualificatifs d'indifférent et d'indécis : il admirait, il désirait, il voulait. En un mot, il aimait. D'autant qu'à la beauté s'ajoutaient la gentillesse, la gaieté, l'enjouement et la fantaisie.

On a dit qu'Agnès prenait plaisir aux robes fort décolletées. Qui s'en plaignait, sinon les esprits chagrins, les jeunes prudes sans attraits et les vieilles lippes ? Et comment ne pas l'apprécier, aujourd'hui encore, lorsqu'on a sous les yeux le tableau de Jean Fouquet, où elle figure la vierge au sein nu ? On lui a reproché d'aimer les hennins follement aiguisés, et (selon Georges Chastellain) les « plus beaux parements de lits, meilleure vaisselle, meilleures bagues et joyaux, meilleure cuisine et meilleure tout ».

Agnès Sorel n'a sans doute pas été l'égérie que d'aucuns ont voulu voir en elle. Charles, au moment où elle apparut dans sa vie, où elle vécut à ses côtés, ne demandait plus aux autres ce qu'il découvrait en lui-même. En revanche, elle n'a point représenté ce danger que ses ennemis ont voulu imaginer. Bien au contraire, sa présence fut bénéfique à un homme au caractère soucieux, inquiet et avide de stabilité. Elle a puissamment contribué à raffermir sa confiance en lui-même, et, surtout, elle lui a permis d'apprendre la joie.

Dans l'entourage de son royal amant, Agnès devait se découvrir au moins deux amis, qu'elle allait désigner, l'heure venue, comme ses exécuteurs testamentaires. Leurs qualités témoignent de son jugement. Le premier se nommait Jacques Cœur et le second Étienne Chevalier. A ces deux hommes, il convient d'en ajouter un troisième, celui pour lequel elle éprouvait visiblement un faible, sans que rien de précis puisse lui être reproché : le beau Pierre de Brézé.

Autre action bienfaisante à porter au crédit d'Agnès Sorel : elle, qui détenait un absolu empire sur l'esprit du roi, n'en usa que pour soutenir et défendre, contre les pires intrigues, l'intelligente politique menée par ses amis Brézé et Cœur. L'heureuse administration d'un gouvernement énergique, lucide et efficace, se maintint donc dans la sérénité. Les hommes préférés d'Agnès étaient ceux-là mêmes qu'avait choisis avant sa mort la reine Yolande d'Aragon. Agnès prit, sans même probablement s'en douter, la suite de la « bonne mère » de Charles.

Quoi qu'il en soit, Charles amoureux restait indifférent aux plaintes de la pauvre reine Marie, ulcérée par cette présence qu'il la contraignait d'admettre à la cour. Il dédaignait également les aigres récriminations des courtisans bougons, bigots et renfrognés, ainsi que les reproches sentencieux des clercs et les brocards populaires. L'amour lui donnait même de l'esprit et, avant la fin de l'année, il offrait à sa maîtresse une terre située sur les bords de la Marne, et qui, par son nom, permettait un fort aimable jeu de mots : le domaine de Beauté-sur-Marne, fief et château, situés entre Vincennes et Nogent-sur-Marne. Désormais Sorel porterait à travers les siècles le surnom mérité de « Dame de Beauté ».

Au début de février 1444, le roi d'Angleterre Henri VI se décidait à envoyer des ambassadeurs à Charles VII. Notons au passage que dans sa lettre il n'hésitait pas à donner à l'ancien dérisoire petit roi de Bourges le nom de « illustre prince Charles, mon oncle et adversaire au royaume de France ». Le jeune souverain anglais ne ressemblait en rien à son père ; la guerre ne lui plaisait guère et l'esprit de conquêtes lui demeurait résolument inconnu. De là son divorce croissant avec le peuple anglais. Le moindre ouvrier de Londres ne se rengorgeait-il pas d'orgueil, en ces temps, pour parler de « son royaume de France » ?

Le but de la mission anglaise tenait en deux points essentiels : d'abord obtenir des Français une trêve, ensuite sceller et affermir la nouvelle entente par une alliance matrimoniale.

Après nombre de délibérations, longues et mouvementées, aux rebondissements inattendus et coupées d'alertes pour la vie de Charles, l'accord se précisait. Notons un nouveau changement de ton : dans ses lettres, Henri VI n'appelait plus son interlocuteur que « Notre très haut et excellent prince, notre très cher oncle de France ».

La trêve de Tours, signée le 22 mai pour une durée de deux années — 1er juin 1444 — 1er juin 1446 — s'accompagnait du projet de mariage entre Henri VI et la petite-fille préférée de Yolande d'Aragon, fille de René d'Anjou, l'étonnante princesse Marguerite, que tout le monde admirait autant pour son intelligence exceptionnelle que pour sa rare beauté.

L'annonce de la trêve, qui devait être prolongée jusqu'en 1449, enthousiasma le peuple de France. Qu'on imagine : deux années ! vingt-quatre beaux mois sans combats, sans razzias, sans coups de main, sans pillages ! Les paysans pouvant librement regagner terres et fermes, du moins ce qu'il en restait, car ils savaient ne devoir retrouver que champs de ronces et d'herbes folles, ainsi que des maisons « sans poutres ni chevrons ». Des carcasses lugubres aux murs noircis. Pourtant, l'espoir triomphait des pires souvenirs. Ils partaient confiants et décider à défricher, fonder, rebâtir. Ils ne demandaient rien de plus, que la paix.

Thomas Basin a su nous décrire le bonheur du peuple tout entier en apprenant la signature de ces accords de

Tours, pour incomplets et fragiles qu'ils fussent, mais dont tout le mérite était d'exister :

« A la nouvelle que les trêves étaient conclues et confirmées entre les rois et les royaumes adverses, et que leurs alliés y étaient compris, une joie immense et presque indicible s'empara de tous les Français. Enfermés depuis longtemps et presque sans aucun soulagement derrière les murailles des villes, châteaux et places fortes, vivant dans la crainte et le danger et comme condamnés à la prison perpétuelle, ils se sentaient merveilleusement heureux à la pensée qu'ils allaient sortir d'une longue et affreuse incarcération et que la liberté allait remplacer pour eux la plus dure des servitudes. On voyait sortir en foule des villes et des places fortes des bourgeois de l'un et l'autre sexe, comme sauvés et enfin à l'abri des plus terribles malheurs, pour aller visiter un peu partout les églises du Dieu tout-puissant... »

Un peu plus loin, notre chroniqueur précise que ce ne sont pas seulement les gens exerçant des métiers pacifiques qui se réjouissent :

« C'était non seulement les bourgeois et la foule des laïques, mais aussi les gens de guerre, tant français qu'anglais. Car il leur était doux d'avoir échappé à tous les périls et alarmes au milieu desquels ils avaient vécu pour la plupart depuis l'enfance jusqu'à l'âge des cheveux blancs, et même jusqu'à l'extrême vieillesse. Il leur était doux de voir les bois et les champs, tout arides et abandonnés qu'ils fussent presque partout, de reposer leurs yeux sur les prés verdoyants, les sources, les rivières et les ruisseaux, toutes choses dont beaucoup, qui n'étaient jamais sortis de l'enceinte des villes, ne connaissaient rien que par ouï-dire. »

Et la folle, la merveilleuse vitalité de ces gens simples et brutaux, si portés à l'oubli des maux les plus épouvantables, avait tôt fait de reprendre le dessus :

« En ces premiers temps de la trêve, tous, même ceux qui

peu de jour avant sa promulgation ne paraissaient prendre le plaisir qu'à répandre sauvagement le sang humain, jouissaient à ce point de la douceur de la paix que, oubliant leur barbarie et leur cruauté, ils s'amusaient, festoyaient et dansaient en grande liesse en compagnie de leurs ennemis de naguère aussi sanguinaires qu'eux. »

Mais par-delà la joie liée directement à la fin des combats, on retrouve les conséquences sociales et économiques. La paix, ce n'est pas seulement vivre, mais c'est aussi mieux vivre et s'activer. Tout un peuple retrouve ou reprend des habitudes d'évolution et de progrès. C'est précisément ce que nous conte le chroniqueur en langue française Mathieu d'Escouchy (ou de Coussy), qui vivait à la cour de Bourgogne et était originaire de Quesnoy-le-Comte, en Hainaut.

« Est vray que, après les treves et traittés confirmés audit lieu de Tours, en Touraine, entre lesdits roys de France et d'Angleterre et leurs royaumes, les deux parties, c'est à savoir les François et les Anglois, commencèrent à avoir grand'communication et hantise les uns des autres; et, par espécial, les marchands et gens de divers métiers se bouttèrent fort avant; et pareillement, les laboureurs mirent fort les mains à l'œuvre, en espérant que, par le moyen desdites tresves, paix générale se deust ensuivre entre iceux oncle et nepveu. Et à la vérité icelles tresves vindrent trop bien à poinct auxdits Anglois, et aux bonnes villes et forteresses tenans leur party dans la duché de Normandie ; car ils avoient grand danger, et estoient bien à l'estroit de plusieurs vivres et autres marchandises, par espécial de grains et de vins, parce que la guerre y avoit duré par longue espace de temps ; et n'avoient eu desdites marchandises, sinon en grand péril et danger. Et afin d'eux repourvoir et fournir, furent en très grand nombre, par terre et par eau, tant de la ville de Rouen comme d'autres villes forteresses, et mesmes du plat-pays, à Paris et ailleurs es mettes (frontières) de

France, où ils levèrent et achetèrent très grand'abondance de vins, bleds, avoines, et autres besongnes à eux nécessaires, desquelles marchandises on avait lors assez bon marché en icelui royaume de France ; et les ramenoient par tout leur party, là où bon leur sembloit.

« Semblablement, les François alloient, à leur plaisir, en ladite duché de Normandie, quérir et acheter ce que bon leur sembloit, et que trouver y pouvoient. »

La signature de la trêve posa avec plus d'acuité encore le problème des soldats sans emploi, devenant « Écorcheurs ». Le Conseil trouva pour résoudre cette cruciale difficulté une solution peu banale. Significative de l'époque quant au non-respect de l'homme, elle offrait aux yeux du roi le mérite de lui apporter un autre soulagement, familial celui-là.

Le dauphin Louis, depuis 1443, venait, coup sur coup, d'enlever Dieppe aux Anglais et de mater le comte d'Armagnac. Sans emploi après ces actions d'éclat, le bouillonnant jeune homme vivait à la cour et tentait de nouer des relations amicales avec certains des fidèles de son père. Charles VII, toujours méfiant et jaloux lorsqu'il était question de son fils, n'appréciait pas.

C'est probablement dans cette période que le futur Louis XI et Jacques Cœur commencèrent de s'apprécier mutuellement. Leurs relations s'affineraient d'ailleurs au fil des ans et pèseraient lourd dans leur destin.

D'un autre côté, l'empereur d'Allemagne Frédéric III se trouvait en difficulté avec la Suisse. Pour se venger, il refusait de reconnaître les franchises des villes de la confédération, et les guerriers helvétiques assiégeaient Zurich, cité alliée de l'empire. Les forces de Frédéric lui interdisaient toute prétention agressive, aussi demanda-t-il au grand roi Charles d'intervenir pour contrecarrer les visées des maudits cantons.

La solution imaginée par le Conseil fut la suivante : on

confiait au dauphin Louis la charge d'aller à la rescousse de Frédéric III. En fait d'armée, on convint qu'il emmènerait tous ceux des Écorcheurs qui accepteraient de le suivre.

Frédéric III accueillit avec joie la proposition et s'engagea à pourvoir au logement et à la subsistance des troupes. On fixa donc un rendez-vous aux Écorcheurs : le 28 juillet à Langres.

De toutes les provinces françaises les bandes armées se mirent en marche : fine fleur des pillards, routiers, écumeurs ; les noms ne leur manquaient pas, organisés comme à l'accoutumée sous les ordres de leurs capitaines et par lieu d'origine. A Langres ils y furent tous : Gascons, Lombards, Allemands, Espagnols, Wallons, Bretons et jusqu'à un contingent d'Anglais, jaloux de lauriers et de butin. Vingt-cinq mille hommes ne rêvant que pillages, viols, tortures et combats, dont un contemporain écrivit : « J'ai vu et entendu des cruautés et des atrocités telles que nul n'en a jamais ouï raconter auparavant. On ne saurait imaginer le genre de tortures auxquelles les Écorcheurs soumettent les pauvres gens qui tombent entre leurs mains. Tout mon corps tremble à ce tableau chaque fois qu'il me revient en mémoire. »

Un Dauphin, chef de bandits ! Louis le Caustique dut apprécier le sel de la situation. Il n'en conduisit que mieux cette horde monstrueuse avec au cœur deux espoirs : celui de profits territoriaux et diplomatiques et celui de faire tuer sa suite sanglante. Effectivement il allait, après avoir rempli son contrat avec l'empereur (seule l'ampleur des destructions n'avait pas été prévue), y gagner l'amitié et l'alliance de ceux-là mêmes qu'on l'avait chargé de combattre : les Suisses. Plus tard, les Cantons confédérés l'aideraient grandement à abattre son acharné et surpuissant adversaire Charles le Téméraire, le grand duc d'Occident.

Jacques Cœur, cependant, continuait de développer ses affaires. Les temps étaient venus où il allait pouvoir parachever la construction verticale de son trust. Ne lui manquaient plus, ai-je dit, vers 1440, que deux activités majeures : celle de propriétaire de chantiers navals et celle de propriétaire-exploitant de mines.

On ne peut dater avec précision le moment où, tout en continuant de louer ici et là des navires, il entreprit d'acquérir les siens propres puis de les faire construire. Ce qui est certain c'est qu'en 1444 sa flotte commençait d'exister et qu'il achetait des vaisseaux, principalement des galées construites dans les chantiers de Gênes.

Mais sa logique ne pouvait supporter longtemps cette dépendance par trop étroite de l'étranger. Vraisemblablement est-ce vers 1442 qu'il commanda aux Génois une galée dans le but, maintenu rigoureusement secret, de la prendre pour modèle.

Sur le littoral méditerranéen français n'existait plus, depuis nombre de décennies, le moindre chantier naval digne de ce nom. On ne fabriquait plus que des embarcations légères, des fustes ou des bateaux fluviaux, ces derniers souvent à fond plat.

A peine achevé, le bateau génois fut aussitôt conduit vers les installations portuaires languedociennes de Jacques Cœur, et là il fut demandé à des ingénieurs charpentiers-mariniers de relever les côtes de cette galée et d'étudier tous les procédés et techniques qu'avaient dû employer ses maîtres fabricants, ceci afin de se trouver en mesure d'exécuter une copie exacte du navire.

A partir de la réalisation complète du bateau, la machination ne pouvait être tenue longtemps secrète. Les Génois, furieux d'une telle initiative, intervinrent d'abord en produisant d'anciens traités par lesquels les Français s'étaient engagés à ne plus bâtir de nefs mais à passer leurs commandes à Gênes. Ces représentations étant restées sans effets, ils montèrent une opération militaire pour venir rechercher la galée vendue à Jacques Cœur. Mal leur en prit. Non seulement ils ne triomphèrent pas dans l'affaire et subirent des pertes, mais, l'impulsion étant déjà donnée, les chantiers languedociens continuèrent de se développer.

En attendant qu'ils fussent en état de satisfaire la totalité des besoins français, les Génois, malgré un fort dépit, eurent l'intelligence et la lucidité d'accepter de vendre encore quelques navires aux Français.

L'Argentier avait si bien convaincu le roi de l'intérêt du négoce avec les pays du Levant que Charles — nous l'apprenons par une lettre du roi datée du 22 janvier 1444 — achetait à son tour, et précisément à Gênes, une galère marchande, en précisant : « pour le bien, profit et utilité tant de nous que de nos sujets ».

Une main-d'œuvre qualifiée et des ingénieurs de qualité ne suffisaient pourtant pas. Il était impossible de construire des vaisseaux avec des bois de n'importe quelles essences. Pour ravitailler en matériaux de choix ses chantiers d'Aigues-Mortes, l'Argentier décidait d'entrer en pourparlers avec le duc de Savoie, Louis II. L'entente se fit rapidement. Nous possédons une autorisation, en date du 25 juin 1444, par laquelle le duc Louis accorde à Jacques Cœur le droit de faire venir des bois d'œuvre de Seyssel. La situation de cette ville sur le Rhône, à une vingtaine de kilomètres au nord-ouest d'Annecy, permettait un transport économique. Il suffisait de « flotter » les arbres jusqu'à la mer en empruntant le cours (droit) du Rhône.

Bien entendu, ces différents travaux réclamaient d'importants investissements. Selon son astuce coutumière, Jacques Cœur obtint de substantielles subventions de la part des États du Languedoc. Elles lui furent votées après mûres délibérations, en raison des profits que la province tout entière ne manquerait pas de tirer des nouvelles installations.

Ce fut vers le milieu du mois de mai de 1444 que la décision royale d'embarquer de force, en tant qu'avironneurs, des prisonniers de droit commun ainsi que des vagabonds se vit appliquée pour la première fois. Le bateau en partance, un de la flotte personnelle de l'Argentier, la galée nommée *Notre-Dame-Saint-Jacques*, était, pour ce voyage, commandée par Jean de Village.

La flotte personnelle de Jacques Cœur comptera, outre de nombreux bâtiments de moindre importance chargés du cabotage et des bateaux fluviaux, jusqu'à sept navires de haut bord. On connaît les noms de six d'entre eux : *Notre-Dame-Saint-Denis*, *Notre-Dame-Saint-Michel*, *Notre-Dame-Saint-Jacques*, *Notre-Dame-et-Sainte-Marie-Madeleine*, *Le Navire-de-France*, et *La Rose*.

L'importance de Jacques Cœur s'affermissait au fil des ans. Peu à peu, le marchand allait céder le pas à l'homme public, le politique, le membre de fait d'un véritable gouvernement. Agnès Sorel n'était pas une amie oublieuse et elle jouait de son influence sur Charles, autant qu'elle le pouvait, en faveur de son ami Jacques Cœur. Honneurs, missions et travaux d'organisation du pays allaient de plus en plus échoir à l'Argentier. Trois faits marquants, en 1444, viennent confirmer ces affirmations. Le premier relevait des honneurs ; le second, des travaux fondamentaux ; le troisième réalisait l'espoir de Jacques Cœur dans la construction de son entreprise.

En 1442-1443, Charles était descendu dans le Midi à la tête d'une solide armée pour secourir le sire d'Albret rudement assailli par l'Anglais. Au printemps de 1443, la situation rétablie, Charles VII décidait d'octroyer à Toulouse un Parlement autonome. Mais il fallait du temps pour organiser cette cour. Ce n'était qu'en juin 1444 que celle-ci se tenait prête à fonctionner. Hélas ! le roi devait partir pour Metz ! Il nommait alors Jacques Cœur Commissaire du Roi, chargé de l'installation définitive du Parlement de Toulouse.

Les difficultés de la France, face à l'Angleterre, provenaient en grande partie d'un manque de ressources financières, ou, plus exactement, de l'inorganisation des rentrées. La France ne pouvait progresser sans une structuration solide de ses fonds publics. En 1444, après l'affirmation du principe fondamental que le roi seul disposait du droit de lever des impôts, mais que ses finances propres ne devaient pas être confondues avec celles du royaume, était édicté un ensemble de mesures qui touchait les Français à tous les niveaux. Les États provinciaux perdaient en grande partie leur autonomie fiscale (avant suppression complète et prochaine) ; les titres de possessions d'anciens biens domaniaux devaient en tous lieux être vérifiés sous menace, en cas d'usurpation, de confiscation et d'amendes ; les roturiers, possesseurs de fiefs nobles, se voyaient contraints de payer des indemnités : les nobles ayant reçu des seigneuries appartenant préalablement au domaine royal, seraient désormais contraints de participer aux charges de l'État, sous peine, là encore, de saisie ; enfin, on organisait les services financiers du royaume avec à leur tête un comité du budget formé de fonctionnaires de hauts grades, « Messieurs des Finances ». Il va de soi que ces décisions, s'ajoutant à celles concernant la formation de l'armée, achevaient de blesser à mort la féodalité.

Par lettres patentes, en date du 24 juillet 1444, Charles VII accordait à Jacques Cœur, pour douze années consécutives, la concession de mines situées dans le Lyonnais et le Beaujolais, non exploitées — certaines depuis la période romaine —, et qui nécessitaient de considérables travaux pour leur remise en exploitation ; et ce, contre une imposition de deux cents livres par an.

La modicité de la charge infligée au concessionnaire s'expliquait uniquement par la nécessité d'investir fort largement avant d'obtenir le moindre résultat. Les lettres précisaient « de puissans et riches hommes qui du leur prensissent l'avanture de faire les dits frais ».

Ces mines se répartissaient en trois groupes, dont deux dans le Lyonnais :

A Pampailly, ou Pampilieu : creusées à flanc de coteau dans la vallée de la Brevanne, elles fournissaient de l'argent et du plomb.

A Saint-Pierre-la-Palud et Chissieu (ou Chessy-les-Mines), elles ne contenaient que du cuivre.

Le troisième groupe, situé dans le Beaujolais, à Joux-sur-Tarare, comprenait à la fois des mines d'argent et des mines de cuivre de deuxième choix.

Pour une exploitation rationnelle de ces mines, la concession royale ne suffisait nullement. Il fallait en outre disposer de vastes emplacements, tant pour la construction de bâtiments directement reliés aux nécessités du travail : entrepôts, hangars, hauts fourneaux et terrils, stockages divers, etc., que pour la vie des ouvriers : dortoirs (certains venaient de loin), réfectoires, salles aux usages multiples... L'acquisition — ou la location — des terrains, qui appartenaient soit à des particuliers soit à des communautés religieuses, contraignit donc l'Argentier à toute une série de transactions et d'accords. On peut trouver ici les raisons qui l'amenèrent à s'associer pour moitié, en ce qui concerne les mines de Chessy, Saint-Pierre-la-Palud et Joux-sur-Tarare, avec de riches négociants lyonnais, les trois frères Baronnat (Jean, Milles et Pierre).

En ce qui concerne les mines de Pampailly, certains obtinrent des parts dans l'exploitation sans pour autant devenir copropriétaires, tels les frères Jossard, seigneurs de Châtillon et de Poleymieux. Mais il s'adressa en outre à des hommes compétents et actifs, comme un marchand de Beaujeu, nommé Philibert Magnien, ou Mermet de Fontaine, fondeur et affineur de son état, qui, moyennant une rétribution basée sur des rendements proportionnels, assurèrent une double surveillance, marchande et technique.

Un examen approfondi des méthodes d'exploitation de notre nouveau maître de mines fait apparaître ce qu'on pourrait appeler un paradoxe.

Nous avons vu l'Argentier capable de tromper ses associés, capable de manipuler les hauts et rigoureux bourgeois des municipalités, des parlements, des commissions royales ou des États de toutes les régions, capable de jouer de son influence sur l'esprit du roi après l'avoir mis en condition réceptive, et profiter des avantages que pouvait lui procurer son amitié avec la maîtresse idolâtrée de ce roi, capable enfin d'inventer le travail forcé pour armer ses galères. Or, dans le même temps, ce même Jacques Cœur allait se montrer, pour l'exploitation de ses mines, soucieux de respecter les hommes dans leur labeur, soucieux de leur liberté, de leur santé, de leur bien-être, en un mot : de leur dignité.

Alors ? S'il n'y avait cette tache, venue de la nécessité de faire naviguer ses galées, on pourrait sans se tromper affirmer que Jacques Cœur a toujours respecté, et payé mieux que quiconque en son époque, les travailleurs de toute nature qu'il engageait, et aussi qu'il s'est montré honnête, sinon généreux, avec les pauvres gens, réservant son âpreté pour ses transactions avec les riches, les puissants ou les corps établis. N'oublions pas qu'en son temps le servage existait encore dans de nombreuses provinces et que la vie des pauvres était partout précaire.

Puits, galeries souterraines, voyages, ainsi qu'on nommait les longues sessions de travail en ces terriers. Les ingénieurs, les maîtres niveleurs géométriens (selon la terminologie de l'époque) dirigeaient les travaux. Afin d'aérer les différents couloirs et les chambres de forages, afin de permettre aux ouvriers de respirer et d'entr'apercevoir leurs torches en dépit des nuages de poussière, il fallait à intervalles réguliers creuser et boiser des cheminées verticales. Les porions, ou « maîtres de montagne », commandaient les équipes.

    Le travail était terriblement harassant. Les abatteurs taillaient dans la roche, à l'aide de simples ciseaux et de cognées, tandis qu'une équipe de manœuvres, une « piarde », se hâtait d'enlever le minerai et la terre ainsi que de canaliser puis de transvider les eaux. Comme aucune pompe n'existait, il fallait procéder par écopage avant l'expulsion définitive à l'aide de seaux.

    A peine cessait-on de forer, qu'il fallait laisser la place aux « chappuys appuyeurs » ou « bouveleurs appuyeurs » qui n'étaient autres que les charpentiers chargés de construire les étais, le coffrage, avec des bois de mine, ou « mahière », qui évitaient de redoutables éboulements.

    Terre et minerai étaient évacués par bennes, grâce à des ensembles de treuils et de poulies. Après avoir lavé et trié le minerai, on acheminait celui-ci, pour son affinage, vers des hauts fourneaux situés à proximité, les « martinets », qu'on chauffait soit avec de la houille (charbon de pierre) soit avec du charbon de bois.

    Grâce aux noms qui nous sont parvenus, on a pu constater que la plus grande partie du personnel qualifié et de la maîtrise venait d'Allemagne, sans doute en raison du plus grand développement des exploitations minières dans l'empire. Ainsi, par exemple, le maître niveleur géométrien Claus Smerment, le maître de montagne Thomas Ysmant, le chappuys-appuyeur Wolfang Bongar, le maître fondeur affineur Hans Brohart.

    A côté de salaires décents, les travailleurs de toutes catégories, de l'ingénieur au manœuvre, bénéficiaient d'avantages fort appréciables. Ils se voyaient logés, chauffés, nourris, habillés et blanchis. La femme chargée du blanchissage se nommait la Grand'Jeanne. Pour la nourriture, outre du pain fait à partir de 80 % de farine de froment et de 20 % de seigle, elle comprenait : viandes, œufs, poissons frais et salés, fromages, noix, et même des fruits d'importation, tels que les figues. La boisson se composait de vin blanc ou de clairet, au choix. Les lits s'agençaient à partir d'un matelas de laine, d'une couette, d'une couverture et de deux « linceuls », ou draps, et les dortoirs étaient chauffés à l'aide de gros poêles à bois. Enfin, les ouvriers étaient soignés, au besoin après hospitalisation, grâce à des barbiers et des chirurgiens qu'on allait quérir à Lyon.

Inutile de préciser que Jacques Cœur, toujours rationnel, achetait, à proximité des concessions de mines, qu'il obtenait, des prés, des champs et des vignes qui produisaient l'essentiel de la consommation des mineurs en viandes, farines et vins.

Après la disparition de l'Argentier, le procureur général Dauvet, chargé par le roi de prendre les mesures propres à assurer la continuation de l'exploitation de ces mines, établit le 29 avril 1455 les « ordonnances des mynes ». Elles n'ont été rédigées qu'après consultation des anciens collaborateurs de Jacques Cœur. Dauvet écrivait :

« Les quinze, seize, et dix-septième jours (d'avril) j'ay vacqué à faire les ordonnances des mines, et sur ce ay eu advis et delibéracion avec Briçonnet, Granier, Philibert Magnien, Mermet de Fontaines, lesquelles ordonnances j'ay rédigées par articles et mises en forme en la manière qui s'ensuit :

« Pour donner bon ordre et provision au gouvernement et conduite des mines d'argent et de cuivre qui furent de Jacques Cœur, assises es païs le Lionnois et Beaujoloiz, appartenant de présent au Roy, et en accomplissement de ce qu'il a pleu audit seigneur sur ce mander à moy Jehan Dauvet, conseiller et procureur général d'icellui seigneur et commissaire en ceste partie, ont esté par moy faictes les ordonnances qui s'ensuivent. »

Il me semble logique de penser que les décisions de Jean Dauvet différaient fort peu de celles qui faisaient loi du temps de l'Argentier, et qu'en lisant ce document nous pouvons avoir une vue cohérente du régime des mines à partir de la concession de 1444.

Les articles 1 à 4 concernent le rôle du gouverneur et du « contrerosleur » des mines ; le 5 précise les travaux dans le détail pour l'ensemble du personnel ; le 6 exige que ne soient engagés que des ouvriers dûment formés et en nombre convenable, « qu'ils ne soient souffisans et expers », lit-on ; le 7 précise que de « bons, souffisans et diligens mareschaulx qui forgeront incessament les haynes, coignetz, marteaux et autre ferrements... » devront être embauchés ; le 8 et le 9 traitent de la surveillance du personnel ; le 10 insiste sur la nécessité pour les cuisiniers et autres serviteurs d'être consciencieux ; le 11 parle des approvisionnements ; le 12 interdit entre autres les avances de salaire pour que les travailleurs ne s'endettent pas ; les 13, 14, 15, 16 et 17 s'occupent de technique ; les 18 et 19 demandent au gouverneur de faire construire des bâtiments ; du numéro 20 au numéro 31 il n'est question que de comptabilité et d'organisation ; les 32, 33, 34, 35 interdisent les jurons, les injures, les batailles et les rixes ; le 36 prohibe d'user des galeries comme lieux d'aisance en raison des risques « de teles ordures surviennent plusieurs inconvénients aux ouvriers, manœuvres et autres besoignans ès dictes mines » ; les 37, 38, 39 donnent pouvoir au gouverneur concernant les peines et amendes ; le 40 prévoit les fautes éventuelles du gouverneur et donne autorité au bailli de Mâcon et au sénéchal de Lyon pour juger en dernier ressort ; les 41, 42, 43 reprennent des points d'organisation ; enfin le 44 et les suivants parlent des horaires et des travaux exécutés « loyaument ».

L'exploitation de ses mines, d'après les comptes qui nous sont parvenus, ne laissait pas apparaître de grands bénéfices ; leur rentabilité s'avérait décevante. D'ailleurs, après Jacques Cœur, au bout de fort peu d'années, elles devinrent tellement déficitaires qu'on cessa de les maintenir en activité.

Alors des questions se font jour. Pourquoi l'Argentier les garda-t-il jusqu'au bout ? Pourquoi y tenait-il ? Comment un homme tel que lui, surchargé de travail, acceptait-il de s'encombrer d'un poids mort ?

La réponse me semble claire. Il est vrai que l'argent extrait de ses mines vendu aux cours français rapportait peu, ou pas. Mais c'est oublier la flotte de l'Argentier ! C'est faire abstraction du prix de vente de cet argent sur les marchés musulmans.

Nous savons qu'il obtenait pratiquement des échanges poids pour poids contre de l'or. Les bénéfices devenaient donc, avec un peu de persévérance, absolument prodigieux. Et ces profits présentaient en outre l'avantage de n'apparaître dans aucun compte d'exploitation. En conséquence, pas de partage avec des associés et nul besoin d'en rendre compte devant la fiscalité. Et puis, n'oublions pas l'interdiction d'exporter des pièces d'argent ou de l'argent en lingots. Les productions de Pampelieu ne tombaient pas sous le coup de l'interdit.

Ajoutons pour finir qu'en ce qui concerne le cuivre et le plomb, métaux également recherchés au Levant, ils devaient lui procurer des ouvertures pour des marchés intéressants. Ce qu'il ne gagnait pas à la vente il le gagnait à l'achat.

8.

1445

Le grand virage dans la vie de l'Argentier, le moment où, tout en continuant de tirer un maximum de profits de ses diverses sociétés, son activité politique et diplomatique prend le pas sur ses initiatives industrielles et commerciales, doit pouvoir se situer autour de l'année 1445.

L'ensemble de ses innombrables entreprises, petites et grandes, était désormais harmonieusement combiné, financièrement et organiquement. S'il en assurait toujours la haute direction, Guillaume de Varye, administrateur financier et comptable général de talent, se chargeait complètement de leur contrôle.

La pyramide de ses sociétés ainsi devenue sans faille, et la structuration de chacune rigoureuse, Jacques Cœur ne se sentait plus éperonné comme il l'avait si longtemps été par quelque immédiate nécessité. Son travail n'exigeait plus le même effort créatif. Or il n'était pas précisément homme à se satisfaire de besognes préparées, facilement augurées ou basées sur des données inscrites dans la logique. Il lui fallait dépenser sa charge énergétique et inventive.

L'an 1445 allait donc le voir s'activer dans les domaines gouvernementaux et surtout diplomatiques. Bien entendu il persévérait à rendre des services, même mineurs, aux uns et aux autres, accumulant des petits crédits qu'il continuait de considérer comme autant d'utiles jalons et d'efficaces points d'ancrage. Ainsi servait-il d'intermédiaire entre la Dauphine et le receveur général des finances du Languedoc. L'aimable Marguerite d'Écosse, princesse lettrée mais épouse passablement délaissée du futur Louis XI, devait recevoir deux mille livres tournois pour « avoir des draps de soye et martres pour faire robes pour notre personne », Jacques Cœur lui en faisait gracieusement l'avance.

Cependant les missions diplomatiques devenaient l'essentiel de sa vie et de son plaisir, et Charles VII ne le laissait pas chômer. D'abord il le nommait membre de la commission arbitrale chargée d'étudier puis de régler le conflit qui opposait les États du Comminges (contrée du Sud-Ouest de la France, comprenant une partie des départements de l'Ariège, de la Haute-Garonne, du Gers et des Hautes-Pyrénées) au puissant comte de Foix, Gaston IV. Bien menés, les pourparlers débouchaient sur un règlement qui devait permettre neuf ans plus tard la réunion du Comminges à la France.

Ensuite, il lui fallait discuter avec Gênes. Dans un premier temps il obtenait une honnête réparation des dommages que lui avaient causés les Génois en venant enlever dans ses chantiers d'Aigues-Mortes la fameuse galère modèle. Mais il n'était pas au bout de ses peines, et bientôt le roi l'envoyait dans le grand port de la Mer ligurienne pour une mission autrement importante.

La République de Gênes, vaincue par sa rivale Venise, était alors en proie à un malaise générateur de troubles constants. Elle cherchait désespérément une voie nouvelle pour tenter de reconquérir sa richesse et son emprise navale. Un parti s'était constitué, décidé à demander la réunion au royaume de France. Sans doute ses partisans pensaient-ils autant à la force militaire française qu'aux potentialités économiques d'un aussi vaste pays — le chef de cette faction,

Janus de Campofregoso bénéficiait du soutien d'un influent personnage, Benoît Doria. En attendant de renverser le doge Adorno, Campofregoso et Doria vivaient à Marseille. Ayant pesé le pour et le contre, Charles VII décidait enfin de courir l'aventure et d'envoyer une ambassade qui, après contacts avec les réfugiés marseillais, recevrait la mission d'aller prendre langue directement avec les partisans de la France demeurés à Gênes.

Jean Jouvenel des Ursins, archevêque de Reims, Jean de Jambes, baron de Montsoreau, viguier-châtelain d'Aigues-Mortes et premier maître de l'Hôtel du Roi, Tanguy du Chastel, vieux routier du parti armagnac, de Saint-Vallier, chambellan du roi, le bâtard Charles de Poitiers et Jacques Cœur constituèrent la délégation française.

Aux termes des négociations, les parties paraphèrent un traité prévoyant effectivement la réunion de Gênes au royaume. Une expédition militaire fut donc montée. La réussite couronna les efforts des conjurés, et bientôt Janus Campofregoso se retrouva à la tête de la République. Mais une fois en selle, et ses arrières assurés, notre homme refusa de tenir compte du traité.

Jacques Cœur et ses collègues eurent beau argumenter, ils ne parvinrent pas à ébranler l'hypocrite. Il ne leur resta bientôt plus qu'à plier bagages. Le projet d'union n'avait pourtant pas perdu la totalité de ses chances. Le parti français, toujours solide, se renforçait même du doge déchu et de ses amis. Seulement, pour obtenir un heureux résultat, il eût fallu qu'une nouvelle démarche diplomatique puisse s'appuyer sur les mouvements offensifs d'une armée digne de ce nom. Timoré, Charles VII n'employa pas les moyens suffisants. Jacques Cœur envoya pourtant au Conseil une lettre afin d'exposer sa position. Elle est datée de Montpellier, du 15 février 1446 :

« Mes très honorés seigneurs, je me recommande très

humblement à vous. Par les lettres que Monseigneur de Reims écrit je ne puis croire que Janus nous trahisse ainsi. Toutefois, on ne peut se garder d'un traître. Si le roi veut approcher jusqu'à Lyon et qu'on fait passer présentement les gens d'armes par deça, je ne fais nul doute que nous n'ayons ce que nous demandons pour l'honneur du roi, et plus sûrement que nous ne l'eussions eu d'une autre manière ; et veuillez y tenir la main. Je sais bien que la conquête du Saint-Graal ne se peut faire sans moi... Je suis passé par ici (Montpellier) pour avancer les États, car ils ne voulaient ni besogner ni avancer dans leurs travaux. Mais je les ferai expédier et m'en vais nuit et jour devers mes seigneurs à Nice. Il est de nécessité que le roi s'approche et que les gens d'armes passent bref ; car les nobles et la plupart du pays n'attendent qu'une aide et ils se mettront sus aux traîtres ; je vous promets qu'ils veulent la seigneurie du roi plus que tout autre. Et pour cela, s'il vous plaît, faites faire diligence et que les gens d'armes passent.

« Messieurs je suis passé par ici, et c'était nécessaire ; le roi aura ce qu'il demandait ; et, avant mon départ, tout sera appointé, j'en suis sûr, et ferai que le roi et vous serez contents de moi.

« Écrit en hâte ce 15 février de Montpellier, votre fidèle serviteur. »

Charles VII, préoccupé par ailleurs (la ville du Mans), et Brézé se trouvant pour lors en moindre grâce, le conseil ne fut pas suivi. Mais l'Argentier, toujours pragmatique, n'était pas homme à négliger de nouvelles relations, et donc éventuellement de nouvelles affaires. Il se maintint en contact épistolier avec des Génois, donc Janus de Campofregoso. Des relations commerciales et douanières se nouèrent entre eux : importations d'armures et d'armes, exonérations de droits, etc.

Avant de conclure sur le problème de Gênes, il faut

signaler que par la suite on fit des reproches à Jacques Cœur concernant la République. On l'accusa de trahison, d'avoir communiqué au roi Alphonse d'Aragon et de Sicile des renseignements confidentiels sur les intentions et projets de Charles VII vis-à-vis de Gênes. Ainsi la lettre d'Alphonse V en date du 18 février 1447 semble assez explicite : « Nous vous remercions beaucoup de vos offres si empressées et de l'annonce concernant la décision prise par le Très Illustre Roi de France, notre très cher et aimé cousin, au sujet de la ville de Gênes. »

Étant donné le patriotisme habituel de l'Argentier il y a de quoi surprendre. Mais cette trahison n'en est probablement pas une dans l'esprit de Jacques Cœur. Depuis l'échec de 1445-1446, il se peut que, comprenant en profondeur l'esprit spécifiquement profiteur des Génois, il ne crut plus à un succès durable de la France. Il se peut aussi que sa méfiance et la profonde connaissance d'interlocuteurs roués et uniquement soucieux de leur propre réussite ne l'incitèrent pas à souhaiter un succès risquant d'être, à la longue, plus maléfique qu'heureux. A moins encore qu'il n'y eût là un projet secret avec le dauphin Louis. Toujours est-il que son attitude en l'occurrence représente un des points les plus mystérieux de l'histoire de l'Argentier.

Autre intervention de Jacques Cœur en 1445, mais cette fois de sa propre initiative, en faveur des « Chevaliers hospitaliers » qu'on appelait aussi « les Chevaliers de Rhodes ». Il agit vis-à-vis de l'ordre comme il s'était naguère entremis, pour les Vénitiens, auprès du soudan Abou-Said-Djamac-el-Daher.

Le fondateur de l'Ordre de l'Hôpital, autrement dit l'Ordre de Saint-Jean-de-Jérusalem, fut Gérard Tenque. Originaire de Martigues, ce fils d'homme noble, soucieux de rédemption, vivait à Jérusalem dès avant la prise de la ville, le 15 juillet 1099, par Godefroy de Bouillon, lors de la première croisade. Avec quelques autres chrétiens il se dévouait pour soigner malades et blessés, en particulier les pèlerins venus des quatre coins de la chrétienté.

Après l'installation de Godefroy de Bouillon et la création du royaume franc de Jérusalem, non seulement il continua, avec plus d'abnégation encore, la tâche qu'il s'était imposée, mais il décida en outre, avec ceux qui l'aidaient, de prononcer des vœux pour se lier à une vie régulière et monastique.

L'ardente charité de Gérard Tenque devint contagieuse ; elle émut des chevaliers, qui décidèrent de le rejoindre au sein de son ordre. Mais, peu à peu, cet apport de guerriers frustes et chauvins modifia en partie l'esprit des Hospitaliers. Ou, plus exactement, il provoqua une scission, une coupe horizontale au sein des membres : d'une part il y eut des frères guerriers, d'origine noble, qui se donnèrent pour tâche la défense des Lieux saints et la lutte contre l'Islam, et, d'autre part, des roturiers, pour la plupart attachés au service de l'Hôpital proprement dit, soucieux de soulager les souffrances de tous les hommes sans souci d'origine, comme faisait jadis Gérard Tenque. A ces deux catégories il convient d'en ajouter une troisième, des adeptes féminines, qui relevaient de l'Ordre sans vraiment lui appartenir : les sœurs hospitalières. Elles aussi, jalouses de pratiquer la charité, se dévouaient auprès des souffrants.

Après la prise de Saint-Jean-d'Acre par les musulmans, les Hospitaliers, qui avaient défendu cette forteresse avec acharnement, s'installèrent à Chypre. Puis ils conquirent l'île de Rhodes, où ils s'enracinèrent et se retranchèrent puissamment. Cette île devint leur base, leur bien, leur chose, et ils s'identifièrent à elle au point d'en prendre le nom : les Chevaliers de Rhodes, sans perdre pour autant celui d'Hospitaliers.

L'époque des croisades s'éloignait et s'évanouissait à l'horizon, devenant un mythe, presque un leurre ; pourtant les chevaliers de Rhodes, impavides, continuaient la lutte. Ils se voulaient à la fois irréductible arrière-garde et avant-garde inspirée, prête pour soutenir et guider les prochaines expéditions saintes.

En 1437 fut élu grand-maître de l'Ordre de Saint-Jean-de-Jérusalem un chevalier auvergnat : Jean Bompar de Lastic. Trois ans plus tard, en 1440, le Soudan lançait une flotte contre Rhodes, sans succès, et devait se résoudre à battre en retraite. En 1444 il repartait à l'assaut avec des forces mieux entraînées et mieux adaptées.

Cette fois les Égyptiens réussissaient à débarquer et entreprenaient aussitôt le siège de la ville et du port. Durant quarante jours des combats acharnés se succédèrent. Puis, comme leurs efforts restaient vains et qu'ils ne réussissaient pas à enlever les points forts de la place, une fois de plus le Soudan se décidait à faire retraite.

Homme prudent et lucide, Jean de Lastic ne se rassurait pas pour autant. Il prévit un nouveau retour offensif sous peu et redouta de n'être pas en mesure d'y faire face avec succès. Alors il essaya — par divers biais et intermédiaires — d'entrer en contact avec son adversaire. Or, en même temps, le danger turc grandissait ; Jean de Lastic souhaitait négocier avec le Soudan. Hélas ! celui-ci demeurait sourd ! Le grand-maître se morfondait, désespérait presque, lorsque Jacques Cœur se proposa d'intervenir.

Les négociations s'ouvrirent sans rencontrer ni retards ni difficultés majeures d'aucune part. Non seulement Jacques Cœur servit d'intermédiaire entre le Soudan et Jean de Lastic, mais ce fut également lui qui intervint près du pape et en obtint l'autorisation de traiter avec les hérétiques.

Les Hospitaliers ne pouvant, tant que la paix ne serait pas conclue, utiliser un de leurs navires, ce fut sur une galée appartenant à Jacques Cœur que les plénipotentiaires de l'Ordre se rendirent à Alexandrie. Lorsqu'un traité eut été signé la même galée ramena à Rhodes, outre l'ambassade, les prisonniers compris dans l'accord, à savoir : huit chevaliers hospitaliers et neuf cordeliers de Saint-Jean-de-Jérusalem.

L'Argentier venait une fois encore de réaliser un véritable exploit, dont il allait tirer grand profit, car, désormais, le grand-maître Jean de Lastic, comme la totalité des membres de l'Ordre, souhaitait manifester sa reconnaissance à l'heureux intercesseur. Privilèges et protection étaient promis à tous les serviteurs et à la flotte de Jacques Cœur, l'influence de l'Ordre auprès des communautés chrétiennes de la Méditerranée demeurant considérable.

La volonté de donner au roi des moyens guerriers supérieurs, en puissance et en efficacité, à ceux de l'Angleterre guidait depuis des années le Conseil du roi et sa coterie. Après une série d'ordonnances réformant l'armée sur des points fondamentaux, comme celles du 2 novembre 1439 ou du 25 septembre 1440, on aboutissait, en mars 1445, à la création effective des « Compagnies d'Ordonnances ».

Cette gendarmerie royale n'allait pas tarder à devenir la meilleure cavalerie d'Europe. Elle comprenait une dizaine de milliers d'hommes, répartis en quinze compagnies, capables elles-mêmes de se subdiviser en troupes de dix, vingt, trente lances (une lance comprenait trois hommes : le chevalier, un écuyer, et un sergent).

Pour les constituer, le roi et le connétable de Richemont s'adressèrent séparément aux principaux chefs de guerre pour leur proposer le commandement de l'une d'elles. Le nombre limité des unités, quinze, incita les chefs concernés à ne pas discuter les conditions et à prêter serment. Il fallut procéder ensuite au choix des meilleurs cavaliers, auxquels une tenue uniforme fut imposée.

Dernière et importante décision, la cavalerie royale ne se retrouva pas isolée ni assignée dans des camps. Elle vécut en garnison dans des villes chargées de leur entretien. Enfin, les hommes des compagnies reçurent un solde convenable, grâce à un nouvel impôt royal dit : « Taille des gens de guerre. »

Armée solide et permanente, définitivement substituée à la coutume féodale de l'ost, acceptant une discipline stricte et ne servant plus d'intérêts particuliers, les « Compagnies d'Ordonnances » séduisirent les Français en général. Les anciens soldats non choisis pour en faire partie furent licenciés et amnistiés pour leurs exactions et débordements passés. L'entreprise du dauphin Louis en Suisse avait déjà éclairci les rangs des Écorcheurs. Les survivants semblent s'être réinsérés dans la vie de leurs provinces.

Les dernières raisons de troubles disparaissaient donc, et la vie productive de la France s'en retrouvait grandement consolidée. Le roi victorieux se muait en roi bien servi.

Bien entendu l'ordre militaire ne suffisait pas. Il fallait y ajouter l'ordre financier et monétaire. Jacques Cœur s'employait à créer une véritable « armée du Trésor ». De plus, en cette même année, une ordonnance royale renouvelait l'interdiction de 1439 d'exporter des monnaies. Mesure utile, certes, décidée par l'homme politique qu'était Cœur, mais à laquelle ne pouvait se soumettre le négociant qu'il était également. Ses mines du haut Beaujolais et du Lyonnais prenaient là toute leur importance.

Homme public, homme de gouvernement, Jacques Cœur se dépensait sans compter. L'emportaient en lui la joie de peser sur les décisions du roi comme celle de participer aux actions qui infléchissaient la marche des événements et aidaient à l'essor du royaume. Il goûtait si fort ces jouissances qu'il s'en grisait, sans pour autant oublier que sa fortune lui servait de marchepied, que sans elle on ne l'eût ni vu ni connu ; aussi n'omettait-il jamais rien pour l'accroître. Ne devait-on pas le voir profiter de la trêve de Tours pour étendre le champ de ses affaires à l'Angleterre ! Le point de départ se trouvait à Rouen, où son facteur et fondé de pouvoir, Huguet Aubert, prenait la direction des tractations.

Pourtant grossissait sur sa tête un orage. Pareille constance dans la réussite et dans le bonheur d'entreprendre, pareille force de création et d'imagination lui suscitaient de plus en plus d'ennemis. Des jaloux, des envieux, certes, mais aussi des gens de bien, des hommes plus rigoureux dans leur sens moral et qu'offusquaient ses façons cavalières de se procurer trop facilement de l'argent et ses habitudes, par trop dépourvues de scrupules, de financer ses sociétés, de prélever une dîme sur tout ce qui passait à sa portée.

En cette année 1445, Guillaume Jouvenel des Ursins se voyait confier la charge de chancelier. C'est-à-dire la mission de veiller à la justice dans le royaume, le chancelier ayant la garde et la disposition du sceau de France.

A cette occasion, son frère, l'archevêque de Reims, Jean Jouvenel des Ursins, prononçait un « Discours sur la charge de Chancelier », dans lequel il dénonçait nombre d'excès qui entachaient encore les affaires du royaume et qui confinaient à l'injustice caractérisée.

Si le nom de Jacques Cœur n'apparaissait pas dans ce discours, nombre de phrases se rapportaient directement à lui. Sa personnalité s'y inscrivait constamment en filigrane.

Qui donc, en dehors de l'Argentier, aurait pu se sentir visé lorsque l'archevêque citait une série de marchés scandaleux passés soit au préjudice du roi soit à celui du royaume, tels que la revente de harnais, n'ayant pas coûté plus d'une quinzaine d'écus, à des prix de 30 et 34 écus ; et cette coupe de drap recédée 120 écus, alors qu'elle ne revenait qu'à 80 ; et le cent de peaux de martres écoulé à 80 et n'en valant pas plus de 40 — d'autant que, comble d'impudence, ces peaux ne comprenaient que des moitiés de dos avec leurs flancs, quand il eût fallu des dos entiers.

Et Jean Jouvenel des Ursins de s'exclamer : « Celluy qui le fait, naguères estoit un povre compaignon. » Un peu plus loin il aggravait ses reproches : « Il a empoingné toute la marchandise de ce royaume et partout a ses facteurs ; qui est enrichir une personne et apovrir mille bons marchans. Quant il fault de l'argent au Roy, comme par luy et autres at il presté, voire à belle usure merveilles du proffit. »

Qu'importe si certains reproches étaient notoirement injustes ou excessifs, et si les autres marchands, sur lesquels Jean Jouvenel des Ursins demandait aux Français de s'apitoyer, se réservaient, le cas échéant, des pourcentages bénéficiaires égaux ! Qu'importe en effet, si cette apostrophe oubliait de prendre en compte le formidable essor commercial et industriel déclenché par les initiatives de Jacques Cœur. Les reproches portaient aussi bien sur des esprits plus ou moins bien informés que sur ceux que la personnalité de l'Argentier gênait aux entournures.

Fort de l'amitié du roi, du soutien complet de la belle Agnès Sorel et de la compréhension de Brézé, Jacques Cœur ne prit pas la peine de se défendre ni de répondre de façon circonstanciée à cette attaque.

La part de vérité incluse dans cette violence lui causait peut-être assez de contrariété pour le brider.

TROISIÈME PARTIE

« *Trahi de toutes parts, accablé d'injustices.* »
MOLIÈRE, *Le Misanthrope*,
Acte V, scène 4.

1.

1446

La cinquantaine approchait. L'homme, solide comme un roc, atteignait son plein épanouissement. Un peu comme le roi — mais pour d'autres raisons —, qu'on n'avait jamais vu si à l'aise, si maître de lui, si heureux de vivre grâce au collier de bras frais et blancs autour de son cou.

C'est que tous les deux venaient — ou revenaient — de loin. A la basse extraction et aux mille difficultés tracassières pour en sortir de l'un, correspondait la longue suite des humiliations, des affronts et des errements de l'autre.

Mais les difficultés désormais surmontées, leurs trop pesants souvenirs s'affadissaient et s'édulcoraient jusqu'à ne laisser subsister que le rappel des épreuves surmontées et des victoires remportées sur eux-mêmes. Ne vivait que leur continue ascension.

Calme, assuré et parfaitement lucide ! Les accents de sa lettre adressée au Conseil royal, en date du 15 février 1446, en fournissaient la preuve. On y trouvait l'aisance de qui sait n'être pas pris à la légère : « Messieurs, je suis passé par ici et c'était nécessaire. » A laquelle il faut ajouter la précision et la familiarité de sa chute : « Écrit en hâte ce... », qui parfaitement renseigne sur le ton amical de ses relations avec les autres membres du Conseil.

Le doute n'est pas permis : riche, habile, utile, le grand

manipulateur Jacques Cœur se sentait bien au sein de cette cour brillante, rutilante de luxe, qu'il avait vue naître et qu'il avait presque suscitée.

Fourrures, brocarts, parfums, bijoux, perles et pierreries, bois et métaux précieux, animaux et plantes exotiques, sucre et vins liquoreux ! Ses navires déversaient à profusion les produits servant aux raffinements de la vie. La soif du luxe tempérait, tuait les derniers sursauts d'une époque brutale en apprivoisant les goûts, en aidant de quelque manière à l'amour de l'art et des lettres. (Marguerite d'Écosse, la petite Dauphine, ne s'adonnait-elle pas à ces dernières jusqu'à en mourir ?) L'Argentier préparait les voies de la Grande Renaissance.

Avec lui le négoce (il revenait au sens premier de ce mot) devenait instrument de paix et de compréhension entre les peuples les plus divers. Ses interventions en faveur de Venise ou des chevaliers de Rhodes le démontraient ; l'échange constituait l'élément moteur de la prospérité des nations et de l'enrichissement des hommes.

Hélas ! Nombre de Français passaient à côté, ne percevaient pas les effets bénéfiques des activités de l'Argentier, ne comprenaient pas quels avantages prodigieux il leur offrait, directement ou indirectement. Davantage sensibles aux médisances, aux critiques, peu ou mal fondées, qu'aux appréciations louangeuses et aux réflexions solidement étayées, il leur semblait que le roi faisait preuve d'autant de faiblesse en cédant aux manœuvres et manigances d'un parvenu, qu'il se révélait veule et concupiscent avec sa « ribaude », comme on appelait souvent la Dame de Beauté.

Qu'Agnès Sorel fût amie avec Jacques Cœur achevait d'exaspérer les ennemis de l'une et de l'autre, qui n'en parvenaient que mieux à caricaturer chaque fait et geste de leurs cibles dans l'opinion publique.

Ignorant ou refusant de voir les qualités d'intelligence, de jugement et de cœur d'Agnès Sorel, celle-ci pouvait bien multiplier ses actes de générosité ou les preuves de ses vues pertinentes, elle n'en recueillait chaque fois que ricanements, attaques et odieuses suppositions. Quant à Jacques Cœur, sa réussite sociale semblait une offense et une provocation à beaucoup, voire même une manifestation démoniaque. Le diable seul avait pu créer une telle fortune et hisser si haut un « posvre compaignon » que d'aucuns appelaient non sans mépris « le Jacquet ». L'abattre devenait alors mission sacrée.

Cependant, le roi continuait de ne rien vouloir entendre du concordant concert qui montait jusqu'à lui : récriminations, plaintes, faux sermons, libelles, diatribes. Et ses protégés pouvaient, momentanément, se moquer des sots malfaisants et des haineux.

En cette année 1446, Jacques Cœur intervenait auprès de la municipalité de Montpellier au sujet d'un bâtiment public. La vieille loge des marchands lui paraissait insuffisante, trop petite et inadaptée aux besoins des négociants et des courtiers du port de Lattès-Mireval-Montpellier.

Il proposait la construction d'un nouveau bâtiment qui, par sa vastitude, permettrait de loger les différents services administratifs et pourrait également servir de bourse des marchandises. (Le mot de bourse, dans son sens moderne, n'existait pas encore, mais sa réalité était déjà bien vivante.) Jacques Cœur avait déjà acheté le terrain idoine ; il suffisait de prévoir le financement. Très rapidement un accord intervenait entre les deux parties. Jacques Cœur s'engageait à avancer sur-le-champ une somme (elle s'éleva à 1 869 livres 6 sols et 4 deniers) remboursable probablement sur l'impôt que la ville se proposait de lever en cette occasion. Quant aux élus municipaux, ils votèrent la décision de consacrer à la nouvelle loge le tiers des rentrées de six années de la taille, ce qui devait fournir, pour ce financement, une somme de 6 087 livres, 6 sols et 8 deniers. Afin d'alléger les charges de la cité, Jacques Cœur promettait entre-temps aux consuls d'user de son influence pour obtenir un abattement de 33 % sur les tailles dues par la ville.

Tous problèmes financiers réglés, les travaux commencèrent. Ils devaient durer trois ans (1446-1449), et le résultat fut à la hauteur des espoirs. Pour faire plaisir à l'Argentier, les bâtisseurs ajoutèrent aux emblèmes du royaume et aux armes de la cité les propres armoiries de Jacques Cœur.

Tout semblait donc aller pour le mieux entre les bourgeois de Montpellier et l'Argentier. Pourtant, sensiblement à la même époque éclatait une affaire que d'aucuns ne lui pardonneraient jamais.

Parmi les hommes avec lesquels l'Argentier s'associait fréquemment, pour des opérations ponctuelles ou pour la création de sociétés à temps limité, Michel Teinturier, fils et frère de notables montpelliérains et notable lui-même, faisait figure d'homme de confiance. Au point que Jacques Cœur lui confiait le commandement d'une de ses galées : la *Notre-Dame-et-Saint-Denis*.

Au cours d'un de ses voyages, Michel Teinturier se trouvait à Alexandrie, et les officiers du Soudan chargés de la surveillance et du contrôle du port venaient de lui rendre mâts et gouvernail. Il s'apprêtait à appareiller lorsque soudain était apparu le long de son bord un adolescent de quatorze ou quinze ans, courant et gesticulant, appelant. Surpris, le capitaine entendit alors le jeune homme répéter sur tous les tons :

« Pater Noster, Avec Maria, je veux être bon chrétien. »

Cédant à une impulsion charitable, c'est du moins ce qu'il devait affirmer par la suite, Michel Teinturier permettait au jeune homme de monter à bord, contrevenant ainsi à tous les règlements et se mettant même en fâcheuse posture une fois la nouvelle ébruitée. Puis il fit voile et rames vers le large.

Arrivé à Montpellier le capitaine débarquait Aboleris — tel était le nom revendiqué par l'évadé — et l'emmenait quelques jours plus tard à Toulouse, où Aboleris se retrouvait bientôt valet d'écurie dans l'hôtel de l'archevêque de cette ville.

Quelques mois plus tard, en l'année 1446, au cours d'un de ses voyages habituels, Jacques Cœur apprenait toute l'affaire. Il piquait alors une de ses colères majeures et s'en prenait avec aigreur au responsable, lui reprochant d'avoir, par un acte aussi grave qu'inconsidéré, par une action qui transgressait de la plus insupportable façon les accords élaborés avec les musulmans, mis en péril les heureuses relations commerciales entre la France et l'Égypte, et même avec tous les ports du Levant, le négoce comportant comme obligation première, au plan international, le respect des us et coutumes de chacun des partenaires.

La scène entre Jacques Cœur et Michel Teinturier ne se déroula pas à huis clos, mais devant témoins; entre autres, en présence d'un bourgeois de Montpellier nommé Nicolas Sarrat, qui devait rapporter qu'il « estoit présent quand Jacques Cœur parla audict Michelet Teinturier et luy dit qu'il gardast bien ledit More, car si inconvénient en venoit, il s'en prendroit à luy ». Jacques Cœur devait reconnaître qu'il avait déclaré « bien rigoureusement qu'il le failloit rendre ».

Mais une autre phrase devait rester sur le cœur de Michel Teinturier : son patron lui affirma, au comble de la colère, « que s'il en avait dommaige il le destruiroit ». L'Argentier venait de dresser contre lui une famille puissante.

Il ne pouvait être question de contrecarrer l'ordre de Jacques Cœur, aussi Aboleris retourna-t-il aussitôt à Montpellier où il attendit pendant deux mois, dans la prison du bailli, le premier départ d'une galée Cœur à destination de l'Égypte.

Rendu à son maître, Aboleris s'empressa de renier la foi chrétienne et dorénavant « se tint à la loi des sarrazins ».

Bien entendu, cet acte devait être reproché à l'Argentier comme crime contre l'Église. Pourtant on a pu constater que jamais celle-ci, y compris le pape, ne lui tint rigueur de cette action. On a même pu avancer que c'est au contraire à la suite d'une pression exercée sur Jacques Cœur par le grand-maître de Rhodes — Jean de Lastic —, ainsi que par une assemblée de marchands montpelliérains que l'esclave Aboleris fut au plus tôt renvoyé à son maître afin de ne pas courir le risque de s'exposer à des représailles musulmanes et à rallumer l'animosité du Soudan contre l'Ordre Hospitalier.

S'il existe une constante dans la carrière de Jacques Cœur, c'est bien son excellente entente avec l'Église, avec les papes en particulier. L'année 1446 en fournissait d'ailleurs une preuve formelle. Étienne de Cambrai, évêque d'Agde, ami intime et souvent associé de l'Argentier, rentrait cette année-là d'un voyage à Rome où il avait réglé ses problèmes particuliers, puis plaidé la cause du fils aîné de son allié, Jean Cœur, afin d'obtenir son élévation à la chaire archiépiscopale de Bourges. Étienne semblait sur le point d'obtenir gain de cause, en dépit de l'âge du candidat et du fait, passablement important, que le siège de Bourges n'était pas encore libre. Il faut dire que son titulaire, le malheureux Henri d'Avaugour, rongé par la lèpre, faisait pitié et, en dépit de ses efforts, ne parvenait plus à assurer sa charge.

Brillant sujet que ce Jean Cœur qui, avec son frère Henri, avait décidé d'embrasser la carrière ecclésiastique. En 1443 il se faisait recevoir bachelier à l'université de Paris, pour se retrouver licencié en 1445.

Tandis que dans un premier temps Henri Cœur obtenait le décanat (dignité et fonction de doyen) de l'église de Limoges et le canonicat (dignité, office et bénéfice de chanoine) de la Sainte-Chapelle de Bourges, Jean Cœur succédait à Jean d'Étampes, autre ami de son père, nommé en 1445 évêque de Carcassonne, au décanat de l'église-cathédrale de Poitiers.

Maintenant, c'était donc la dignité d'archevêque que briguait Jean. Cette nomination n'irait pas sans poser des problèmes car, outre que le siège avait encore son titulaire, Jean Cœur, âgé vraisemblablement de vingt-deux ans (des auteurs s'interrogent et discutent hésitant entre vingt-deux et vingt-cinq), n'avait pas encore atteint l'âge canonique, fixé à vingt-sept ans. Mais un moyen permettait de tourner la difficulté : il suffisait pour le nouvel archevêque de « prendre un évêque pour dûment desservir cette église ».

Assiégé d'abord par Étienne de Cambrai, relancé épistolairement par le chancelier de France, Guillaume Jouvenel des Ursins, qui affirmait que désigner Jean Cœur pour cette haute charge c'était tout à la fois se concilier le roi et la France, le pape Eugène IV finissait par céder.

Pourtant il précisait dans sa nomination que Henri d'Avaugour, usé par l'âge et la maladie, se retirait volontairement, et que lui, Eugène IV, désignait Jean Cœur après les approbations de ce choix par Charles VII, par le chapitre de la cathédrale de Bourges et par les habitants de la ville. Ce n'était qu'ensuite qu'astucieusement il reconnaissait un autre mérite à l'impétrant, celui d'être dans la meilleure position morale et... financière : « ... vous, à cause des mérites et des grandes vertus dont on sait que vous brillez, appuyé aussi par l'aide de vos amis, vous pouvez restaurer cette même église, beaucoup diminuée dans ses revenus à l'occasion des guerres et divisions qui ont trop longtemps lamentablement affligé ces contrées... ».

Jean Cœur fit appel à son père pour répondre à ces espoirs. L'Argentier ne lésina pas. Il offrit à la cathédrale une nouvelle sacristie, une chapelle (les deux existent encore), des terrains et, un peu partout, les restaurations qui s'imposaient ; enfin s'ajoutèrent à ces cadeaux princiers nombre de livres et objets du culte.

Le jeune archevêque ne chercha pas à transgresser la règle et attendit patiemment le mois de septembre 1450 pour faire son entrée solennelle dans Bourges et être porté à la cathédrale, entouré d'évêques.

Mais Étienne de Cambrai ne s'était pas seulement entremis pour l'avenir de Jean Cœur, pour important qu'il fût. Il ramenait de son voyage romain un autre présent — et de taille — pour l'Argentier.

Jusque-là les navires de Jacques Cœur naviguaient, à partir de Montpellier, à destination des ports du Levant, sous le couvert de la dispense papale collective accordée à la ville. C'était un lien, une sorte de cordon ombilical qui le liait, sans possibilité d'échappatoire, à la grande ville languedocienne. Or, c'était une dispense papale personnelle, en date du 6 septembre 1446, que l'évêque d'Agde (encore chanoine de Narbonne) lui rapportait. Désormais Jacques Cœur pouvait se passer de Lattès-Mireval-Montpellier ; plus rien ne le retenait, ses navires restaient couverts, de quelque lieu qu'il leur plût de partir naviguer. Cette dispense c'était la possibilité, pour l'armateur qui la possédait, de se mouvoir à sa guise.

Charles VII avait déjà réformé l'armée et les finances sans s'être encore soucié de la justice. Avec son Ordonnance du 28 octobre 1446 il comblait cette lacune. Elle avait essentiellement pour but de prescrire et disposer les conditions dans lesquelles devaient être conçues les formes procédurières et réunis les hommes de loi. Elle recommandait aussi la concision dans les discours et les formules aux avocats et aux notaires.

Même si ces mesures ne furent jamais complètement ou continûment appliquées, elles n'en eurent pas moins de nombreux effets bénéfiques.

Parmi les hommes de petite extraction qui travaillaient près du roi, un autre Berrichon se signalait, Jean de Xaincoins, né Jean Barillet. Son intelligence et son courage faisaient merveille. Notaire et secrétaire du roi dès 1434, puis receveur général des finances, en 1438, le roi, en cette année 1446, décidait de l'anoblir.

2.

1447

1ᵉʳ janvier 1447! L'année s'ouvrit sur un coup d'éclat, un accès de fureur. Le dauphin Louis claqua les portes et quitta la cour, tête nue, gesticulant, hors de lui. Avec un petit groupe d'intimes, il prenait dans l'heure la route du Dauphiné.

Au moment de franchir le pont-levis du château de Razilly, situé près de Tours, où Charles VII et Agnès Sorel s'étaient installés depuis quelques mois, tout à leurs amours, il s'écriait, agressif et provocant : « Par cette tête qui n'a point de chaperon, je me vengerai de ceux qui m'ont mis hors de ma maison ! »

Banni par le roi pour une durée de quatre mois, le dauphin Louis ne devait jamais plus revoir son père. Son exil allait durer quinze longues années.

Les causes de son départ, de cette fâcherie? Elles sont multiples et diverses. Le roi, pensait-il, ne lui confiait sciemment aucune tâche de confiance ou d'envergure ; à plaisir il le laissait s'étioler, dans une cour frivole, isolé, désœuvré, à l'écart des grands problèmes politiques. Jaloux et impatient, Louis ne pouvait plus souffrir les emprises combinées et systématiques d'Agnès Sorel et de Pierre de Brézé sur son père, qui le reléguaient comme un gêneur, un empêcheur de danser en rond. Sa mère venait d'accoucher d'un garçon prénommé Charles, comme son père. Et Louis bouillait de rage en présence des manifestations de joie et d'amour bêtifiant du roi à l'égard de ce nouveau venu qui lui semblait fort dangereux pour son avenir à lui, le mal aimé. Enfin, un complot ourdi par lui-même, le Dauphin, avec l'aide espérée mais non obtenue d'un ancien Écorcheur, devenu comte de Dammartin et fidèle du roi, Antoine de Chabannes, venait de lamentablement échouer quelques jours plus tôt.

Charles VII allait vivre désormais épié et jugé, sans répit et sans indulgence, par son propre fils. Complots, intrigues, difficultés en tous genres jusqu'à l'heure de sa mort n'auraient plus de cesse. Son « témoin » allait lui gâcher, lui dénaturer, une partie non négligeable du plaisir de vivre.

Louis s'en allait, brouillé avec tous les fidèles du roi, les dévoués hypocrites, les laudateurs intéressés et sournois à ses dires, avec tous... sauf un : Jacques Cœur. Entre les deux hommes, en dépit de la différence d'âge (vingt-trois ans), le courant passait. Probablement, les circonstances aidant, leurs relations auraient-elles pu apparaître au grand jour et s'épanouir, porter les fruits des entreprises communes de deux hommes hors série. Le vrai rendez-vous de ces deux concepteurs manque à la France et à l'histoire. Mais, dans les circonstances où ils se connurent, il valut mieux, pour l'un comme pour l'autre, que tout le monde ignorât leur entente, leur commune compréhension, leur réciproque attirance. Charles VII, ulcéré, veillait à ce que nul de ses fidèles n'eût de contacts avec Louis. Jacques Cœur et le Dauphin devaient pourtant, en partie, déjouer cette surveillance.

La carrière de l'Argentier n'avait débuté qu'après sa découverte du Levant. Grâce à une adresse et une souplesse jamais démenties, Jacques Cœur jouissait d'un réel et vif prestige auprès du souverain d'Égypte. Les heureux résultats de ses deux interventions, celle en faveur de Venise, puis celle pour la sauvegarde des chevaliers de Rhodes, le prouvaient parfaitement. En 1447, l'Argentier confirmait et améliorait non seulement ses propres relations avec le Soudan, mais il réalisait une entente « cordiale » entre les souverains d'Égypte et de France.

Jean de Village, son neveu (comme je l'ai déjà dit, sans doute à la mode de Bretagne), agissant en tant qu'ambassadeur du roi, portait à Abou-Said-Djamac-el-Daher, outre ses lettres de créance, un certain nombre de présents. Charles VII offrait au Soudan, par l'intermédiaire de son Argentier, qui avait lui-même choisi ces cadeaux, une merveilleuse coupe dorée et un ensemble d'armes et de pièces d'armures ciselées et damasquinées. Sans doute, cet armement provenait-il des ateliers berruyers, créés par Jacques Cœur, avec comme maîtres-d'œuvre les deux frères de Très.

Le Soudan, circonvenu, enchanté puis convaincu de l'utilité de l'amitié française, accordait en retour sa protection aux négociants de France. Il précisait que « ayant libertés en mon pays et qu'il leur soit faict honneur et plaisir ». Une deuxième formule : « une paix à tous tes marchands pour tous mes pays et ports... ainsi que ton ambassadeur m'a sceu demander » se concrétisait, d'abord par l'acceptation de la création d'un consulat, à Alexandrie, ensuite par l'assurance de la répercussion rapide et précise des ordres correspondants à toutes les autorités du pays.

Outre ce « firman », Jean de Village ne revenait pas les mains vides. Il rapportait les offrandes du Soudan à Charles VII pour sceller l'entente. A savoir : « Du baume fin de nostre saincte vigne » ; des épices — gingembre et poivre vert —, du sucre fin, des amandes, un léopard, une somptueuse collection d'objets en porcelaine (certains originaires de Chine) ainsi que cinquante livres d'un produit que personne n'a jamais pu déterminer : « du fin bamouguet ».

La conclusion de cette alliance avec le plus puissant des pays arabes du temps démontrait l'intelligence politique de Jacques Cœur. Le vieux monde se trouvait alors aux prises avec les Turcs, population guerrière et nomade qui infligeait les pires défaites aux chrétiens et... aux Arabes. L'alliance avec ces derniers, gens de haute culture et d'ancienne civilisation, aurait sans doute pu constituer un barrage efficace, celui dressé par les Méditerranéens des deux rives — qui, par-delà des problèmes religieux, avaient un fond culturel commun — contre un envahisseur sectaire et impitoyable, issus des steppes asiatiques, et dont la vie comme les conceptions tranchaient avec les antiques habitudes du monde arabo-gréco-latin. L'Argentier ne fut pas compris. Les vieilles et tenaces rancunes eurent malheureusement raison de la réflexion, d'une connaissance autant intuitive qu'approfondie, et de la lucidité. Les pires défaites suivraient.

Les réunions du Conseil royal attiraient toujours plus Jacques Cœur. Participer aux discussions puis aux décisions qui déterminaient la politique du royaume devait lui procurer des plaisirs bien supérieurs à ceux qu'il n'éprouvait, jusque-là, que dans l'exercice de ses fonctions de patron de consortium.

Certes, il entreprenait et innovait encore dans ce domaine. Témoins ses essais dans la région de Montpellier où il s'entêtait à faire des recherches sur les procédés de teinture rouge pour les draps, le négoce des draps écarlates ayant été, aux siècles passés, particulièrement prospère. Ainsi ces dernières tentatives l'entraînaient-elles à faire construire la « Font Putanelle » (fontaine), afin d'obtenir, là où le besoin s'en faisait sentir, les quantités d'eau indispensables aux lavages.

Cependant, afin de se rendre libre de répondre favorablement aux convocations du Conseil, afin de disposer des mois indispensables pour remplir les missions que le roi voulait bien lui confier, Jacques Cœur accentuait encore certaines distances vis-à-vis de ses responsabilités dans son trust. Progressivement, il mettait donc en place, aux postes clefs, des fidèles, des hommes sûrs qui savaient veiller à ses intérêts.

A Guillaume de Varye, il confiait en totalité la direction de l'Argenterie installée à Tours (la plus importante), ainsi qu'une véritable direction financière générale. A ce compagnon des premiers jours incomberait désormais le jeu des créances et des reports de créances, celui des lettres de change et des assignations à terme, qui permettraient la récupération et la mobilisation de diverses sommes, assurant une indispensable masse de manœuvre de liquidités au trust.

A Jean de Village, le « neveu » bien-aimé, aidé par le fanatique Antoine Noir, le facteur de Montpellier, revenait la charge d'organiser et d'effectuer les voyages en direction des ports et marchés du Levant, c'est-à-dire tout l'aspect import-export du consortium, la base même des opérations qui avaient permis « l'Empire Cœur ».

A la fin de l'année 1447, le 23 décembre, Charles VII nommait son Argentier Visiteur général des Gabelles. Fonction importante qui allait assurer à un homme astucieux, et bien en cour, un surcroît non négligeable d'argent et de pouvoir.

Depuis des années déjà, Jacques Cœur faisait le commerce du sel, tant dans le Sud de la France (Languedoc et Provence) que dans les régions de l'Ouest, de La Rochelle à la Bretagne. Cette nouvelle fonction allait lui permettre, après avoir mis en place un grand nombre de fonctionnaires dépendant étroitement de lui, un certain nombre de trafics qu'il est aujourd'hui difficile, faute de documentation, de tirer au clair. Ce qui en revanche semble certain c'est que le nouveau Visiteur général ne se montra pas d'une scrupuleuse intégrité. Il ne dut guère hésiter à frauder le fisc, lui qu'on avait chargé de surveiller les rentrées.

Sans vouloir défendre à tout prix le coupable, il est vraisemblable que l'énormité (pour l'époque) de ses affaires, étant donné le peu d'espèces numéraires en circulation et l'aspect trop peu souple de la banque, ne permettait pas à un homme tel que lui de se procurer pour ses besoins quotidiens (salaires, frais fixes, débours et roulement divers) les liquidités indispensables, d'où une recherche permanente de ces sommes par n'importe quel moyen. S'il en avait été autrement, les risques qu'il prenait auraient été incompréhensibles. Dans le gabellage et ses fraudes il n'a certainement vu, encore une fois, qu'un moyen d'encaisser une partie de ces liquidités après lesquelles il n'arrêtait pas de courir.

Quoi qu'il en soit, voici ce qu'on peut avancer : ayant concédé à des marchands, associés au sein de deux compagnies fermières, le monopole du sel sur le cours du Rhône, il accorda, moyennant finances, certains abattements de droits sur le gabellage et fit verser par le Trésor des indemnités non dues. Parmi les négociants se trouvaient, entre autres, les frères de Villars, Jean et Pierre, de Lyon, également banquiers. De plus, Jean de Villars était un des agents habituels de l'Argentier. En outre, ne pouvant figurer personnellement dans ces compagnies, il y avait fait inscrire des employés complaisants, des prête-noms, tels qu'André Courray.

Les complices, ou les témoins indulgents et serviables à des titres divers — mais pas forcément désintéressés —, furent nombreux. Parmi eux on peut avancer les noms du général des finances du Languedoc, Jean d'Étampes, du contrôleur général du Languedoc, Étienne de Cambrai, du receveur général du Languedoc, Étienne Petit, des frères Chappuis, Jérôme et Thomas, marchands sauniers de Condrieu, de Romé de Laye, batelier du Rhône, etc.

Ce manque de liquidités n'empêchait pourtant pas le nouvel anobli de se lancer dans des achats excessifs de fiefs nobles. Une rage forcenée ! Comme un irrépressible désir de possession et d'accumulation ! Cela finissait par ressembler à la manie d'un collectionneur. Mais quelle collection ! Domaines et seigneuries, dont certains, vastes de milliers d'hectares, comprenaient plusieurs paroisses. Mais cette... boulimie ne s'arrêtait pas à des fiefs ; tout y passait : maisons, simples granges, bouts de vigne ou champs, Jacques Cœur achetait, allant parfois jusqu'à faire pression sur les vendeurs lorsque ceux-ci se trouvaient en difficultés, afin de devenir plus vite possesseur d'un bien.

La liste de ses propriétés est particulièrement impressionnante ; la voici, presque exhaustive :

BIENS DE LA RÉGION DE PUISAYE :

Seigneurie de Saint-Fargeau, Yonne.
Terre de Toucy, Yonne.
Terre de Malicorne, Yonne.
Terre de Champignelles, Yonne.
Terre de Villeneuve.
Terres de Melleroy, Saint-Maurice-sur-Aveyron, Loiret.

BIENS DU ROANNAIS :

Co-Seigneuries de Roanne et de Saint-Haon-le-Châtel, Loire.
Seigneurie de La Motte-Saint-Romain, Loire.
Terre de La Forest, Loire.
Château de Boisy, Loire.

BIENS DE BOURGES ET DE LA RÉGION :

Palais de Jacques-Cœur (Hôtel de la Chaussée).
Grand'Maison en la paroisse Saint-Austrille.
Biens de Menetou-Salon, Cher.
Seigneurie d'Ainay-le-Vieil, Cher.
Biens de Marmagne, Cher.
Biens de Maubranches, Cher.
Seigneurie de Barlieu, Cher.
Maison à Bourges, paroisse Saint-Hippolyte.
Moitié de maison à Bourges, près de la porte Gordaine.
Une terre à Bourges.
Un verger à Bourges.
Une masure et une place vide à Bourges.
Une maison à Bourges, sise rue d'Auron.
Maison à Bourges, rue des Arènes.
Huit toises des anciennes murailles de Bourges.
Trois « festz » de maisons à Bourges.
Une grange au village d'Asnières, Cher.
Des pièces de terre à Liry, Cher.
Une maison à Liry, Cher.
Une maisonnette à Liry, Cher.
Des pièces de vigne près de Bourges.

Une rente pour « un change assis en la ville de Bourges ».
Une terre dans la paroisse de Chabris, Indre.

BIENS DE SAINT-POURÇAIN ET SA RÉGION :

Maison et biens fonciers à Saint-Pourçain.
Biens fonciers et rentes près de Saint-Pourçain-sur-Sioule.
Biens de Saint-Gérand-de-Vaulx, près de Moulins.
Biens de Saint-Loup, près de Moulins.
Banvin et rentes de Saint-Pourçain.
Rente de 4 livres tournois sur un hôtel de Saint-Pourçain.
Rente de 7 livres et 10 sols tournois sur des maisons à Moulins.
Rente de 6 livres tournois sur un hôtel de Saint-Pourçain.
Seigneurie de La Bruyère-l'Aubespin, Allier.

BIENS DE TOURS ET SA RÉGION :

Hôtel de l'Argenterie, près de Saint-Sornin, à Tours.
Maison à Tours.

BIENS DE LYON ET SA RÉGION :

Grand'Maison et maison de la Rose, rue Mercière.
Maison à Lyon, dans une rue allant de Saint-Niziers à la Saône.
Jardin à Lyon, rue Raisin.
Rente de 5 écus sur maison rue Mercière.
La moitié des mines de Joux.
La moitié des mines de Chessy.
La moitié des mines de Saint-Pierre-la-Palud.

Les mines de Pampailly.
Une maison et un moulin à papier, à Rochetaillée, Rhône.

BIENS DANS LE LANGUEDOC :

Grand'maison rue Embouque d'or, à Montpellier.
Deux emplacements, dans la ville de Montpellier.
Mas d'Encivade, près Montpellier.
Une étable à Montpellier.
Une maison à Montpellier.
Une maison à Beaucaire.
Des maisons et des biens divers à Béziers.
Les terres de Bessan, près Béziers.

Ajoutons, pour terminer, qu'il avait acheté une maison à Marseille, face au port, appartenant précédemment à un notaire du nom d'Aventuron Rodeti.
A partir de cette acquisition marseillaise, tout change. Nous entrons dans un autre domaine, mal éclairci, complexe, et qui pourtant devrait conférer un autre éclairage aux événements de l'année 1451. Cette dernière acquisition ne relevait pas de sa manie de la propriété. Elle ne s'imposait que du fait de sa volonté d'obtenir la qualité de « bourgeois de Marseille », afin d'installer dans cette ville bureaux, magasins, et, par la suite, entrepôts, tout en bénéficiant des exonérations de taxes prévues.
Hé oui ! Comme une révolution ! Jacques Cœur décidait soudain de transférer ses affaires, l'ensemble de ses activités, à Marseille. Coup terrible pour le Languedoc, apport inestimable pour la Provence en général et son principal port en particulier.
Mais deux questions s'imposent ici. A quel moment l'Argentier avait-il pris, dans le secret de lui-même, cette déci-

sion ? Et qu'est-ce qui la justifiait et l'expliquait dans un contexte complexe ?

Certes, sur les plans pratiques et techniques, Montpellier, avec ses avant-ports éternellement de fortune, en éternel envasement, ne supportait pas la comparaison avec la rade de Marseille. Que représentait même l'ensemble des ports languedociens face à ce port naturel, merveilleusement situé à proximité de l'embouchure d'un grand fleuve, prolongé lui-même par une large et calme rivière (Rhône-Saône), voie extraordinaire, ouverture desservant un ensemble de régions riches et peuplées de populations industrieuses, pouvant de surcroît communiquer avec l'Atlantique grâce au relais de la Loire et de ses affluents. Oui, Montpellier faisait pâle figure en comparaison, avec ses chenaux ensablés, envasés, que des équipes d'ouvriers devaient dégager chaque année, avec son manque de communications fluviales, et avec des routes devant contourner un massif montagneux, aux abords difficiles, avant de déboucher.

Les éléments d'une réponse « logique » se présentent donc sans la moindre difficulté pour peu qu'on analyse les données apparentes du problème. D'autant qu'on pourrait en ajouter d'autres, non matériels ceux-là, mais conjoncturels. Par exemple : Jacques Cœur disposait depuis un an d'une bulle papale l'autorisant personnellement à commercer avec les musulmans. Rien ne le contraignait donc plus à se réfugier derrière l'exemption de six navires annuels, accordée jadis par un pape à sa bonne ville de Montpellier. Et aussi la quasi-certitude d'être nommé visiteur général des gabelles (nous avons vu qu'il le fut en décembre), qui donnait à la place de Marseille, avec ses facilités sur le plan des transports fluviaux, une valeur plus complète qu'à Montpellier.

Pareille accumulation d'arguments devrait nous convaincre une fois pour toutes et nous entraîner à passer à autre chose. D'où vient qu'on ne le puisse pas ? C'est que des analyses plus poussées et des inductions nous retiennent là. Certaines déductions s'imposent à l'esprit, qui s'opposent à l'harmonieux édifice élaboré.

Car enfin, la Provence n'était pas encore la France. Les taxes, droits, impôts payés jusqu'ici par Jacques Cœur et ses associés, par ses fournisseurs et ses acheteurs, par ses loueurs de services et les entreprises d'entretien tombaient à terme dans l'escarcelle de la France, tandis que désormais elles glisseraient dans celle de la Provence, c'est-à-dire dans celle de René. Or chez Jacques Cœur le sentiment national comptait. Il l'avait déjà démontré et le démontrerait encore. S'imagine-t-on que Charles VII puisse approuver semblable décision, qui allait inéluctablement l'appauvrir ? Non ! Pas davantage que les membres de la bourgeoisie languedocienne, dont les revenus se trouveraient ainsi mis en cause. La vexation du roi, plus les haines inexpiables de gens riches et puissants, redoutables par le nombre, ne faisaient-elles pas pencher la balance vers le statu quo ?

Alors ? Était-ce folie provocatrice de la part de l'Argentier ? Mégalomanie exacerbée le persuadant qu'il ne craignait rien, de qui ce soit, pas même du roi ? Mais, par ailleurs, ne savait-il pas mieux que personne que sa carrière politique, qu'il plaçait désormais au-dessus de tout, dépendait complètement de l'humeur et de la volonté de Charles VII à son égard ?

A moins qu'il n'eût reçu des assurances d'un autre souverain. Ou d'un souverain en puissance. A moins que, persuadé de la valeur d'un homme jeune, représentant l'avenir du royaume, il n'eût déjà commencé de jouer une nouvelle carte en secret, et qu'en attendant un avènement, encore imprévisible, il se soit cru assez fort, habile et convaincant pour dissimuler les dangers du transfert de ses affaires à un souverain jugé inexpert en savants calculs.

A moins que Jacques Cœur, fatigué d'une complète dépendance et connaissant mieux que personne les risques qu'il avait accumulés par ses manigances et combines de tous ordres, n'ait voulu assurer son indépendance de fait, une liberté de manœuvre qui le mettrait définitivement à l'abri de décisions imprévisibles.

Si trancher avec certitude n'apparaît pas possible, la première hypothèse me semble la plus vraisemblable après un autre examen des données générales.

Le dauphin Louis avait d'abord espéré, au cours de l'année 1446, que son père lui confierait une armée pour intervenir dans la politique italienne. Son projet : aider Milan contre Venise, en suite de quoi le duc Filippo Maria Visconti, ou plutôt son gendre, un homme d'action, Francesco Sforza, l'aiderait à assumer la suprématie de la France sur Gênes.

Mais peut-être d'autres projets, plus larges, plus ambitieux avaient-ils été élaborés avec Jacques Cœur, qui pouvait apporter un appui solide au futur souverain étant donné ses sérieuses et nombreuses accointances italiennes ? Ne possédait-il pas une manufacture et des intérêts bancaires à Florence ? N'était-il pas toujours en relations d'affaires avec Campofregoso et les autres membres des grandes familles génoises ? N'entretenait-il pas une correspondance avec le souverain d'Aragon, Alphonse le Magnanime ? N'était-il pas intervenu en faveur de Venise auprès du Soudan ? Enfin, n'était-il pas au mieux avec le Saint-Siège ?

Et puis le Dauphiné jouxtait la Savoie et le comté de Provence. René d'Anjou voyait d'un bon œil l'arrivée de l'Argentier dans ses domaines, et le duc de Savoie lui était favorable. Or le duc avait une fille à marier, Charlotte, et le Dauphin depuis peu se retrouvait veuf.

Ce qui est certain c'est que les relations entre le futur Louis XI et l'Argentier n'ont jamais connu d'éclipse, bien qu'elles fussent demeurées secrètes. Ce dernier allait faire plus que d'avancer fréquemment de l'argent au Dauphin, il mettrait ses relations et ses amitiés à sa disposition, ainsi que l'ensemble des agents de son consortium.

Ce que nous savons du rôle de Charles Astars, notaire et secrétaire du roi, semble éloquent en dépit du peu qui nous est parvenu.

Licencié en droit, ce Languedocien, ce Vivarais originaire de Villeneuve-de-Berg, dont la famille possédait la charge de receveur des impôts depuis des générations, était entré au service de l'Argentier. Ainsi agissait-il en qualité de procureur lors de l'achat de la seigneurie de Saint-Fargeau. Par ailleurs, son rôle consistait aussi à vérifier les comptes des mines du Lyonnais et du Beaujolais, ainsi qu'à contrôler les parchemins ayant trait aux possessions et acquisitions immobilières de l'Argentier.

Nous le retrouvons dans le secrétariat de Jacques Cœur, lorsque ce dernier, sur ordre de Charles VII, reprend son ambassade à Gênes en 1447. Or, par la suite, Charles Astars devait s'engager au service du Dauphin et devenir un des fidèles de celui-ci lorsqu'il serait devenu Louis XI. De bailleur de fonds à familier il y a là mieux qu'une constante.

1447, c'était l'année où Jacques Cœur mariait sa fille, Perrette, avec Jacquelin Trousseau, fils de Artaud Trousseau, vicomte de Bourges, châtelain de Bois-Sire-Amé. La dot de Perrette, prévue par le contrat de mariage en date du 27 mai 1447, s'élevait à 10 000 livres.

Les frères Bureau, à leur tour, se voyaient dans le courant de l'année anoblis en raison de leurs services. Tandis qu'à Montpellier, la ville en cours d'être délaissée, Janosso Bucelli, le banquier et négociant d'origine florentine, l'ancien et toujours rival, mais aussi le fréquent compère de l'Argentier, était élu bayle de la ville.

3.

1448

En juillet 1448, une flotte française, composée de onze navires, quittait nos côtes en direction de Finale-Marina, ville et port modestes, situé sur le golfe de Gênes, et qui, en dépit de l'hostilité et des attaques de cette ville, dont elle dépendait jusque-là, continuait de reconnaître la suzeraineté française.

La première mission de cette flotte : ravitailler Finale-Marina en armes et munitions ; la seconde : conduire jusqu'à Civita-Vecchia l'ambassade que Charles VII envoyait à Rome auprès du Saint-Siège.

Il faut ici faire un retour en arrière pour comprendre la situation de la chrétienté. De 1378 à 1417, elle avait vécu ce qu'il est convenu d'appeler « le Grand Schisme d'Occident ». C'est-à-dire que durant toute cette période, deux papes, l'un à Rome, l'autre à Avignon, prétendaient la diriger. La confusion paralysait tout.

Ce dualisme avait commencé après le retour de la papauté d'Avignon à Rome, sous le règne d'Urbain VI (200e pape). Celui-ci se rendait si odieux aux cardinaux, en majorité français, que ceux-ci, en 1378, se réunissaient en conclave pour élire Clément VII (officiellement considéré depuis comme antipape). Clément revenait à Avignon et y organisait sa curie. La France le reconnaissait la première, puis d'autres royaumes lui emboîtaient le pas. Successivement la rejoignaient l'Écosse, la Savoie, l'Autriche, l'Aragon et la Navarre.

Dramatique situation des fidèles, querelles folles, confusion et désarroi permanent chez les chrétiens ne sachant plus à quel pape se vouer. Les années, les décennies passaient et rien ne s'arrangeait. Devant pareille incohérence l'empereur de Germanie, Sigismond de Luxembourg, se décidait à intervenir et proposait au pape de Rome, Jean XXIII (lui aussi considéré aujourd'hui comme antipape), de convoquer un concile œcuménique à Constance et d'y discuter pour s'efforcer de supprimer le schisme qui durait alors depuis trente-six ans.

En 1414, Constance devenait donc le lieu de rassemblement de tous les grands théologiens de la chrétienté. A peine réunie l'assemblée se mettait au moins d'accord sur un point : déposer Jean XXIII. Puis les discussions se développaient. Il allait falloir attendre trois années pour qu'un accord intervienne dans son sein. Et le concile élisait Martin V. Enfin la chrétienté recouvrait son unité. Le trop fameux « Grand Schisme d'Occident » avait vécu. Activement, le nouveau Souverain Pontife concentrait entre ses mains la totalité des pouvoirs et s'acharnait à restaurer la vie religieuse de Rome.

Pourtant l'entente demeurait fragile ; il fallait y veiller de près et se montrer précautionneux. Or, à peine Martin V venait-il, en 1431, de convoquer un nouveau concile, à Bâle celui-ci, pour régler les ultimes et indispensables problèmes en suspens, qu'il mourait.

Eugène IV lui succédait alors sans apparente difficulté. Tout semblait aller pour le mieux lorsque Eugène décidait de transférer l'assemblée conciliaire de Bâle à Ferrare, puis de Ferrare à Florence. Ces deux décisions mettaient le feu aux poudres. Une partie des évêques refusait de quitter Bâle, puis, la fureur montant, cette faction décidait de procéder à l'élection d'un autre pape.

Ceci se passait en 1439, et le nouvel élu (considéré aujourd'hui comme antipape), Félix V, n'était autre que le vieux duc Amédée de Savoie qui, ayant abdiqué en faveur de son fils, vivait près de Thonon, dans le château de Ripaille, ancienne chartreuse, devenue forteresse, flanquée de sept tours, avec son église à la façade de marbre.

Ce nouveau schisme allait-il une fois encore déchirer durablement l'Église d'Occident, susciter deux parties inconciliables (sans jeu de mots !) ?

Charles refusait de soutenir Félix V. Bien qu'il ne fût pas dans les meilleurs termes avec Eugène IV, après la très gallicane Pragmatique Sanction de Bourges en 1438, il décidait pourtant de s'employer à concilier les adversaires en obtenant l'abdication de l'ancien duc.

En 1447, il chargeait une mission composée de quatre membres — l'archevêque de Reims, Jean Jouvenel des Ursins, l'évêque de Carcassonne, Jean d'Étampes, un savant maître de théologie, Robert Thibault, et Jacques Cœur d'aller parlementer avec Félix V. Il s'agissait de convaincre le vieil homme que, par-delà les meilleurs motifs qui l'avaient poussé à recevoir la tiare, il fallait se souvenir de l'intérêt supérieur de l'unité de l'Église.

Les ambassadeurs déjà se frottaient discrètement les mains, croyant aboutir. Félix-Amédée semblait sur le point de céder, et l'on en était à discuter des meilleures conditions — dans le respect et l'honneur de l'antipape — de son retrait, lorsque brutalement la nouvelle arrivait de la mort d'Eugène IV. Du coup, Félix, débarrassé de son compétiteur, ne voyait plus de raison de céder la place. Et la délégation, comprenant que tout devait être repris à la base, regagnait la cour pour faire son rapport à Charles VII.

1448. Le deuxième acte commençait. Cette fois l'ambassade française que Charles VII envoyait au nouveau pape Nicolas, qui par sa maladresse avait fait échouer le premier accord avec Félix V, comprenait Jean Jouvenel des Ursins, archevêque de Reims, Hélie de Pompadour, archidiacre de Carcassonne, en attendant de devenir évêque d'Alet et de Viviers, le maréchal de La Fayette, Tanguy du Chastel et Jacques Cœur. Les trois premiers s'étaient mis en route pour Rome par voie terrestre, dès le mois d'avril, et les deux derniers venaient par mer.

Trois des onze galères françaises débarquèrent donc à Civita-Vecchia. Tanguy du Chastel et Jacques Cœur, ainsi que leur fort nombreuse suite, gagnèrent Rome à cheval.

Avant de pénétrer dans la Ville éternelle, les Français se formaient en cortège. Le défilé, plus de trois cents cavaliers, vêtus de couleurs vives et chatoyantes, portant armes et bijoux étincelants, montés sur des chevaux richement caparaçonnés, éblouit et impressionna la foule romaine mais dépita par contre l'ambassade anglaise, déjà arrivée avec l'espoir de trouver la première une solution au schisme menaçant.

Jean Charpentier rapporte l'événement : « Il n'y avait pour lors homme vivant qui eût jamais vu entrer à Rome si honorable ambassade, ni en si grande magnificence, ni qui eût ouï parler de pareille compagnie, ce qui tournait au grand honneur du Roy et de son royaume ! » On peut voir dans ce déploiement de luxe la patte de Jacques Cœur.

Dès les premiers entretiens, Nicolas V fut charmé et séduit par l'Argentier, qu'il fit tout spécialement loger dans son palais. Or Jacques Cœur était tombé malade. Il avait contracté une « fièvre » durant son séjour romain, ce fut le propre médecin du pape qui le soigna.

Grâce à cette ambiance éminemment favorable, et en dépit de mille difficultés, les pourparlers des Français aboutissaient et les envoyés de Charles obtenaient ce qu'ils étaient venus chercher, à savoir les meilleures conditions et les limites de concessions, afin de pouvoir traiter, avec chance de succès, le retrait de Félix V.

La marge de manœuvre concédée devait s'avérer suffisante puisque, lors du troisième et dernier acte, l'année suivante, au cours d'entretiens à Genève et à Lausanne, Jacques Cœur recueillait enfin l'abdication souhaitée en bonne et due forme.

Nicolas V, soulagé et heureux de la réduction d'un mouvement dangereux, écrivait aussitôt à Charles VII :

« Par un insigne bienfait de la miséricorde divine, prince très chrétien, le Siège apostolique et toute l'Église catholique ont été remplis de joie, lorsque, grâce à votre conduite Sainte et Glorieuse, ce schisme si funeste a été détruit.

« Nous rendons de toute notre âme des actions de grâce, si faibles et si imparfaites qu'elles soient, à l'auteur de ce grand acte, priant sa miséricorde de daigner recevoir, comme témoignage de notre gratitude, les désirs mêmes de notre cœur.

« Que le Dieu tout-puissant, qui semble avoir réservé Votre Majesté pour ces temps difficiles, daigne vous conserver à votre royaume et à l'Église entière, et qu'il vous comble de bonheur et de gloire ! »

Le pacte agréé prévoyait que Félix V serait élevé à la dignité de cardinal-évêque de Sainte-Sabine de Rome et légat du Saint-Siège. Ajoutons que l'ex-duc et Jacques Cœur continueraient leurs excellentes relations.

La part prépondérante prise par Jacques Cœur durant ces délicates, complexes et fastidieuses délibérations, qui s'étalent sur trois années consécutives, établit définitivement la réputation de l'Argentier au Saint-Siège. Il venait de gagner un appui et une amitié qui, par la suite, jamais ne devaient lui faire défaut.

D'ailleurs, ce crédit se concrétisait aussitôt. Une bulle du

1er octobre 1448, renouvelée par une autre du 8 octobre 1449, confirmait et étendait les privilèges que le pape Eugène IV avait déjà octroyés à Jacques Cœur, en précisant : « à vous qui avez été désigné à nous parler pour de grandes et difficiles affaires à traiter avec nous pour le compte dudit Roi... ».

Mais d'autres avantages, non moins tangibles, s'ajoutaient à cette autorisation de commercer avec les Infidèles et de transporter des pèlerins en Terre sainte.

Pour ses mines du Lyonnais et du Beaujolais, Jacques Cœur devait fréquemment négocier avec des communautés religieuses au sujet de droits et de servitudes pour ses propriétés. Certains abbés ne se montraient sans doute pas toujours coopératifs. Nicolas V, avec les circonlocutions de rigueur et les prudences, indispensables pour ne point blesser des susceptibilités parfois à vif, leur demandait que les problèmes pendants avec l'Argentier soient réglés au mieux.

Nous trouvons, entre autres, cette phrase fort éloquente, dans un des textes papaux : « Actes de confirmation au sujet de certaines mines pour M. l'Argentier de France, et au sujet de certaines autres choses, si l'évidence est telle. »

Un autre document est adressé : « ... à notre cher fils, Barthélemy Bercherius, chanoine de Vienne » ; à propos de l'abbaye bénédictine de Savigny, Nicolas V précise : « ... aux choses qui pour l'avantage et l'utilité des églises et de tous les monastères ont été faites avec prévoyance pour que toujours elles persistent fermes et intactes, volontiers, comme on nous le demande, nous ordonnons qu'on ajoute le poids de la force apostolique ».

Comme nous le disions, pour lors, l'Argentier obtient l'appui papal concernant des « servitudes, auberges, dépendances de certains domaines ou territoires et de mines de cuivre situées dans la paroisse ou territoire dit de Cheyssiac ».

Les droits réclamés par Jacques Cœur et ses associés, les frères Baronnat de Lyon, devaient leur être concédés par les bénédictins : « ... leur concédèrent et assignèrent comme il est dû plus amplement dans le contenu de certaines de leurs lettres authentiques, munies du sceau de l'Abbé et du couvent. C'est pourquoi, pour ce qui concerne tant l'Abbé et le couvent que l'Argentier et lesdits citoyens, il nous fut humblement demandé d'ajouter la force de la confirmation apostolique à ces translations, concessions et assignations pour qu'elles soient plus fermes ».

Un peu plus loin Nicolas V laissait en dernier ressort toute latitude aux autorités proches pour contrôler les renseignements que lui fournissait l'Argentier. Mais il n'en était pas moins vrai que ce dernier obtenait gain de cause : la bienveillance ainsi affichée d'un pape ne pouvait que faire réfléchir un petit dignitaire de mauvais gré.

On peut noter qu'au cours de l'année 1448 les États du Languedoc votaient à l'Argentier un subside de 4 000 livres annuel, d'une durée de trois ans (1448-1451), pour l'aider dans ses chantiers navals. Les motifs étaient encore mieux précisés l'année suivante ; le texte disait pour « de nouvel fait construire des galées, naves et autres fustes ».

Étant donné les projets de Jacques Cœur de déménagement à Marseille, ne doit-on pas se demander si les États du Languedoc, avant que la brouille entre Jacques Cœur et leurs ressortissants ne devienne irréversible, ne tentaient pas, par cette libéralité, de le retenir à Montpellier.

Cette même année, Jacques Cœur faisait nommer Guillaume de Varye au poste éminent de Contrôleur général des Finances en Languedoc. Aussi, pour l'aider dans ses tâches au sein du consortium, il lui adjoignait deux commis dévoués : Jean Thierry et Pierre Jobert.

En mars 1445, Charles VII parvenait à créer, nous l'avons vu, les « Compagnies d'Ordonnances », cette cavalerie forte de 10 000 hommes, répartie en quinze unités, elles-mêmes divisées en détachements d'importances diverses, ayant leur base et leur logement dans les villes.

En 1448, il complétait son armée permanente en créant un nouveau corps, celui des Francs Archers.

L'ordonnance du 28 avril allait tenter de doter le royaume d'une infanterie plus efficace que les milices communales, dont le rôle se bornait à prendre des gardes ou à servir durant les sièges.

Dans chaque paroisse, ou dans les bourgs et villes, à compter de fractions de cinquante feux, un homme devait être désigné par les élus municipaux.

Bien entendu, les édiles choisissaient celui qui tirait le mieux à l'arc. Encore l'élu devait-il, après sa sélection, s'exercer tous les dimanches et jours fériés après avoir revêtu sa tenue de guerre. L'équipement comportait : salade, brigandine (ou jaque), dague, épée et arc, que la commune avait la charge de lui payer.

Lorsque le tocsin retentissait le franc archer devait aussitôt rejoindre un lieu par avance désigné, d'où on le conduisait au centre d'incorporation.

Durant son service, il touchait une solde de quatre francs par mois. Par ailleurs, en tous temps, les autorités l'exemptaient de la taille et des autres charges, à l'exception de la gabelle (s'il y avait lieu) et de l'aide votée à l'occasion de la guerre.

Le nombre des francs archers s'éleva bientôt à 8 000 hommes. Et, dès 1449, ils intervenaient dans les combats et batailles, comme à Formigny.

Mais il faut reconnaître qu'après quelques faibles succès

les francs archers n'obtinrent pas la fortune escomptée. Dans les villes et les villages, rieurs et frondeurs les prirent à parti. Peu convaincus ils furent ridiculisés et l'institution finit par disparaître au XVIe siècle.

Néanmoins, il faut retenir de cette tentative qu'elle aussi portait atteinte à l'esprit féodal, puisque la guerre, cessant d'être réservée aux seuls nobles, devenait le devoir de tous. Une nouvelle fois, la royauté et le peuple se retrouvaient côte à côte, contre les féodaux et leurs principes surannés.

Mais la troisième arme, l'artillerie, d'essence également populaire, s'organisait très vite elle aussi sous l'énergique impulsion des frères Bureau. La guerre qui approchait allait trouver fin prête cette nouvelle force, composée d'un grand nombre de spécialistes : arquebusiers, crânequiniers, guisarmiers, manouvriers de machines de siège, catapultiers, sapeurs, pionniers, mineurs et canonniers. Ces hommes servaient des pièces aussi différentes que les légers canons à main, les couleuvrines ou les lourdes bombardes de fortifications ou de sièges.

L'artillerie des frères Bureau allait causer dans l'armée anglaise le même mortel désarroi que les archers anglais de Crécy, Poitiers, et Azincourt, avaient causé dans l'ost des Français.

4.

1449

La trêve de Tours de 1444, prolongée par des accords successifs, s'achevait en 1449. L'Angleterre, en proie à de nombreuses difficultés, tant gouvernementales qu'économiques et militaires, s'effrayait d'une reprise immédiate des hostilités et souhaitait, tout au moins dans la partie la plus lucide de ses dirigeants et de son opinion, un nouveau répit. L'espoir de voir se modifier heureusement le cours des événements et s'amorcer un véritable redressement guidait ces attentistes.

Par nature, Henri VI, à l'opposé de son père, n'aimait pas la guerre. Influencé par sa femme, la très Française petite-fille d'Yolande d'Aragon, Marguerite d'Anjou, il détestait plus encore l'idée d'une reprise du conflit franco-anglais. Malheureusement, il devait compter avec une grande partie de l'opinion publique. D'autant que, devant le jeune roi, son épouse, et son ministre Suffolk, se dressait un compétiteur, démagogue et manœuvrier redoutable, le duc d'York, descendant d'une branche cadette d'Édouard III.

Durant les cinq années de quiétude procurées par la trêve, Charles VII et son gouvernement n'avaient pas chômé. A travers tout le royaume, sauf en lisière de Normandie, une renaissance, un vrai printemps relayait dévastations, misères, et chronique insécurité. L'industrie, l'artisanat et le commerce reprenaient santé et vigueur. Quant au nouvel instrument guerrier du royaume, il ne demandait plus qu'à entrer en action et faire ses preuves.

Sauf en lisière de Normandie, ai-je précisé. C'est qu'en effet la trêve y avait été, comme dans la malheureuse province, infiniment moins bien respectée. Thomas Basin raconte l'évolution de la situation :

« Cependant les trêves conclues avec les Anglais suivaient depuis deux ans environ un cours assez tranquille. Mais petit à petit, les Anglais manquèrent à faire bonne justice et à payer la solde de leurs troupes ; ils prirent l'habitude, d'abord dans les pays qui leur étaient soumis, de rapiner et mettre en coupe réglée sous des déguisements les usagers des chemins publics. Bientôt ce fut ouvertement, et par grandes compagnies, qu'ils se mirent à parcourir d'un bout à l'autre toute la Normandie, pressurant et rançonnant villages, bourgs, monastères et autres lieux mal défendus, d'où il y avait quelque chose à tirer. Qu'un capitaine l'eût une fois osé, aussitôt un autre surgissait, excité par l'exemple du premier, pressé de faire subir à toutes les régions les mêmes attentats et les mêmes violences. »

Puis la situation s'aggravait encore :

« ... les Anglais ne se suffirent plus de soumettre au pillage et à la violence les habitants des régions qui leur étaient soumises ; l'audace leur vint peu à peu d'agir de la même façon dans les régions voisines appartenant aux Français, et, quand l'occasion s'en présenta, non seulement ils s'y livrèrent au pillage, mais encore ils massacrèrent les soldats et officiers français dont ils purent s'emparer. »

Il n'est pas possible de taxer Thomas Basin de parti pris, ou d'exagérations, car Mathieu de Coussy rapporte exactement la même chose. Or si Basin appartenait au parti français, Coussy se trouvait à la cour de Bourgogne. Voici ce que nous dit ce dernier :

« ... réservé qu'aucunes gens, qui avoient suivy la guerre, pleins de mauvaise vollonté et conscience, espécialement de ceux de la Normandie, se mirent sus en aucune des marches, et sur les chemins d'iceux pays de France et de Normandie, qui avoient faux visaiges, parquoy on ne pouvoit les reconnaître, et firent plusieurs destrousses et voleries sur iceux marchands ».

Les incidents, le non-respect des multiples accords, tels certains retraits anglais de villes devant être restituées et dans lesquelles les garnisons s'entêtaient, faisaient l'objet de plaintes puis de discussions. Ainsi en avait-il été du Mans en 1448. Le gouverneur Mundeford, qui devait remettre les clefs de la ville, demeurait en place. Après forces et stériles polémiques, Dunois et Brézé investirent la cité puis l'enlevèrent d'assaut.

Au début de 1449, le régent des provinces soumises à l'Angleterre, le duc de Somerset, membre de la famille royale, tout en faisant bon visage à ses interlocuteurs français, réclamait subsides et secours de tous ordres à l'Angleterre. Il faut bien reconnaître que les choses allaient fort mal côté anglais : depuis seize mois, non seulement les troupes n'avaient pas touché leur solde, mais les fortifications des cités non entretenues menaçaient ruine, et ils ne disposaient plus d'aucune réserve.

Somerset, voulant cependant impressionner les Français, dans l'espoir de les dissuader de reprendre les hostilités, décidait de frapper un grand coup. Sans prévenir son gouvernement, et tandis que son roi écrivait à Charles VII, le 18 mars 1448, pour proposer une nouvelle conférence qui débattrait de la paix et des violations de la trêve, il mettait au point une opération offensive avec un de ses plus énergiques chefs de guerre.

François de Surienne, dit l'Aragonais, avait dû quitter quelques mois plus tôt le Maine. Les autres places fortes normandes refusant de l'accueillir avec ses hommes, il s'était finalement retranché dans Verneuil. Soudain, en accord donc avec le régent, il lançait ses troupes sur Fougères. Et il pillait si bien la ville, prise d'assaut le 24 mai, qu'il en tirait un fabuleux butin évalué à plus de deux millions de livres : « Laquelle ville estoit fort riche et bien peuplée de notables bourgeois et riches marchands ; lesquels, pour la plus grande partie, furent du tout mis à destruction et espoliés de tous biens ; et y furent trouvés très grands finances d'or, argent, riches joyaux, et autres biens sans nombre. »

Le duc François Ier de Bretagne et Charles VII, à qui François avait prêté hommage, protestaient aussitôt avec énergie. Les Anglais, voyant la sottise commise par Somerset, tentaient de minimiser l'événement ou parlaient de l'initiative malheureuse de l'Aragonais. En réalité celui-ci n'était point le petit personnage irresponsable qu'ils voulaient faire accroire. Surienne était membre du Conseil royal et chevalier de la Jarretière.

Durant quelques mois les discussions continuèrent, bien que le ton ne cessât de monter. Des hostilités, d'abord sporadiques, éclataient ici et là, et Brézé, le 16 mai, s'emparait par un heureux coup de main de Pont-de-l'Arche ; puis d'autres places, à leur tour, tombaient aux mains des Français : Gerberoy, en Beauvaisis, Conche en Normandie, et même la ville de Cognac en Guyenne.

Cependant, Charles VII hésitait encore. Mais ses favoris se manifestaient : d'Agnès Sorel à Pierre de Brézé, en passant par les frères Bureau, son entourage le pressait d'agir, et Jacques Cœur tout le premier qui lui déclarait sans ambages, pour le réconforter sur le plan financier :

« Sire, sous ombre de vous, je reconnais que j'ay de grands proufis et honneurs, et mesme au pays des Infidèles, car, pour votre honneur, le souldan a donné sauf-conduit à mes galées et facteurs... Sire, ce que j'ay est vôtre. »

Et Mathieu d'Escouchy (ou de Coussy), le chroniqueur français, qui rapporte la conversation, continue :

« Et à cette heure le roi lui fit requeste de lui prêter argent pour entrer en Normandie ; à laquelle requeste accorda prêter au roi deux cent mille écus, ce qu'il fit. »

Le 17 juillet, le Grand Conseil se rassemblait, en compagnie des princes de sang, au château des Roches-Tranchelion, situé au nord de la petite cité de L'Isle-Bouchard. Après une brève discussion, l'assemblée, unanime, décidait de la guerre, résolution aussitôt consignée par écrit, sur ordre de Charles VII qui, sans doute, désirait conserver la preuve de cette approbation pour en faire état, le cas échéant.

La commune entente des princes en faveur de la libération totale du royaume n'empêcha pas Thomas Bazin de comparer les diverses attitudes au moment crucial du financement de la campagne. Et la palme du dévouement, au roi et au royaume, revient sans contestation possible à l'Argentier :

« Cet homme opulent et d'ailleurs plein de zèle pour tout ce qui touchait à l'honneur du roi et au bien du royaume ne manqua pas à son devoir dans une nécessité si pressante pour l'État. Tandis que certains grands seigneurs, comblés de biens par la largesse royale, affectaient la gêne, sous des prétextes faux et frivoles, il offrit spontanément de prêter au roi une masse d'or et lui fournit une somme montant, dit-on, à 100 000 écus d'or environ pour l'employer à ce grand et nécessaire usage. »

Les décisions pleuvaient. Dunois devint « lieutenant général des marches au-delà des rivières de Somme et d'Oise jusqu'à la mer », et on convint que le connétable de Richemont devait se porter et se tenir aux frontières de la Bretagne et de la Normandie. Alors les francs archers et les cavaliers des compagnies d'Ordonnances, partout en France, commencèrent de se rassembler puis de converger vers le Nord.

Le 31 juillet, Charles VII recevait Jean Lenfant et Jean Cousin, ambassadeurs anglais, pour leur signifier qu'il ne pouvait plus être question de trêve. Et le 6 août 1449 la chevauchée commençait. La guerre reprenait, mais cette fois la bourrasque changeait de côté.

Sans merci l'armée française bousculait l'adversaire. Villes et places fortes rentraient, à qui mieux mieux, dans le giron du royaume, les populations, complices, y prenant une part active : Pont-Audemer le 12 août, Pont-l'Évêque le 15, Lisieux le 16, Bernay le 17, Mantes le 26, Vernon le 28. Enfin, le 30 août, à Louviers, le roi, ayant rejoint son armée, tenait pour la première fois son Conseil en Normandie. Et la décision de marcher sur Rouen sans plus attendre recevait l'approbation de tous les participants.

Cependant les lieutenants de Dunois continuaient la cueillette. A Saint-Pôl : Gournay et Neufchâtel, au duc d'Alençon, Sées et Alençon, et Dieppe, déjà libérée, qui libérait sa voisine Fécamp.

A l'Est, le duc de Bretagne, soucieux de son engagement au côté du roi comme de venger l'affront de Fougères, démarrait en septembre avec son oncle Richemont. Successivement, ils prenaient Coutances, Granville, Saint-Lô, Carentan, Valognes et enfin, le 5 novembre, Fougères.

A Rouen, dès avant l'arrivée de l'armée, la population s'apprêtait à faire de son mieux pour déloger l'occupant. Après plusieurs péripéties, l'insurrection armée éclatait, le 19 octobre au matin. Il ne restait bientôt plus aux Anglais que de se réfugier dans le château, afin d'essayer d'obtenir les moins détestables conditions pour leur reddition, tandis que Brézé pénétrait dans la ville à la tête d'une avant-garde forte de cent lances (trois cents cavaliers), bientôt suivi par Dunois.

Après dix jours de pourparlers entrecoupés de canonnades, le régent Somerset obtenait le droit de se retirer en direction de Caen, mais en payant cinquante mille écus d'or et en livrant Arques, Caudebec, Lillebonne, Honfleur, Montivilliers, Tancarville. Enfin, il laissait en otages plusieurs personnages de premier plan, dont l'illustre général Talbot âgé de quatre-vingts ans.

Le bourgeois de Paris a ainsi noté la délivrance de la capitale normande :

« ... le dimanche dix-neuvième jour d'octobre, entra le roy en la ville de Rouen, par la voulenté du commun et malgré les Anglois ; et le lundy ensuivant on sonna par tous les moustiers de Paris ; et le lendemain fit-on des feux pour la joye de l'entrée de ladite ville, qui fut faite sans sang espandre, et se botèrent les Anglois dedans le palais qu'ils avoient fait faire ; que mestier leur fust ; car le commun de la ville moult peu les avoit chers, pource que trop de mal leur avoient fait au temps qu'ils seigneurisoient. »

Quelques jours plus tard, le 10 novembre 1449, vers 3 heures de relevée, passant par la porte même — celle de Martinville — qu'Henri V avait choisie trente années auparavant, Charles VII faisait son entrée solennelle dans la ville. Cette journée était bien la plus importante de son règne, après celle de son sacre. Le cortège royal ébaubit et enthousiasma la population. En voici la description par Mathieu de Coussy. On verra que Jacques Cœur y tenait, après le roi, la meilleure place avec Dunois et Brézé.

« Puis quand tout fut prest, et que les gens du roy furent à la porte, les premiers qui entrèrent furent quarante archers, lesquels appartenoient au comte de Clermont, beau-fils du roy ; et avoient brigandines et harnois de jambes, et leurs salades, pour la grand'partie, garnies d'argent, et si portoient des hoquetons rouges sans croix ; ils alloient deux à deux par ordre, et les conduisoit un gentilhomme de l'hostel dudit comte.

« Après suivoient les archers de messire Charles d'Anjou, qui estoient au nombre de cinquante, et qui avoient sur leurs salades des cornettes pendants jusques sur leurs chevaux, et portoient hoquetons rouges découpés dessous, sans croix, lesquels conduisoit leur capitaine, armé de plein harnois, et portoit-on l'enseigne dudit messire Charles, après icelui. En ensuivant iceux, alloient cinquante archers, ou environ, fort bien habillés, qui appartenoient au roy de Secile, et avoient sur leurs salades des cornettes des couleurs dudit roy, c'est à sçavoir de gris, de blanc et de noir taffetas. Après vint la grande garde du roy, archers et crennequiniers, de cent à six vingts, qui estoient encore mieux en point que tous les autres, et portoient des hoquetons sans manches, de vermeil, de blanc et de vert, tout chargés d'orfèvrerie, ayant leurs plumas sur leurs salades, des mesmes couleurs que dessus, et leurs espées et harnois de jambes garnis richement d'argent. Iceux archers suivoient, et de tout encore pour la plus grande garde du roy, trois cents lances qui avoient sur leurs salades chacun une cornette de taffetas vermeil, à un soleil d'or ; et les conduisoit messire Theaulde de Valpergue, bailly de Lyon-sur-le-Rhosne, qui séoit sur un dextrier noir, couvert de satin bleu. Après entrèrent les trompettes du roy de Secile et des autres seigneurs, qui estoient au nombre de douze ou environ.

« Après iceux, suivoient les trompettes du roy de France, qui estoient au nombre de six, fort bien habillées des parures du roy. Après, venoient les roys d'armes et autres officiers du roy, et des autres seigneurs, vestus de cottes d'armes de leurs maïstres, et pouvoient estre environ vingt et quatre. En outre, entra le seigneur de Gaucourt, premier chambellan du roy, qui séoit sur un coursier couvert de satin cramoisy, et la croix blanche par dessus. Après vinrent le comte de Dunois, le seigneur de la Varenne, sénéchal de Poictou, et Jacques Cœur argentier du roy, tous trois habillés de semblable parure, sçavoir de jacquettes de velours violet, fourrée de martres, et les houssures de leurs chevaux, toutes pareilles, bordées de fin or et de soie, exceptée la houssure de l'Argentier, qui estoit de satin cramoisi et la croix blanche dessus : et estoit estimée l'espée dudit comte de Dunois, à la valeur de vingt mille escus d'or ; car il y avoit ds riches pierreries par-dessus.

« Après, suivoit le seigneur de Lafayette, mareschal de France, qui avoit sa houssure de satin tanné. Auprès de luy estoit maistre Guillaume Cousinot, chevalier, bailly de Rouen, qui estoit vestu, et son cheval houssé de velours bleu. Puis entra maistre Guillaume Jouvenel des Ursins, chancelier de France, lequel estoit monté sur une hacquenée blanche, et estoit vestu de robbe, manteau et chapperon d'escarlate, fourrée selon l'estat royal, devant lequel un homme de pied menoit un houbby d'Irlande, sellé d'une selle à dame, qui avoit une couverture de velours, couverte de fleurs de lys d'or, et sur icelle selie il y avoit un coffret bandé d'or, d'un pied de long ou environ, dedans lequel estoient les sceaux du roy.

« A ceste entrée fut faicte chevalier un jeune enfant, fils du seigneur de Pressigny, aagé de douze à treize ans, par la main dudit sénéschal du Poictou. Après le chancelier, entra Jean de Fonteuil, escuyer d'escuyerie, et capitaine de Laon, qui portoit en escharpe un manteau d'escarlate pourpré, fourré d'ermines, qui estoit le manteau du roy ; si avoit-il sur la teste un chapeau pointu devant, de velours vermeil, et son cheval houssé de velours.

« Après entra Potton seigneur de Saint-Traille, premier escuyer d'escuyerie du roy, et bailly du Berry, monté sur un grand dextrier couvert de velours couleur d'azur, à grandes alliches d'argent doré, armé tout au blanc, qui portoit en escharpe l'espée de parement du roy, dont le pommeau et la croix estoient d'or, et la ceinture et le fourreau d'icelle couverts de fleurs de lys d'or, sur velours bleu. En après, entra ce très excellent et très puissant souverain prince, Charles, roy de France, septième de ce nom, à l'exaltation duquel, et pour exhausser sa haute magnificence et domination, tous les autres princes, ducs, comtes, barons, chevaliers, escuyers et nobles hommes là estants, s'estoient efforcés, chacun en droit soy et selon leur puissance, de se mettre, et leurs gens, en estat suffisant et honorable, pour l'accompagner à ceste journée et entrée en la susdite cité de Rouen. Si estoit couvert d'un drap d'azur, semé de fleurs de lys d'or, et estoit armé de plein harnois, exceptées la salade et la bannière ; et si avoit sur son chef un chapeau de bièvre gris, fourré de satin vermeil, avec une houpette dessus, de fil d'or et de soie, et sur le devant estoit un petit frémail, sur lequel il y avoit un fort beau et riche diamant.

« Or quand il fut dedans la porte, fut mis par-dessus lui un ciel ou dais, que portoient quatre gentilshommes, tous à pied ; lequel ciel estoit de satin figuré, vermeil, bordé tout autour de franges d'or et de soie, et estoient auprès et autour de lui quatre pages tant seulement, qui avoient robbes vermeilles et les manches chargées d'orfèvrerie, dont l'un portoit la lance, le second la javeline, le troisiesme la hache, et le quatriesme le crennequin et une targette ; chacun portoit des habillements de teste différents les uns des autres, qui estoient fort bien garnis d'or, sans pierreries, ayant plumes par-dessus, des couleurs du roy. Après iceux pages venoit, bien accompagné, le bailly de Caux, qui portoit l'estendart du roy.

« Ensuite entra le roy de Secile, lequel avait vestu une journade de drap d'or, bien riche, sur son harnois, avec la croix blanche par-dessus ; et y avoit quatre hommes d'armes de pied, qui estoient auprès de lui. Assez près de lui estoit son frère, messire Charles d'Ango, qui estoit habillé presque semblablement audit roy de Secile, son frère, réservé les pages, desquels chacun d'eux en avoit quatre fort bien habillés et si avoient iceux deux seigneurs, leurs chevaux couverts très richement. Après, venoit Jean de Lorraine, fils du comte de Vaudemont, et avec lui le seigneur de Beauval ; et estoient tous deux, avec leurs gens, bien en point. Après entra Charles comte de Nevers, monté sur un coursier bay, couvert de velours vert, brodé de grandes lettres faites de fil d'or, où il y avoit des franges de soie blanche et vermeille ; et avoit de plus quatre pages, qui estoient en fort bel estat, et douze gentilshommes de son hostel, lesquels avoient leurs chevaux couverts de taffetas vermeil, avec la croix blanche pardessus, et se tenoient auprès de luy. Après venoit le comte de Tancarville, monté sur un coursier noir, couvert de satin cramoisy, chargé d'une robbe couverte d'orfèvrerie, auprès duquel estoit le seigneur de Montgascon, qui avoit son cheval couvert de velours violet. En ensuivant les deux seigneurs sus-nommés, estoit le seigneur d'Orval, fils du comte d'Armagnac ; ils estoient tout quatre grandement accompagnés, et eux et leurs gens habillés magnifiquement. Après entra le comte de Clermont, qui avoit sa couverture de satin cramoisy brodée de lettres d'or ; et si avoit trois pages bien en point, et leurs salades garnies richement d'orfèvrerie ; outre lesquels il y avoit vingt hommes d'armes auprès de lui, en fort bel équipage ; et les conduisoit messire Jacques de Chabannes.

« Après lui, suivoit le seigneur de Culant grand-maistre d'hostel du roy, qui estoit comme les autres avec ses gens, suffisamment habillé. Après, venoit celui qui eut bien sa part du bruit et des regards de la journée, sçavoir Louis de Luxembourg, comte de Saint-Pôl, qui estoit monté sur un coursier pommelé, couvert de satin bleu, chargé d'orfèvrerie, brodé de franges de fils d'or et de soie : il avoit autour de lui cinq pages, vestus fort richement de la mesme couleur dessusdites, desquels les harnois et salades de teste estoient bien richement garnis ; il faisait porter après lui deux lances, dont l'une estoit couverte de drap d'or, et l'autre de velours violet ; et si avoit-il affulé un chaperon de satin découpé, fourré de menu vert. Après les pages dessusdits paroissait le palefrenier, qui menoit en main un grand coursier couvert de drap d'or ; en la compagnie duquel estoient plusieurs chevaliers et escuyers revestus de fort beaux habillements. Après suivoit le seigneur de Castres, qui avoit sa houssure de satin bleu et gris, avec lequel estoient vingt hommes d'armes, qui avoient leurs chevaux couverts de couleurs pareilles. Après vint Guillaume de Courcelles, valet-de-chambre du roy, qui estoit fort bien habillé, et avoit quatre pages bien parés. Puis vinrent les seigneurs de Pressigny, de Brion, de Villequier, Paviot et Antoine de Beauval, tous en très bon estat et bien accompagnés. Après suivoient Antoine de Chabannes, comte de Dammartin, Ponset de Bourguignen, Maregny Cancelot, Jean du Chastel, le Bon de Relly, chevalier, le seigneur de Mommet, Geoffroy de Saint-Belin, Pierre Louvain, le bailly de Chartres, Hue de l'Asnier, escuyer d'escuyerie du roy, lors demeurant à Amiens, et quantité d'autres chevaliers, escuyers et grands seigneurs d'authorité et grand renom, qui estoient en hautain et bon estat, de tous habillements à eux nécessaires, desquels on ne peut pas bien ici déclarer par le menu les noms l'un après l'autre ; mais pour en dire le vray, peu à esté veu que nul des roys de France, prédécesseurs de celui de présent, longtemps auparavant, entrast en aucunes villes et cités de son royaume, si honorablement ne en plus bel et suffisant arroy, que fist celui-ci, en ladite ville de Rouen.

« Quant aux gens de guerre, tant hommes d'armes

comme archers, il y en avoit très grand nombre qui estoient tous préparés et disposés en leurs habillements, comme si alors tout présentement ils deussent avoir et entrer en bataille, le tout pour la plus grande garde et seureté du roy et des seigneurs dessus nommés, lesquels chevauchants en ceste manière, depuis la porte par où ils entrèrent, vinrent, en tenant l'ordre auparavant descript, jusques à l'église cathédrale de Nostre-Dame; duquel lieu sortirent l'archevesque et autres gens d'église, avec des saintes reliques, lesquelles ils présentèrent au roy. Alos il se mit à pied et les baisa lui estant à genoux; puis il s'en alla devant le grand autel faire son oraison bien dévotement; de là il s'en retourna loger en l'hostel de l'archevesque, qui estoit préparé pour lui fort honorablement. »

Ainsi la guerre de Cent Ans approchait-elle de son terme, pour le plus grand bonheur des populations.

Jacques Cœur, cependant, n'oubliait pas de suivre le cours de ses affaires, même au milieu des troupes victorieuses qu'il finançait.

Tandis que la campagne de Normandie débutait il obtenait du roi, pour ses galées, le monopole d'importation des épices et celui du transport des marchandises françaises vers les ports musulmans.

Par ailleurs, il persuadait Charles VII de lui adresser une lettre, de son inspiration, en date du 24 septembre 1449. Tout au long de celle-ci le roi envisageait un vaste plan pour amender le littoral méditerranéen français. Après avoir constaté la nécessité d'améliorer encore le commerce maritime, négligé par la faute d'un éprouvant et obsédant conflit, la lettre suggérait la mise en état du port d'Agde et l'amélioration de celui d'Aigues-Mortes, d'une part en assainissant « voyes et robines et estangs, par où est besoing que passent les barques pour aler à la mer pourter les marchandises es gros vaysseaulx, et ès villes des unes ès autres ». D'autre part en rejoignant le Rhône grâce à la « grande robine appelée Brugidour, pour faire venir une partie de la rivière du Rosne jusques à la mer par devant ledit Aigues-Mortes ».

En outre, le souverain prévoyait la construction d'une flotte de qualité qui pourrait hanter ces ports ainsi que celui de Lattès-Montpellier.

Cette lettre, tout à fait conforme à l'esprit de l'Argentier, à sa logique et à son dynamisme, peut cependant poser certains problèmes. Car elle arrive en un temps de crise suraiguë entre le Languedoc, l'Argentier, et... (sur ce point) le roi.

N'oublions pas la maison achetée à Marseille par Jacques Cœur, n'oublions pas sa volonté de se procurer rapidement la qualité de bourgeois de Marseille, oublions encore moins sa décision de transférer dans le grand port provençal la totalité de ses activités commerciales et d'y baser ses navires.

Cependant, il y avait encore plus grave. Depuis quelque temps les rivalités entre Marseille et Montpellier s'exaspéraient. A la rancœur des Languedociens, causée par un lâchage catastrophique — rancœur qui se transformerait très vite en haine féroce, au fur et à mesure que les Languedociens mesureraient mieux la gravité de l'événement —, venait s'ajouter la fureur suscitée par des actes délibérés de piraterie. Ainsi peut-on lire dans des lettres patentes du 29 janvier 1449, que les Provençaux sont « entrez... ès ports et plaiges ou les vaisseaux et navires son accoustumé estre et séjourner... et esdits ports et plaiges et austres lieux de nostre dict pays de Languedoc, ont prinses plusieurs barques et plusieurs autres navires et plusieurs personnes et biens estans en icelles... et iceulx bateaux et navires ayent prins et amené oudit pays de Provence, apprisonés les marchands et austres estant en iceulx et butinés les denrées et marchandises qui y estoient ».

A cette date du 29 janvier 1449 Jacques Cœur n'avait pas encore obtenu le monopole des importations d'épices et des exportations de marchandises françaises. On ne trouve nulle part l'indication que les bateaux de l'Argentier aient eu à souffrir de ce coup de main. Ce furent donc des bâtiments appartenant à ses concurrents qui subirent tout le préjudice. Que faut-il comprendre ? Pourquoi cette agressivité provençale contre une région en passe de perdre l'essentiel de son activité ? Quels règlements de comptes complexes se dissimulent derrière ces brutalités que rien ne semble justifier ?

Cependant, Jacques Cœur ne pouvait se douter que dès ce moment un familier du roi, un homme que lui-même côtoyait fréquemment, Guillaume Gouffier, en compagnie d'Otton Castellani, qui à force d'intrigues sortait de l'ombre, tous les deux portés par la jalousie, la haine et la cupidité, allaient jusqu'à organiser, avec l'aide d'un étudiant toulousain, des séances d'envoûtement dont ils espéraient qu'il serait la victime.

5.

1450

Pour Charles VII, Pierre de Brézé et Jacques Cœur, l'année 1450 devait fort dramatiquement commencer. Une période heureuse, à l'activité fructueuse et dense, allait hélas ! prendre fin.

Tandis que se déroulaient les événements victorieux de Normandie, Agnès Sorel, enceinte pour la quatrième fois, s'ennuyait fort dans le vaste château, presque désert, de Loches, où elle errait l'âme en peine. Les jours s'ajoutaient aux jours, mornes, sans relief, sans leur habituel train de plaisir, auquel son amant l'avait si bien familiarisée.

Un matin, ne supportant plus son isolement, cédant à une folle impulsion, en dépit d'une grossesse déjà fort avancée, la jeune femme se mettait en route, et, après nombre d'étapes, par la froidure et la bise, sur des chemins creusés de fondrières, elle rejoignait le roi qui séjournait depuis quelque temps à Jumièges. On était le 5 janvier 1450.

Une abbaye n'a jamais été prévue pour abriter des amours, surtout illégitimes. Au plus vite il fallait aviser, sinon les mauvaises langues s'en donneraient à cœur joie. Un château à proximité était aussitôt choisi et requis pour le séjour.

Hélas ! ce dernier devait être bref ! Sans doute les épreuves d'un long et difficile voyage aggravaient-elles un état de santé qui aurait mérité attentions et soins... En tout cas, le 9 février, un « flux de ventre » annihilait la pauvre Agnès, et, le 11 février, lucide jusqu'à la dernière minute, tendre et ignorant l'amertume, elle rendait l'âme avant d'avoir pu contempler son vingt-huitième printemps.

Si le roi perdait la femme qu'il chérissait, Brézé et Cœur voyaient avec elle disparaître leur meilleure amie, leur constante et efficace protectrice. La preuve de l'affection qu'elle ressentait pour l'Argentier nous est fournie par ses ultimes décisions. Après avoir généreusement distribué ses biens, elle désigna trois hommes comme ses exécuteurs testamentaires, à savoir : Jacques Cœur, Étienne Chevalier (contrôleur de la recette générale des finances et, depuis 1449, maître des comptes), et Robert Poitevin, son médecin et celui du roi.

Un destin hors série suscite toujours mille et une animosités. Si puissant soit-on une voix amie est appréciable. Depuis des années déjà on chuchotait dans le dos de l'Argentier. Pas trop haut, pour ne point provoquer sa colère et son ressentiment, pas trop bas non plus afin que le roi, sans grand effort, ait chance d'entendre critiques et reproches.

Le caractère de Charles, peut-être en raison des multiples avatars imposés par le destin, avait une tendance au soupçon. Jusque-là, Agnès Sorel avait toujours veillé à la défense de ceux qu'elle estimait. Désormais il allait falloir à ses amis affronter les dangers multiples et sournois d'une cour où dévouements et faux-semblants s'affrontaient sans trêve.

Brézé, le ministre heureux et efficace, allait être le premier atteint dans la faveur du roi. Dès le mois de mai, trois mois donc après la disparition de la Dame de Beauté, il cessait d'être le chef incontesté du gouvernement. Nommé, après la prise de Rouen, capitaine de la ville et sénéchal de Normandie, il n'assisterait plus à l'avenir que fort rarement, et sans relief, aux séances du Conseil. En revanche, l'intrigant et fort peu scrupuleux Guillaume Gouffier allait peu à peu voir croître son influence sur le souverain.

Huit jours après la mort d'Agnès, Charles quittait la Normandie, bien que Dunois continuât d'enlever les villes aux Anglais. Harfleur avait capitulé le 1er janvier 1450, le bâtard d'Orléans prenait Honfleur le 18 février et, le 22 mars, c'était au tour de Fresney-le-Victomte de lui ouvrir ses portes.

Mais l'euphorie française devait recevoir un rude choc. Douche glaciale! Un soir, un courrier harassé apportait la nouvelle angoissante du débarquement à Cherbourg de milliers et de milliers de soldats anglais, cavaliers et archers. Une armée anglaise repartait à l'assaut. Serait-ce un nouvel Azincourt, un nouveau Poitiers ou un nouveau Crécy qui échoirait aux Français triomphants? La somme des mauvais souvenirs dut perturber les nuits de plus d'un. D'autant que cette armée, placée sous le commandement d'un fort bon général, Thomas Kyriel, dès sa mise en campagne commençait par remporter succès sur succès, en descendant la presqu'île du Cotentin.

Le plan de Kyriel était aussi logique et simple qu'évident : faire d'abord et au plus vite sa jonction, à Caen, avec les troupes dont disposait encore le duc de Somerset, ensuite marcher sur Rouen et à la rencontre des Français.

Pour prévenir un si redoutable regroupement Charles VII, n'ayant pas Dunois sous la main, envoya le comte de Clermont, fils aîné du duc de Bourbon, avec la totalité des troupes disponibles.

Le 14 avril au soir, les Anglais atteignirent un village situé entre Carantan et Bayeux : Formigny. Kyriel décida d'y passer la nuit. Et c'est précisément là que le rejoignirent les troupes françaises, quelques heures plus tard. La nuit écoulée, on se retrouva donc face à face.

Après bien des hésitations et tergiversations, d'un côté comme de l'autre (les Anglais disposaient de l'avantage du nombre mais ils ne pensaient qu'à la jonction de Caen, et Clermont, général peu aguerri, tremblait à l'idée d'une défaite). Enfin, les deux armées, presque par hasard, engagèrent la lutte dans l'après-midi du 15.

Peu après le début d'un combat incertain, Arthur de Richemont arriva sur le champ de bataille, rétablissant du coup l'équilibre du nombre. Alors la lutte s'embrasa. Clermont et Richemont rivalisèrent d'énergie, de rapidité et d'astuce. Pour la première fois depuis cent ans, en rase campagne, une armée française écrasait une armée anglaise. Il est bon de préciser que les canons des frères Bureau ne furent pas étrangers à la victoire.

Comme à Crécy, à Poitiers et à Azincourt, mais en sens rigoureusement inverse, les pertes humaines furent significatives : 3 774 morts côté anglais, et 1 400 prisonniers, alors que dans le camp français on ne comptait que douze (12) tués. Disons également, pour expliquer ces chiffres, que les paysans du coin n'avaient guère fait grâce aux malheureux « godons » démontés, en fuite, ou blessés.

Après une telle victoire, il ne restait plus à Dunois, arrivé en hâte avec ses troupes, qu'à entreprendre le siège de Caen où, désormais, Somerset ne pouvait plus espérer le moindre secours. La reddition de celui qui portait naguère le titre arrogant de Régent du Royaume de France ne tarda pas. A Caen, comme dans les autres villes, la révolte des habitants contraignit la garnison anglaise à capituler. Et Dunois reçut les clefs de la ville le 1er juillet.

Alors, Falaise et Domfront, après des semblants de résistance, se rendirent à leur tour. Les Anglais dès lors ne disposaient plus que de Cherbourg, en Normandie. Il était temps ! Le Trésor français était à bout de ressources.

Un port tel que Cherbourg pouvait faire face dix fois mieux, cent fois plus longtemps, qu'une ville située à l'intérieur des terres. A moins d'en faire le blocus avec une puissante flotte, l'affamer demeurait impossible : des secours par bateau pouvaient aisément parvenir à la garnison. De plus, le capitaine anglais qui commandait, Thomas Gower, s'entendait aussi bien à combattre qu'à ne pas s'en laisser conter.

Dès les premiers assauts, inutiles et meurtriers, les Français éprouvaient des pertes sérieuses, ainsi l'amiral de Coëtivy et Tugdal de Kermoysan se faisaient tuer. D'évidence le siège risquait de s'éterniser. Or, Charles VII tenait à liquider au plus vite cette sorte d'abcès. Les armes ayant peu de chance d'y parvenir, il demanda à Jacques Cœur de mener des pourparlers avec Thomas Gower.

Or, il se trouve que le propre fils de Thomas Gower, tombé aux mains des Français dans les précédents combats, dépendait directement de l'Argentier. Au terme de longs palabres le capitaine accepta de partir vers l'Angleterre, en emmenant la totalité de ses hommes, à la condition qu'on lui rendît son fils et que les Français acceptassent de payer les frais de rembarquement et de transport, frais estimés par les deux parties à 40 000 écus.

A peine en possession du protocole d'accord, Jacques Cœur retournait voir le roi qui, après délibération avec son Conseil, décidait de ratifier sur ces bases un traité. Malheureusement, un point accrochait : le roi ne disposait pas des 40 000 écus. Alors il demanda à l'Argentier « ... toute peine et diligence à lui possible de faire finance de la dicte somme de quarante mil escuz ».

Sans barguigner, Jacques Cœur avança la somme, et, le

12 août, Cherbourg en liesse pouvait ouvrir ses portes aux troupes françaises.

Ainsi Jacques Cœur se retrouvait-il au faîte de sa puissance et de sa richesse. Il ne s'en doutait pas. Car il avait encore tant de projets, d'idées, de... rêves. Le monde demeurait un si prodigieux champ d'action ! La France, encore si mal exploitée et son peuple si riche de possibilités, lui offraient de telles perspectives !

Les fées, qui ne s'étaient point penchées sur son berceau, avaient dû se souvenir parfaitement de lui, après coup. Toutes les différentes sortes de miroirs ne cessaient de le lui répéter : son reflet dans une glace lui démontrait sa force et sa prestance (preuves de sa santé) ainsi que son élégance. Son emprise, sur ses amis et ses fidèles, comme la sagesse et l'efficacité de la gestion de ses immenses entreprises, témoignaient de sa lucidité, de la clarté de ses vues. Ses responsabilités dans le gouvernement et la confiance témoignée par le roi illustraient la subtilité et les potentialités de son intelligence. Oublié le faux-pas, la médiocre sottise du monnayage truqué de 1428, il ne pouvait se souvenir que d'événements et d'enchaînements heureux, et la chance y avait moindre part que l'intelligence et l'énergie. Utile et judicieuse s'avérait à terme sa formation, harmonieux restait son mariage, réussis l'éducation et la formation de ses enfants.

Non, non ! Le Jacques Cœur de 1450 ne se sentait nullement rassasié, en dépit de son anoblissement, de ses multiples châteaux et domaines, de l'emprise internationale de son consortium-trust, de son siège au Conseil du roi — qui lui conférait un pouvoir et un rang équivalents à celui de ministre, de ses multiples missions et ambassades auprès de souverains et de papes.

Cinquante ans d'âge, dont vingt d'une activité prodigieuse qui l'avait lancé sur tous les chemins du monde connu et fait parcourir des milliers et des milliers de lieues, ne parvenaient pas à entamer sa force, sa résistance, son dynamisme, sa capacité de rêve. Le temps passe si vite ! Même à cheval ou en bateau, lorsque l'esprit s'embrase de cogitations exaltantes. Seule, la charmante et séduisante Macée avait eu l'occasion de se plaindre de la longueur des chemins qui, outrageusement, prolonge les absences.

Pérennité du goût d'entreprendre, d'être en devenir ! Volonté d'agir, de susciter, de diriger !

Et pourtant Jacques Cœur n'était plus, ne pouvait plus être l'arriviste-téméraire et l'ambitieux subtil des années trente ; celui qui, à longueur d'étape, durant le voyage vers le Languedoc, en compagnie d'un jeune souverain encore inquiet, non assuré de son destin, peignait, décrivait ses visions et ses vues, prêtait vie à des spéculations grandioses, qui devaient faire renaître villes et provinces.

Ce jeune homme-là n'avait guère d'assurance que ce qu'il fallait pour oser parler et argumenter, que ce que sa conviction et son intelligence lui fournissaient. Mais, en dépit de sa fougue, mis en présence de ce souverain énigmatique et gauche, il n'avançait qu'à pas comptés. Méfiant et précautionneux, obstiné et lucide, il voulait et savait capter, pour des années, la confiance royale.

Aujourd'hui, certes, ses qualités ne l'avaient pas abandonné, et il le démontrait en maintes occasions. Pourtant, trop de succès, de convictions emportées, d'adversaires réduits au silence, d'habiletés en tous genres, de tours de passe-passe réussis, gonflaient à l'excès cette confiance qui, immanquablement, vient avec la « réussite ».

Il était devenu l'acrobate sûr de ses exploits, qui n'éprouve plus le salutaire pincement de cœur au moment de courir le risque majeur, le trapéziste aux sauts toujours plus vertigineux qui l'enivrent, l'équilibriste se riant des pires déséquilibres, rêvant de témérités imprévues.

On murmurait, on grognait contre lui ? Et après ? On allait même jusqu'à se plaindre indirectement au roi, il le savait. Car Agnès Sorel, qui intervenait pour lui chaque fois que la nécessité s'en faisait sentir, ne pouvait pas, au cours de leurs entretiens amicaux, ne pas l'avoir mis en garde contre le danger que pouvait représenter cette meute d'envieux et de haineux.

Probablement, après avoir remercié son alliée, ne faisait-il qu'en rire. Allons donc ! Le roi connaissait trop bien son dévouement et sa valeur. Pourquoi se priverait-il des services d'un homme efficace, disponible, et... supérieur. Qu'ils grognent et aboient tout leur soûl, les médiocres !

Peut-être se souvenait-il trop bien d'un proverbe arabe, fréquemment utilisé dans les ports des échelles du Levant : « L'aboiement des chiens ne fait pas de mal aux nuages. » Mieux aurait-il fait de se souvenir de cet autre, tout aussi commun : « Le monde est une meule, qui y entre sera broyé. »

Mais tant de gens lui devaient de l'argent ou quelque service, étaient ses débiteurs ou ses obligés : officiers, fonctionnaires, élus municipaux, ducs, princes et princesses..., jusqu'au Dauphin, jusqu'au roi.

Mais avec celui-ci n'avait-il pas oublié que le franc parler n'est bon qu'en périodes de crises, qu'ensuite, le trône assuré, le souverain peut toujours se souvenir qu'il n'a de comptes à rendre qu'à lui-même et à son Dieu. Et qu'on a souvent tort d'avoir trop souvent raison, avec qui peut vous broyer.

On passe si facilement de l'humilité à la confiance, et de cette confiance à la sûreté, qu'ensuite, malheureusement, il est aisé de glisser à certaines formes d'impudences.

Ah oui ! La mort du jeune Jacques Cœur ne pouvait plus faire de doute. Celui-là, crainte d'outrepasser, savait s'arrêter bien avant la frontière du possible. Les leçons du vieux

Pierre Cœur et de l'ex-bouchère demeuraient vivaces en son esprit.

Il est des signes avant-coureurs qui ne trompent guère qui est attentif. Comment l'Argentier n'a-t-il pas senti monter l'orage lorsqu'éclata l'affaire Saincoins ? Jean Barillet de Saincoins : un petit bourgeois, comme lui, berruyer comme lui, bourré de talents et de savoir-faire, comme lui, ambitieux, comme lui.

Saincoins avait commencé de servir comme secrétaire et « notaire du roi » (1434); ensuite l'ascension commençait : trésorier et receveur général des finances (1438), commissaire royal aux États du Limousin et de la Marche durant des années, et enfin membre du Grand Conseil du roi (1448).

Or, voici que sur dénonciations, durant la campagne de Normandie, on l'arrêtait. Les plaintes contre lui affluaient, se multipliaient; malversations, faux et crime de lèse-majesté...

Et quels hommes portaient ces accusations ? Des familiers intègres ? Des serviteurs du roi soucieux du bien du royaume ? Nullement ! Mais au contraire des individus moralement tarés, les pires hypocrites concussionnaires, doublés de parasites incapables.

L'Argentier était pourtant mieux placé que quiconque pour le savoir, pour démonter ce piège et l'analyser, puisque le roi alors le désignait pour siéger parmi les membres de la commission particulière chargée d'instruire l'affaire et qu'il étudiait, personnellement, « les mauvaisetés, crimes et délits commis et perpétrés envers nous et justice par maître Jean de Xaincoins ».

Le procès, commencé le 9 juin 1450, devait durer un an. Mais l'usage d'une procédure exceptionnelle ne laissait aucune chance à l'accusé. En dépit de ses services passés, on n'hésitait nullement à soumettre cet intelligent et efficace commis à la torture. Et on n'allait pas davantage hésiter à le condamner durement.

Charles VII lui ferait pourtant grâce de la vie, mais on l'emprisonnerait, à vie, et il devrait payer 60 000 écus d'or ; le reste de ses biens serait confisqué.

A quoi servirait donc la richesse récupérée ? A indemniser le royaume ? A renflouer en partie les caisses de l'État ? A y faire rentrer une partie des avoirs détournés ? Non ! Pas une seconde il n'en était question. Il ne s'agissait que de l'enrichissement impudent de quelques autres. L'argent détourné resterait détourné. Question de faveur, exclusivement. Le fort bel hôtel que Saincoins possédait à Tours passerait à Dunois, ses domaines seraient répartis : partie au comte de Sancerre et amiral de France Jean de Bueil, partie à l'incapable Guillaume Gouffier, dont tous les talents résidaient dans le sens de la délation, l'absence de scrupules et de dignité.

Saincoins coupable ? Oui, par rapport à une administration rigoureuse mais qui n'existait pas, par rapport à un État où la fortune d'un homme ne dépend pas du fait du prince ; où le moindre favori, pour crapuleux qu'il fût, pouvait se voir offrir fortunes et domaines pris sur le Trésor public. D'ailleurs Louis XI, qui se trompa rarement sur les hommes et les talents, saurait plus tard faire rechercher Saincoins, l'exhumer de son trou pour le réhabiliter et l'utiliser, de 1462 jusqu'à sa mort, en qualité de maître extraordinaire des comptes.

Les coups du sort semblent toujours l'apanage des autres. Pour soi on n'y croit guère, avant que l'événement ne se produise. Jacques Cœur ne comprit pas, ou ne voulut pas comprendre. Son cas lui semblait à nul autre pareil. Et pourtant, certains signes...

Le déménagement de Montpellier à Marseille ne visait-il

pas à se prémunir contre une éventuelle disgrâce ? Nous savons également qu'au printemps de 1450, tandis, par conséquent, que Jacques Cœur prêtait de l'argent au roi et se dépensait sans compter pour la reconquête totale de la Normandie, Jean de Village, son bras droit, obtenait au nom de l'Argentier un sauf-conduit du roi d'Aragon et des Deux-Siciles concernant les premiers transferts à Naples de biens divers appartenant à l'Argentier.

Le 5 septembre 1450, l'âge limite nécessaire enfin atteint pour exercer son sacerdoce, Jean Cœur faisait son entrée solennelle dans l'église cathédrale de son archevêché. La grande foule des Berruyers qui se pressait le long des rues saluait gaiement dans ce jeune homme de vingt-sept ou vingt-huit ans un enfant de la ville, devenant non seulement l'archevêque mais aussi le métropolitain, le primat des Aquitaines. En grande pompe on porta le nouveau pontife à la cathédrale dans la Sedia Gestatoria, entouré de nombre d'évêques, amis ou obligés de son père, au premier rang desquels marchait Nicolas Cœur, évêque de Luçon.

Ostentation provocatoire ou joie et orgueil inconscients : l'Argentier donna à cette occasion, dans sa grand'maison encore inachevée, la plus somptueuse des fêtes. A faire pâlir les solennités royales.

Trois semaines plus tard, au cours d'une audience accordée le 30 septembre 1450 à deux envoyés des États du Languedoc, Pierre Teinturier — l'ancien capitaine de galée qui avait accepté de prendre à son bord le jeune esclave égyptien en fuite — et Otton Castellani — l'allié secret de Guillaume Gouffier —, Charles VII acceptait d'entendre leurs plaintes au sujet de l'Argentier. Mieux ! Celui-ci faisait l'objet d'une information secrète.

6.

1451

De tant de provinces autrefois possédées par les Plantagenêt ne restait plus, au début de 1451, à leur rejeton Henri VI de Lancastre, que la Guyenne.

Cependant que Charles VII, désemparé par la disparition d'Agnès, consterné, morfondu de chagrin retournait en Touraine, certains de ses officiers, dès la fin de l'été 1450, descendaient dans le Sud-Ouest et s'en allaient rejoindre les généraux Albret et Foix.

Ceux-ci menaient la vie dure aux troupes clairsemées et découragées des « godons ». Outre Cognac, déjà cité, dans les mois qui suivraient Saint-Mégrin, Mauléon et Guiche, puis Bergerac et Bazas choiraient aux mains des Français. Le maire de Bordeaux, ayant eu la malencontreuse idée de lever une armée pour leur faire échec, se voyait écrasé, le 1er novembre 1450, par le sire d'Albret, à sept kilomètres des murs de Bordeaux, près de la petite cité de « Le Haillan ».

Pourtant rien de décisif ne s'était encore joué. L'essentiel restait à faire. Charles VII, jugeant imparfaits ses préparatifs, avait alors décidé de suspendre les hostilités jusqu'au printemps suivant.

Durant l'automne de 1450 et l'hiver 1450-1451, Charles VII avait d'ailleurs bien autre chose en tête que le retour au royaume de France de la dernière province faisant partie de la dot d'Aliénor d'Aquitaine. A force de tenter d'oublier la belle et douce Agnès, force est de constater qu'il y était fort bien parvenu.

Une cousine de la Dame de Beauté, une des amies de son vivant, Antoinette de Maignelay, recueillait, grâce à ses mines et ses simagrées, l'héritage de la pauvre morte. Emballé, surexcité par cette magnifique et sensuelle jeune femme, le souverain redécouvrait très vite les joies de la volupté, sinon le bonheur.

Favorite en titre, Antoinette ne se contentait pas longtemps d'enflammer la couche du roi. L'expérience aidant, elle savait devoir se méfier d'un caractère instable ou changeant. Aussi, bientôt, s'évertuait-elle à procurer à son amant de jolies remplaçantes, davantage susceptibles de la mettre en valeur que de la faire oublier. Grâce à ce rôle de « pourvoyeuse », elle se prémunissait contre un caprice et risquait moins de perdre son ascendant et le régime de favorite.

Précisons également que, par commodité, par souci du confort, Charles allait bientôt la marier à l'un de ses familiers, le complaisant André de Villequier, premier chambellan et membre du Conseil depuis 1449. Du coup, le nouveau couple se voyait submergé par le pactole. Les donations, aussi somptueuses que diverses, affluaient. Issoudun et le château de La Guerche, entre autres, récompensaient l'efficace et toute dévouée Antoinette.

Il n'est pas sans intérêt de noter qu'un des intimes de Villequier et de sa « femme », un de leurs compagnons de « parties », n'était autre que Guillaume Gouffier, l'ennemi forcené mais secret de Jacques Cœur. La « haute moralité » de l'impudent Gouffier ne l'empêchait en rien d'avoir constamment recours à la bourse et aux services de l'Argentier, ni de l'appeler son « parrain ».

Au printemps 1451, Dunois et son armée, Jean Bureau et son artillerie se retrouvaient, prêts à toutes éventualités, aux frontières de Guyenne, cependant que la flotte française remontait la Gironde pour bloquer Bordeaux et son port. L'offensive allait pouvoir commencer.

La campagne, soigneusement préparée, allait être menée tambour battant. L'argent pour solder les troupes ne faisait pas défaut, car Jacques Cœur, une fois de plus, à la demande de son roi, y pourvoyait. Il avancera successivement diverses sommes dont le montant total s'élèvera à 70 680 livres tournois.

Comme feuilles mortes en automne — Montguyon, Blaye, Bourg, Libourne, Castillon, Saint-Émilion et Fronsac dans le Nord, Dax, Duras, Rions, dans le Sud —, les places et villes fortes anglaises tombaient les unes après les autres ; on aurait pu se croire revenu à l'année précédente en Normandie.

Les possessions d'Henri VI s'effilochaient au fil des semaines, il ne restait bientôt plus que Bordeaux à résister dans le Nord. La grande cité, isolée, abandonnée à ses seules ressources, devait bientôt faire face. Alors la municipalité, songeant à protéger la ville d'une mise à sac à l'issue d'un combat, se résolvait à demander l'ouverture de négociations.

Après quelques jours de marchandages, les deux parties aboutissaient à un accord, et, le 1er juin, Dunois, qui avait en vain à plusieurs reprises réclamé la présence du roi, faisait son entrée triomphale dans la ville.

Perdu dans ses félicités sensuelles, Charles VII n'avait pas jusqu'alors daigné répondre. Fin mai, pourtant, il se décidait à quitter non sans regrets son château des Montils, et condescendait à se rapprocher sensiblement de la Guyenne. Il installait sa cour et lui-même à Taillebourg, dans le château situé entre Saintes et Saint-Jean-d'Angély, chez le fils d'un de ses plus anciens conseillers. (Olivier de Coëtivy était le fils de l'amiral Prégent.)

Impavide, l'Argentier apprenait sans la moindre réaction apparente, en juin, que la juridiction royale d'exception avait rendu son arrêt dans l'affaire Saincoins. Jean Barillet de Saincoins se voyait condamné à « tenir prison fermée certain espace de temps, avec confiscation de tous ses biens ». Ses co-accusés, il y en avait, s'en tiraient mieux que lui. Ainsi, Bertrand de Beauvau, seigneur de Précigny (le Grand), s'il perdait, disgracié, ses fonctions publiques, n'en restait pas moins libre de ses mouvements. Et Charles de Culant, s'il cessait d'être grand maître de France, ne subissait nulle contrainte physique.

Peu après son arrivée à Taillebourg, nous savons que l'Argentier reçut la visite de Guillaume de Varye. Mais de leurs entretiens rien n'a percé ; impossible de connaître les sujets débattus. Ensuite..., ensuite la vie de la cour, avec ses intrigues, ses ragots et ses fêtes, recouvra un cours normal. Et l'Argentier de prendre sa part des réjouissances royales, tout en continuant de s'occuper de ses affaires puisqu'il faisait encore, le 11 juin, l'acquisition d'une propriété.

Dans la seconde moitié de juillet, du 18 au 26, Jacques Cœur recevait du roi une avalanche de petites sommes (petites pour lui, mais non négligeables pourtant) : 600 livres en rémunération de sa charge de Visiteur général des Gabelles, 1 200 livres pour ses frais de garde au château de Sommières, et 300 livres de frais pour ci et 200 livres pour ça, et enfin, quatre jours avant la fin du mois, 762 livres qu'il enregistre « à moi données par le roi à Taillebourg... pour m'aider à entretenir mon estat et estre plus honorablement en son service ».

Mis en confiance par une telle attitude, Jacques Cœur

n'hésita pas à écrire à Macée, demeurée à Bourges, le 30 juillet : « Je suis aussi bien envers le roi que j'ai jamais été. » Le lendemain, 31 juillet, Jacques Cœur était arrêté.

Ce jour-là, Charles VII avait réuni son Conseil sans prévenir l'Argentier. Et là, tout de go, il apprenait à ses familiers, d'une part la terrible accusation portée contre son Argentier par la nommée Jeanne de Vendôme, dame de Mortagne, à savoir que Jacques Cœur avait empoisonné Agnès Sorel ; d'autre part, que l'enquête préalable donnait à penser que diverses malversations pouvaient lui être imputées. Proposition était donc faite au Conseil d'arrêter l'Argentier sans plus attendre et de mettre ses biens sous séquestre.

Prévenu, on ne sait au juste par qui, Jacques Cœur accourut alors vers la salle de réunions. Charles VII siégeait encore. Jacques Cœur fit brusquement irruption devant lui et réclama que son souverain veuille bien lui tenir sans plus tarder « termes et raison de justice ».

Dans son comportement, dans cette fougue juvénile, peut-être pourrait-on déceler l'espoir de faire revivre dans l'esprit du roi les raisons d'une longue et ancienne entente, d'une complicité efficace et profonde. Cette croyance en son emprise, sa confiance en sa force le poussèrent à proposer de se constituer prisonnier jusqu'à ce qu'il ait pu se disculper, fournir, témoins à l'appui, les preuves de son innocence.

Mais face à Jacques Cœur se tenait ce complexe souverain aux yeux glauques, calme, courtois et impénétrable que Jean Fouquet a si justement su peindre.

Sans tapage, sans le moindre éclat, sans le plus infime commentaire, le roi se contenta de prendre son vieux compagnon au pied de la lettre. Oui, la demande lui paraissait raisonnable, il y souscrivait. En conséquence, Jacques Cœur, sous bonne garde, n'avait plus qu'à regagner sa chambre.

Le piège venait de se refermer. Charles VII ne devait jamais en rouvrir la trappe.

7.

Les accusations

Cette affreuse sensation de froid, de vide et d'irréalité qui vous envahit, vous submerge à l'annonce d'un désastre, d'une catastrophe ! Battements de cœur insensés, sang qui semble tour à tour se retirer ou s'accumuler en quelque recoin de nous-même. Ces successifs à-coups, plongeons et vertiges, crispations musculaires et nerveuses, puis insurrections de tout l'être, entraînant les inévitables : « Ce n'est pas possible ! Ce n'est qu'un rêve invraisemblable ! Tout à l'heure, je vais m'éveiller ! »

Réactions et chutes qui savamment s'imbriquent et s'entrecroisent, jusqu'au tournis, telle une folie ! Et cela dure, dure jusqu'aux poings écrasant les yeux, jusqu'aux mots sans suite, balbutiés ou criés dans les paumes. Cela dure... autant qu'il le faut. Jusqu'à ce qu'au fond de nous-même l'absolue conviction de notre malheur se soit installée, ait fait son trou, sa place, comme le chien qui tourne et gratte cent fois sa paille avant de s'y lover.

Ah ce n'est pas facile ! Et il faut du temps ! Beaucoup de temps ! Mais ne dispose-t-on pas de tout le temps nécessaire lorsqu'on se trouve coincé, ligoté, aux prises avec l'irrémédiable ?

La conviction du désastre ancrée, viendra la période des

analyses, des reproches à soi-même. Nauséeuses seront les heures du regret au goût de fiel. Les « si j'avais su... ou deviné... », puis les « j'aurais dû... », qui, stérilement, s'accumuleront, accroissant encore tristesse et misères. Le souvenir des occasions manquées n'a jamais adouci la détresse de quiconque.

Et pendant tout ceci, de moments en moments, comme un épouvantable rappel défiant les échappatoires : et Macée ? Et les enfants ? Et mes amis et collaborateurs ? Que va-t-il advenir d'eux tous ? Comment vont-ils réagir lorsqu'ils apprendront mon arrestation ? Les questions ensuite s'affineront : Que font-ils, maintenant qu'ils sont au courant de ma chute ? Qu'est-ce que le roi va décider à leur encontre ?

Macée ! Chassée peut-être de son domicile, réduite à la portion congrue. Certes, ses enfants allaient pouvoir l'aider, la protéger, tenter de la consoler, lui faire prendre patience. Mais le coup porté lui sera-t-il supportable ?

Images, qui défilent, des temps heureux, de l'adolescence, de la jeunesse, des premiers succès. Souvenirs ténus, conservés comme ça, pour rien, par miracle. Scènes intimes d'un couple avec ses complicités, ses joies et ses déboires.

Combien de fois Jacques Cœur s'éveilla-t-il, pensant à Macée et à ses enfants, le front moite et pourtant transi ? Ou le contraire ! Qu'importe ? C'est l'émotion, les multiples fièvres ou désarroi de l'homme à qui violence est faite qui m'importent.

Jacques Cœur fut arrêté le 31 juillet 1451, au château de Taillebourg.

La belle vérité historique ! Mais, si on ne va pas plus avant, quelle phrase impersonnelle et vide ! Presque trompeuse par son manque d'humanité qui masque ou édulcore ce qu'elle recouvre. L'histoire des hommes est aussi et surtout une histoire de chair, de vie et de mort. Le simple énoncé d'un fait, fâcheusement le désincarne, le prive scandaleusement d'une émotion. La froide connaissance devient juste bonne à satisfaire notre éventuelle curiosité. Elle est un point de départ qui permettra à l'imagination d'entrer en jeu.

Qu'on me pardonne donc de tenter d'aller un peu au-delà, afin de mieux ressentir ce qu'un de nos semblables ressentit alors. Bien entendu, avec le souci de ne point porter atteinte à la science historique ! Sans déformer quoi que ce soit par des exégèses aventureuses.

Est-il possible, a-t-on le droit d'essayer d'imaginer les pensées et les sentiments d'un homme, le matin même au faîte de la puissance, brusquement réduit à rien en quelques heures ? Les possibles réactions psychologiques d'un individu placé en semblables circonstances sont-elles si nombreuses ? D'autant que, sans rien affirmer quant au processus émotionnel, je me contente de l'envisager selon quelque logique.

Parmi toutes les pensées qui l'assaillirent, le firent réagir et le blessèrent, en ces premières heures, on peut à coup sûr compter l'accusation lancée sans preuve, sans le moindre début de fondement, par cette garce à la solde de ses pires ennemis, nommée Jeanne de Vendôme, la dame de Mortagne, qui proférait la plus odieuse infamie en prétendant qu'il avait empoisonné Agnès Sorel.

Tuer Agnès Sorel ! Lui ? Jacques Cœur ! Tuer son amie, celle qui durant cinq ans avait été son meilleur soutien, son défenseur jamais réticent, et dont l'absence en ce jour se faisait si cruellement ressentir ! Ridicule et sinistrement grotesque ! Agnès Sorel qui, à l'heure de la mort, avait tenu à lui donner un ultime gage de sa confiance et de son affection en le choisissant, en le désignant, comme un de ses exécuteurs testamentaires.

Et le roi qui, après tant d'années de travail commun, après tant de secrets partagés, après tant et tant de services rendus feignait de croire à cette accusation invraisemblable ! Bien entendu il n'y avait là qu'un prétexte, qu'un motif efficace pour le faire arrêter, sans tarder, mais en attendant de forger ou d'étayer d'autres chefs d'accusation.

Était-ce possible que le roi se montrât si oublieux, si ingrat, si froidement impitoyable ? Hélas ! La question à peine posée trouvait sa réponse : il suffisait d'évoquer l'abandon de la malheureuse Jeanne d'Arc. Et si on ne se contentait pas de cette preuve, d'autres affluaient à volonté. Telle la rapidité du remplacement de la douce et belle Agnès.

Le premier choc passé, les insurrections et les abattements initiaux dépassés, l'esprit plus froid, réflexions et autocritique devenaient plus lucides, plus rigoureuses, tendaient à plus d'objectivité.

Malheureusement, dans son cas, elles ne le consolaient ou ne le confortaient pas. A partir du moment où le roi l'abandonnait à la vindicte de ses ennemis, il n'ignorait pas que ceux-ci auraient la partie belle. Il ne leur avait fourni depuis dix-huit ans que trop de raisons de le prendre en défaut. Son allié implicite ne faisant plus cause commune avec lui, nombre de ses actes perdaient du coup leur justification, ils n'apparaîtraient plus qu'en porte-à-faux, sinon en faute.

Mais avant d'aller plus loin, encore fallait-il commencer par déterminer les motifs possibles qui avaient provoqué chez le roi un tel lâchage, par-delà son caractère de versatilité chronique. Sans grand risque d'erreur, Jacques Cœur pouvait en dresser la liste.

Premièrement : ses relations avec le Dauphin. Charles VII ne plaisantait pas à ce sujet. Quiconque acceptait l'amitié de Louis devait du même coup s'attendre à l'inimitié de Charles. Le roi, ou un de ses officiers ou espions, venait-il d'intercepter une lettre ou un billet du Dauphin prouvant des relations suivies entre l'Argentier et l'héritier du trône ?

Deuxièmement : l'installation de Jacques Cœur à Marseille. Charles mesurait-il mieux maintenant l'aspect désastreux, pour la prospérité de sa province du Languedoc, de ce déménagement ? Les négociants, les banquiers et les armateurs de Montpellier et des autres petits ports ne pouvaient avoir oublié de lui en parler, même s'ils se faisaient fort de remplacer, avec profit, le partant et d'occuper, à la perfection, la place rendue vacante. Perte de substance, perte de dynamisme, perte de revenus. Et ceci pour aller enrichir l'ancien roi des Deux-Siciles, cet irréaliste comte de Provence et duc d'Anjou, René, le roi poète.

Troisièmement : le roi, oublieux des progrès réalisés grâce aux initiatives et aux travaux de son Argentier, prenait au sérieux les ennemis de celui-ci et croyait, tout en faisant disparaître un homme aux prélèvements stériles et scandaleux, pouvoir rafler du même coup une formidable fortune.

Quatrièmement : Jacques Cœur, ayant pris de l'assurance et de l'autorité, blessait ou avait blessé la susceptibilité du souverain. La supériorité même dont il faisait preuve, dans le règlement des problèmes qu'on lui confiait, à la longue pouvait indisposer un homme non parfaitement libéré de ses complexes et de ses inhibitions.

Cinquièmement : le roi ajoutait foi à certains bruits qui avaient émoustillé les mauvaises langues de la cour, selon lesquels Jacques Cœur se jouait de lui en ayant passé des accords secrets avec le pape, et peut-être aussi avec le roi d'Aragon et des Deux-Siciles, Alphonse V le Magnanime.

Comment résoudre pareille énigme ? Mais encore, connaîtrait-il jamais les motifs profonds du roi ? Comment se disculper, justifier et faire comprendre les diverses raisons de son (de ses) comportement, puisque le roi avait cessé de lui faire la moindre confiance ?

Tourner en rond à grands pas, ou rester prostré, assis sur le bord de sa couche, ou sur quelque banquette, près de la fenêtre : ni l'un ni l'autre ne vous aide dans le silence pesant de votre chambre close. Silence seulement rompu par le pas des sentinelles écossaises, puisque la garde de votre personne a été confiée à Mathieu d'Harcourt qui commande les archers écossais. Mais les d'Harcourt ne sont-ils pas de vos débiteurs ?

Dans cette pièce-prison, sinistre seulement par sa momentanée destination, l'élégance du prisonnier doit surprendre les gardes, dont le regard fuit (surtout ne pas se mêler), qui ne comprennent certainement pas grand-chose à cette querelle entre « Grands ». Et les bonnes brutes lorgnent parfois vers cet homme, rencontré dix fois, cent fois, mille fois au bras du roi, et qui porte, comme au moment de son arrestation, « robe courte à mi-cuisses, pourpoint bandé de rouge avec une chaîne d'or sur sa poitrine découverte, suivant la mode des gens de Cour, chausses d'écarlate avec souliers lacés à la poulaine ».

Soupirs ! Exhalaisons de détresse ! Non ! Il n'en sortira décidément pas, puisque, le mensonge au sujet d'Agnès Sorel écarté, l'accusation ne portera pas sur les vraies motivations de son emprisonnement, et qu'à celle-ci il ne pourra, ni publiquement répondre, ni toucher secrètement le roi pour essayer une dernière fois de le convaincre.

On ne sait si, du fond de sa prison, Jacques Cœur apprit que Guillaume de Varye, arrêté le même jour que lui, parvenait quelques heures plus tard à s'enfuir.

8.

Instruction du procès et chefs d'accusation

Tandis que Jacques Cœur ratiocinait sur ses erreurs et ses fautes, ressassait, sans parvenir à s'en lasser, son amertume et ses regrets, Charles VII et son Conseil désignaient les commissaires chargés de l'instruction. On confiait alors cette énorme, presque impossible tâche, à vingt personnes, qui se répartissaient en deux groupes distincts.

Dans le premier se trouvaient ceux qui devraient parcourir en tous sens le royaume afin de rassembler le maximum de témoignages contre l'accusé. Il leur allait falloir d'abord retrouver ceux qui, lors de l'instruction préalable, avaient déjà fourni des éléments apparemment sérieux aux enquêteurs, et ensuite s'efforcer de découvrir de nouveaux témoins, les entendre et enregistrer leurs dépositions.

Voici la liste des membres de cette première catégorie qui comporte quatre habitants du Languedoc : Pierre Teinturier, Otton Castellani (que tous deux nous connaissons déjà) ainsi que deux hommes de loi montpelliérains : le notaire royal, Pierre Granier, et le juge Jean de Vaulx. Ensuite nous trouvons Guillaume de Gouffier (bien entendu ! et que nous connaissons aussi), Jean d'Étampes, général des finances du Languedoc, Bertrand Nantaire et Jean Gomyon, tous deux généraux maîtres des monnaies, Jean Rogier, notaire à

Tours, et deux personnages obscurs, B. Marsolli et P. Barthélemy.

A ces onze noms il convient d'en rajouter deux autres, ceux des responsables de l'information en Berry : Olivier Frétard et Jacques de La Fontaine, qu'aideront trois des neuf suivants.

Ces neuf autres commissaires, chargés, eux, de procéder aux interrogatoires de l'accusé et d'auditionner les témoins de la cour, sont, outre Pierre Gaboureau et Léon Guérinet, conseillers au Parlement de Paris, ainsi que Guillaume Thoreau, notaire royal, qui s'intéresseront plus particulièrement au Berry, Jean Bardin, avocat du roi, Jean Tudert, maître des requêtes de l'Hôtel du roi, Hugues de Conzay, lieutenant général du sénéchal de Poitou, Élie de Tourettes, lieutenant du sénéchal de Saintonge, Pierre de Roigne, avocat, et Denis Dausseure, membre du Conseil royal.

Il est aisé de connaître les sentiments des membres de la commission à l'égard de l'accusé : il suffit d'examiner les informations recueillies. Sur un total de vingt-deux charges, dix-sept relèvent des quatre Languedociens. Et, sur ces dix-sept, douze sont à porter au crédit du plus zélé d'entre eux, Otton Castellani.

Autrement dit, la haine et une volonté acharnée de destruction apparaissent clairement. D'autant que nous connaissons les procédés, souvent scandaleux, utilisés pour obtenir des accusations sur mesures, et la partialité flagrante des témoignages. Ainsi, ce fut Pierre Teinturier qui recueillit les récriminations de son propre frère, Michel Teinturier, lequel s'était vu notoirement, publiquement, pris à parti et mis à l'index par Jacques Cœur après l'affaire du jeune esclave maure.

La grande masse des accusateurs furent des négociants du littoral méditerranéen, la plupart d'origine italienne, qui prospéraient avant l'arrivée de l'Argentier, au temps où la

France, sagement cliente de Gênes, de Venise, de Florence (pour cette dernière seulement au deuxième degré : les banquiers florentins finançant aussi bien les armateurs et les négociants des deux premières villes, que les vaisseaux appartenant au royaume d'Aragon), ne disposait elle-même ni d'une flotte ni des capacités d'acheminer et de répartir des marchandises sur son propre territoire.

Les bénéfices réalisés par ces négociants de seconde main devaient être satisfaisants pour des gens sans grande envergure, si l'on en juge par l'importante immigration italienne dans les ports languedociens.

Aligner les noms des principaux plaignants devient vite révélateur : Secondino Bossavini, Janosso Bucelli, Lorenzo Cervelli, Paul et Louis Dandréa. Curieux que ces hommes qui, jadis, faisaient bonne figure à l'Argentier, qui sollicitaient des associations en sa compagnie, et cela durant plus de quinze ans, aient brusquement découvert sa malfaisance. Non moins curieux est le fait qu'ils n'aient jamais cherché à créer un commerce vivant avant son arrivée, eux qui se trouvaient sur place bien avant lui et qui connaissaient les arcanes du métier d'importateur-exportateur.

Ne peut-on imaginer un complot commercial, une affaire de gros sous ? Les rivalités de marchés ne nous donnent-elles pas, actuellement encore, des exemples de luttes impitoyables ?

Otton Castellani, qui a mené la danse du scalp autour de Jacques Cœur (et que ses vols outranciers, ô ironie pour un redresseur de torts !, devaient finir par conduire à la prison et à la déchéance), ne pouvait-il être le stipendié, l'homme de main, ou le petit partenaire dont on se sépare après coup, de la famille Médicis ? Ou de quelqu'autre ?

Ne peut-on voir en lui le principal agent d'un complot, tramé hors de France, dans l'espoir de détruire un concurrent dangereux et de récupérer, par la même occasion, ce marché français qui, à la suite du travail et des initiatives de l'Argentier, avait en totalité échappé aussi bien au commerce italien qu'à l'espagnol ?

Les liaisons de Castellani avec les Médicis, dont il se targuait orgueilleusement lors de son installation à Toulouse, s'étaient multipliées à mesure que le petit intrigant sans surface ni crédibilité parvenait à force de trafics et de platitudes à percer puis à se hisser jusque dans l'administration royale de la province.

N'oublions pas qu'en 1451 les circonstances étaient particulièrement favorables à la mise en scène et aux accusations, puisque Jacques Cœur, en désertant le Languedoc, dressait du même coup contre lui l'ensemble des Languedociens. Les Pierre Castel, Philibert de Nèves, Jean Nicolas, Aubert Pavez, Mathieu Salomonique, Bernard de Vaulx ou Bertrand Viol s'inquiétaient, parce que déjà le niveau de leurs affaires baissait. Ces redresseurs de torts ne formulaient point tellement de reproches lorsque l'Argentier s'activait dans leur région. Certes ils le jalousaient, mais c'était à qui serait son partenaire dans l'expédition à venir, et ils se bousculaient pour s'engager sous ses ordres et diriger une de ses naves.

Désormais, Castellani pouvait utiliser leur désappointement et leur hargne, qui donnait à sa machination une fort affligeante et émouvante coloration patriotique et régionaliste à ses attaques.

Ces hommes, qui appartenaient pour la plupart à des familles anciennes, s'étaient longtemps accommodés de l'omnipotence étrangère, sans jamais rien tenter pour lui échapper. Eux qui l'accusaient, qu'avaient-ils fait ? En 1432 n'était-ce pas l'ultime bateau du littoral français qu'il louait, avec la galée *Sainte-Marie-Saint-Paul* ?

Prétentieux et outrecuidants, ils s'imaginaient qu'une fois l'Argentier éliminé ils prendraient sa succession, et se partageraient sans problèmes majeurs ses bénéfices et ses dépouilles.

Ce fut le contraire qui se produisit.

Certes, Jacques Cœur les abandonnait et partait s'installer à Marseille, leurs regrets et leurs colères se comprenaient. Mais les projets contenus dans la lettre concernant l'aménagement du littoral languedocien se seraient probablement transformés en réalités. Cet homme, loin d'avoir des vues restrictives, connaissait l'art de l'expansion. D'ailleurs les faits viennent à l'appui de cette argumentation. Après l'élimination de Jacques Cœur il ne se trouvera personne pour aménager la côte languedocienne et préserver les ports auxquels, durant dix-huit ans, il avait donné vie. Après sa disparition, ils entreront en léthargie. Ils n'en sont plus jamais sortis.

Mais le temps passait. Les nouvelles qui parvenaient au malheureux reclus ne pouvaient le conforter, et encore moins l'encourager.

En septembre 1451, son frère Nicolas Cœur, l'évêque de Luçon, mourait. En décembre 1452, c'était au tour de la douce et jolie Macée de disparaître. Nul doute que l'emprisonnement de son époux et les mille et une tracasseries déclenchées par la mise de ses biens sous séquestre, avec la notion d'infamie attachée à une chute si brutale, sans oublier la méchanceté des hommes en général, avanies, injures, moqueries contre une femme désormais sans défense, n'aient eu raison de son moral et de sa santé.

Fin 1451, le prisonnier de Taillebourg avait été transféré au château de Lusignan, où les gens d'armes ne dépendaient plus de l'indifférent Mathieu d'Harcourt mais d'un adversaire intime et vindicatif : Antoine de Chabannes (l'ancien Écorcheur, l'ancien pillard et assassin mal repenti). Notons que Chabannes, devenu par la grâce du roi comte de Danmartin, avait un autre farouche ennemi en la personne du dauphin Louis. De Lusignan, nouveau départ, et, cette fois, incarcération à Maillé.

Au mois de mai 1452 arrivait une bulle papale qui confirmait et renouvelait les privilèges accordés à l'Argentier pour commercer librement avec les mécréants. L'opportunité de cette bulle, pour généreuse qu'elle soit, est discutable, car Charles VII pouvait y voir la preuve de la collusion entre son Argentier et le Saint-Siège.

Du 31 juillet 1451 au 14 juin 1452, les commissaires s'étaient efforcés de constituer un dossier pour l'accusation. Pourtant, après une ultime délibération au château de Chissay, ils concluaient en déclarant qu'en l'état des choses la sentence définitive ne pouvait encore être rendue et qu'il fallait surseoir.

Tandis que l'instruction reprenait, durant l'automne et l'été de 1452, l'accusé bénéficiait de délais pour qu'il puisse fournir des justifications et des réfutations écrites. Pendant ce temps également la justice royale statuait sur le bénéfice de clergie que Jacques Cœur invoquait et que les évêques et archevêques de France souhaitaient lui voir reconnu.

En ce qui concerne l'assassinat d'Agnès Sorel, la fausseté manifeste de cette accusation l'avait déjà fait disparaître des dossiers. Robert Poitevin, médecin du roi et de la Dame de Beauté, avait spontanément témoigné que la jeune femme était morte, non par empoisonnement ou autre malignité, mais, à la suite de son accouchement, d'un accès de fièvre puerpérale. L'enfant n'avait survécu que moins de six mois à sa mère.

Pour conclure sur ce sujet, précisons que Jeanne de Vendôme et son acolyte, le dénommé Colonna, se voyaient condamnés, pour dénonciation calomnieuse, à faire amende honorable. La dame de Mortagne était de surcroît bannie à vie de la cour. Il lui était donc désormais interdit de s'approcher à moins de dix lieues à la ronde de l'endroit où résidaient le roi et la reine.

Avant d'aborder le point controversé du bénéfice de clergie, notons les chefs d'accusations qui allaient peser sur l'Argentier et voyons la réponse honnête et logique à leur apporter :

a) Avoir fait frapper des monnaies à « moindre poix et loi » en 1429 et en 1430.

Jacques Cœur et ses associés, après avoir plaidé coupable, avaient obtenu des lettres de rémission pour ce délit, en 1429. Chose jugée se trouve par principe éteinte. Et s'il y avait eu grave récidive, pourquoi Ravant le Danois, associé de Jacques Cœur, serait-il resté général-maître des Monnaies de 1435 à 1461, sans la moindre interruption ?

b) Avoir fourni « grant quantité de harnois ausdis Sarrasins et mescréans », et ceci « afin que ses galées feussent mieulx traictées... ».

Il est exact que Jacques Cœur avait offert au Soudan un équipement somptueux et des armes de parade : douze haches, douze guisarmes, deux jazerans, des arbalètes et des crânequins. Peut-être d'autres livraisons avaient-elles suivi. L'accusation n'en est pas moins ridicule et sotte. Car, 1° l'industrie des armes chez les Sarrasins valait largement celle des chrétiens ; 2° grâce à ses livraisons, Jacques Cœur s'était concilié les faveurs du Soudan, au point de pouvoir obtenir la paix aussi bien pour les Vénitiens que pour les chevaliers de Rhodes, ainsi qu'un statut d'amitié entre Charles VII et le Soudan ; 3° le véritable adversaire des chrétiens, pour lors, n'était point le Soudan mais les Turcs, qui s'apprêtaient à prendre Byzance, et à envahir les pays arabes. Ceux-ci, comme Jacques Cœur l'avait compris, pouvaient au contraire devenir des alliés contre le Turc qui asservissait une partie de l'Europe depuis la défaite de l'empereur à Nicopolis; 4° enfin, le Saint-Siège n'aurait pas délivré de bulle de faveur à Jacques Cœur si celui-ci avait mis la chrétienté en danger par ces actes.

c) Avoir livré « et transporter audit païs d'Alexandrie et vers lesditz Sarrasins grant quantité de cuyvre, et aussi d'avoir fait fondre et mectre en lingotz en notre royaume et en aucunes de nos Monnoyes et ailleurs, grant quantités d'argent blanc alayé en partie... ».

d) Avoir vendu de l'argent monnayé à l'effigie de la fleur de lys; « contrefaicte, en falsifiant et contrefaisant nostre marque, dont grant déshonneur estaoit avenu à nous et à nos subgiez... ».

L'accusation devient scandaleuse lorsqu'on l'isole de son contexte. L'accusé échangeait, c'est vrai, de l'argent et du cuivre aux Sarrasins, mais contre de l'or, dont l'Occident manquait cruellement. Et les échanges se faisaient dans des conditions extraordinairement favorables, dont le roi, tout le premier, avait bénéficié. Sur ces échanges reposaient en partie le redressement économique du royaume et l'amélioration des conditions de vie des Français. Ces échanges finis, les mines d'argent et de cuivre du Beaujolais et du Lyonnais fermeront leurs portes à jamais. Ajoutons que jamais le Soudan et ses sujets n'eurent à se plaindre de fraudes, quelles qu'elles fussent, à l'initiative de Jacques Cœur.

e) Avoir exporté des monnaies vers d'autres pays en particulier en Avignon.

Le roi n'avait pas attendu 1451 pour être au courant. D'ailleurs une enclave comme Avignon posait de difficiles problèmes lorsque des caisses de compensation monétaires n'existaient pas. Rappelons aussi que le roi, comme les autres Français, exportait des monnaies lorsqu'il payait des rançons (pour la prise de Cherbourg 40 000 livres versées à Thomas Gower), et que le clergé envoyait à Rome l'argent des fidèles, donc exportation de devises, etc.

f) Avoir renvoyé le jeune esclave maure en Égypte : « Renyé Dieu que, ou cas que sesdictes galées en auroient afaire, il destruiroit ledit Ysart et son fils (Ysarn et Michel Teinturier), de corps et de biens, en luy disant qu'il feist comment que ce feust qu'il recouvrast ledit enfant. »

Trois arguments sont à présenter ici, qui font place nette de cette accusation. D'abord il n'est pas possible de commercer, d'entretenir des relations convenables avec qui que ce soit, si on ne respecte pas les coutumes locales. Si des Sarrasins avaient enlevé un adolescent, un esclave, à Montpellier, en affirmant qu'il voulait se convertir à l'Islam, quel scandale dans la région ! Ensuite, parler de l'esclavage va mal à qui le pratique. Dans son livre *Les Ports méditerranéens au moyen-âge,* Charles-Emmanuel Dufourcq a consacré un chapitre à « L'esclavage dans les villes chrétiennes de la Méditerranée », et il débute ainsi : « De nombreux Maghribins, des Grenadins, des Noirs, voire des Orientaux d'origines diverses et pas toujours musulmans, sont captifs dans les pays méditerranéens chrétiens, surtout à Majorque et en Catalogne, mais aussi sur le littoral aujourd'hui français. C'est là un trait mal connu du passé, qu'une sorte de voile pudique tend à dissimuler, mais la vérité est indiscutable... » Enfin, cet événement remontait à 1446. Le jeune évadé travaillait chez l'archevêque de Toulouse et Jacques Cœur n'avait nullement cherché à dissimuler sa colère. Or, ni la hiérarchie ecclésiastique française, ni le Saint-Siège ne lui en tenaient rigueur. Pour en terminer sur ce point, le grand-maître de Rhodes et des négociants languedociens insistèrent même près de l'Argentier pour que Aboleris fût rendu, par crainte de représailles éventuelles.

g) Avoir embarqué de force, à bord de ses galées, des personnes n'étant ni des vagabonds, ni des condamnés de droit commun : « Avoir fait prendre et emprisonner plusieurs gens qu'il disoit estre ruffiens et coquins, et mectre en ses galées pour naviguer, entre lesquels y avoit esté prins ung jeune homme alement pèlerin, qui aloit à Saint-Jacques, que l'en disoit estre homme de l'église, lequel quant s'estoit ainsi prins et mis esdictes galées, du dueil et desplaisance s'estoit gecté en la mer et noyé. »

Cette « invention » de trouver des rameurs en saisissant vagabonds et condamnés n'est probablement pas à porter au crédit de Jacques Cœur. Mais l'ordonnance qui l'officialisait et lui donnait force de loi a bien été signée par Charles VII. Pour sa défense l'Argentier jura qu'il ignora ces abus, dus vraisemblablement à des excès de zèle de sergents. Pourquoi ne pas le croire ? Même si l'explication ne l'absout pas totalement. Les municipalités se montraient-elles si regardantes ?

h) Avoir abusivement détenu un petit sceau semblable au sceau secret du roi : « Avoir fait faire de son auctorité et sans notre sceu un petit seël de plomb ou cuyvre pareil et semblable à nostre petit seël de secret... »

Ce sceau avait été confié à Jacques Cœur au moment de ses négociations avec Gênes. Par la suite, il avait atermoyé pour le rendre en affirmant qu'il en aurait peut-être besoin si les pourparlers reprenaient. Les juges d'ailleurs n'ont guère insisté sur ce point car il leur apparut qu'il n'en avait jamais usé frauduleusement.

i) Avoir menti gravement, portant atteinte à l'honneur du souverain, en disant aux ambassadeurs du duc de Bourbon, les seigneurs de Canilhac et de La Fayette — venus à Chinon demander pour le fils du duc, le comte de Clermont, la main de la princesse Jehanne, fille de Charles —, qu'ils n'obtiendraient rien sans argent, car le roi lui avait dit : « Sinon que nous eussions premièrement deux mille escuz pour jouer aux dez et faire nos plaisances ès festes de Noël qui estoient lors prochaines à venir... ».

L'histoire pour le coup semble relever de la turlupinade, du canular. Il y a là comme une sorte d'avant-goût des *Fourberies de Scapin*. A moins que ceci ne relève des grosses farces du moyen-âge. A moins encore, et c'est plutôt en faveur de ce rapprochement que je pencherais, que nous comparions Jacques Cœur à Figaro, qui, lui aussi, devait passer sa vie à déployer des trésors d'imagination.

Plaisanterie! Plaisanterie énorme, incroyable, fabuleuse pour nous, commise à l'encontre de deux braves personnages, quelque peu balourds et drôles à berner! Mais aussi anecdote prodigieusement révélatrice. Car enfin, imaginons la scène en nous basant sur ce qui est avéré, et pas seulement sur ce qui fut extorqué sous la menace de la torture, où le moindre mot, la plus simple explication, se complique sous la pression de l'effroi. Voici les faits :

A Chinon, en décembre 1446 (cinq ans donc avant le procès), dans une salle ou un couloir, déambulent, soucieux de leur mission : le vieux maréchal Gilbert Motier de La Fayette, et son compère, Louis de Beaufort, marquis de Canilhac, comte d'Alès, etc., suivis de moindres personnages. Soudain apparaît l'Argentier, l'homme bien en cour, le confident royal. Aussitôt les deux bonshommes le prennent à part et lui exposent les raisons de leur présente solennité : le duc de Bourbon les a chargés de solliciter du roi la main de sa fille, la princesse Jehanne de France, pour son fils aîné, actuellement comte de Clermont. Or, voici que Jacques Cœur, pince-sans-rire, leur annonce (le projet de ce mariage est dans l'air) que Charles VII n'acceptera de donner sa fille en mariage qu'à la condition qu'on lui verse aussitôt deux mille écus. Et pas pour n'importe quoi, oh non ! Cœur précise, prétendant rapporter les paroles mêmes du roi (sans doute discrètement) : « pour jouer aux dez et faire noz plaisance ès festes de Noël ».

Deux mille écus pour la main d'une princesse de France ! Les deux bonshommes réfléchissent, se grattent, branlent du chef, répétant, s'interrogeant encore : « Deux mille éscuz ! » Hé oui ! (Pour un peu j'aurais envie d'inventer un dialogue. Que diable, on a bien le droit de rire lorsque l'histoire prête à rire !) Si j'osais aussi je dirais que nos ambassadeurs matrimoniaux la trouvent saumâtre, ou encore qu'ils « l'ont sec ». Enfin disons qu'ils n'apprécient pas... deux mille « escuz », vous pensez !

Mais pourtant, et c'est peut-être là le plus drôle, ils ne vont pas tout uniment trouver le roi, ou se plaindre au duc. Ils croient l'Argentier, tant celui-ci a la mine sérieuse et grave. Enfin, voici qu'après force réflexions, tergiversations, vacillations, ils se décident (peut-être en grommelant : « pour jouer aux dez et faire ses plaisances ! », comme le célèbre : « que diable allait-il faire dans cette galère ! »), et ils s'exécutent. Probablement disposent-ils du sceau de leur duc. Bref, ils remettent à Jacques Cœur un billet reconnaissant une dette de deux mille écus. Et notre homme de les quitter au plus vite, déjà riant sous cape, probablement, avant de le faire à gorge déployée.

Escroquerie, dira-t-on. Oh que non ! Car qu'en fait-il de ce billet ? Tout simplement il va le montrer au roi. Oui ! A Charles VII en personne. Qui, sans doute, se gausse tout son soûl, avant de le refuser. Alors... alors, comme il se trouve que le duc de Bourbon doit de l'argent à Jacques Cœur, celui-ci garde le billet dans ses papiers, puisqu'il y fut retrouvé, et qu'il ne fut donc jamais encaissé, ni même seulement présenté. Simple preuve d'un canular réussi.

Au vu de cette anecdote, j'aimerais maintenant qu'on réfléchisse sur le degré d'intimité, de confiance et même de complicité (la connivence dans le rire) existant entre Charles VII et Jacques Cœur. Pour que notre homme se soit permis cette plaisanterie, et qu'il l'ait spontanément avouée au roi (ne lui a-t-il pas proposé le billet ?), il fallait qu'il existât entre les deux hommes des relations singulièrement dépourvues de formalisme ; amicales, pourrait-on affirmer.

Le mariage entre le comte de Clermont et Jehanne de France se fit. Les protagonistes de « l'affaire », du vieux maréchal de La Fayette au duc de Bourbon, de Canilhac à Charles VII en passant par les témoins de la scène, personne ne put bientôt ignorer, dans cette cour cancanière, ce qui s'était passé ; or ce ne fut qu'après cinq années de rires, puis d'indifférence, qu'on reprocha sa plaisanterie à l'Argentier : comme par hasard, ce fut lorsque, de favori, il se retrouva réduit au rang d'accusé et qu'il ne fut plus qu'un chien galeux, juste bon à noyer sous n'importe quel prétexte.

D'ailleurs les commissaires ont noté qu'interrogé à ce sujet, l'Argentier, qui en prison n'avait plus le cœur à rire (et qui l'aurait eu alors ?), a nié avoir pour lors parlé sérieusement, mais reconnaît qu'il a peut-être plaisanté.

Interrogé à nouveau sous la menace de la torture, à Tours, au cours des ultimes informations en 1453, après avoir répété qu'il ne voulait en l'occurrence escroquer personne, il a déclaré s'en remettre au témoignage du duc de Bourbon. Mais on lui imputa le crime de lèse-majesté :

j) Avoir commis des abus et des malversations dans l'administration et la répartition des dédommagements dus à des sinistrés, tant pour les marques de Gênes, de Genève, de Provence que de Catalogne.

k) Avoir malhonnêtement géré les fermes des foires de Pézenas et de Montagnac.

Pour la première de ces accusations, Jacques Cœur plaida non coupable, en invoquant, d'une part, ses longs voyages qui retardaient les règlements, d'autre part la coutume et les usages. Il affirma que les sommes perçues au titre de commissaire ne dépassaient nullement ce à quoi il avait droit.

Pour la seconde il ergota.

l) Avoir commis des excès et des illégalités flagrantes dans l'exercice de ses fonctions de commissaire aux États du Languedoc.

L'inculpé, après avoir discuté longuement ces appréciations, fit remarquer que son action pour la province et ses habitants s'était toujours révélée positive.

m) Avoir profité de sa double position de banquier du roi et banquier du Trésor.

Là encore, les faits sont patents. Mais pourquoi, durant tant d'années, le roi lui a-t-il permis, sinon par commodité, d'être son prêteur en même temps qu'il le chargeait de l'administration partielle du Trésor ?

n) Avoir spéculé sur la valeur des monnaies.

La faute de Jacques Cœur ne semble guère contestable. Mais lui est-elle spécifique, ou n'est-elle pas automatique dans les opérations de banque ?

Dès la fin de 1451, le pape Nicolas V avait chargé son légat en France, le cardinal d'Estouteville, en plus de ses missions propres aux relations et démêlés entre le Saint-Siège et le royaume des Lys, d'intervenir en faveur de Jacques Cœur qui naguère savait si utilement résoudre, pour le plus grand bien de l'Église, le problème délicat du schisme de Félix V.

Charles VII discuta bien, avec le cardinal, des différents problèmes que celui-ci lui soumit, sauf lorsqu'il fut question d'aborder le cas de Jacques Cœur. Le légat ayant demandé une audience, le roi refusa, alléguant qu'il ne pouvait le recevoir au château de Chissay, faute d'appartements dignes de lui.

En revanche, il chargea les commissaires instructeurs de déterminer si l'Argentier devait ou non bénéficier du privilège de clergie. Ce privilège accordait aux clercs mariés le droit de n'être jugés que par un tribunal ecclésiastique. Or, Jacques Cœur pouvait être considéré comme clerc, puisque, dans son enfance, étant enfant de chœur à la Sainte-Chapelle de Bourges, il avait reçu la première tonsure.

Nombre de prélats, probablement sur incitations de Jean Cœur, dont l'archevêque de Tours, Jean Bernard, réclamaient le prisonnier. Les commissaires se contentèrent d'interroger quelques témoins et se satisfirent de réponses sans valeur juridique. Le privilège de clergie, en conséquence, fut refusé, mais sans la moindre notification de la décision officielle.

Protestant vainement contre la procédure engagée, refusant un avocat, refusant l'aide d'un conseil, Jacques Cœur déclarait sans illusions : « Je m'en remets du tout à la bonne grâce du roi. Au regard de moi et de tous mes biens, tout est au roi et en sa disposition pour en faire son bon plaisir. »

En mars 1453, les interrogatoires reprirent, les derniers. Mais cette fois les commissaires décidèrent d'employer la torture : « L'on en sauroit la vérité par sa bouche par voye extraordinaire de question. »

Dès lors, à partir du 26 mars, en marge des textes qui nous sont parvenus, se lisent de sinistres et odieuses mentions, telles que : « Luy a esté dit l'appointement que s'il ne dit la vérité, on la luy fera dire par torture et question ; et luy estant sur la selete a esté interrogé... » ; ou encore, « s'est seis sur le billot... » ; « luy a esté osté son pourpoint en luy lyant les bras » ; « lyé les bras et les pièz » ; « livré aux questions et dépoillé et en delessent son pourpoint » ; « luy estant lié par les pièz et par les bras... ».

Désormais Jacques Cœur, en apprenant le sort qui l'attend, billots et sellettes, et après s'être récrié « qu'il croyait avoir un autre salaire et un autre triomphe pour les services qu'il a faits », prévient qu'il avouera ce que les tortionnaires souhaiteront : « dit que s'il est gisné, il confessera ce que on voudra ».

S'il se défend parfois encore, fournissant des raisons et des explications percutantes, dès qu'on l'attache sur le billot ou la sellette et que le bourreau entreprend d'officier, aussitôt il s'en remet aux déclarations de ses pires adversaires.

La peur, l'équisement, la souffrance finissent par avoir raison de sa résistance et de sa mémoire. Ses dénégations perdent de leur force ; encore un moment et il préfère reconnaître sa culpabilité et demander grâce au roi.

A la mi-avril 1453, l'armée française entre de nouveau en campagne pour la libération définitive de la Guyenne, et le roi s'installe au château de Lusignan. Par souci de commodité on transfère alors l'accusé de Tours à Poitiers.

Le 26 mai, l'évêque de Poitiers, Jacques Jouvenel des Ursins, frère de Guillaume du même nom, chancelier de France, et de Jean, archevêque de Reims, délègue ses vicaires au roi pour que l'accusé, devenu clerc solu puisque veuf depuis quelques mois, soit remis à l'officialité de son diocèse. Le roi refuse.

Le 28 mai, Jean Cœur fait, devant notaire, appel des

griefs retenus contre son père, et enregistrer des réclamations contre ceux qui le poursuivent de leur haine.

Le lendemain, 29 mai, la sentence est rendue et le jugement lu par Guillaume Jouvenel des Ursins, en l'absence du condamné (ultime dérogation à la règle).

En raison des services rendus au royaume et au roi, ainsi que pour tenir compte des interventions bienveillantes du pape, la peine de mort est remise; Jacques Cœur se voit déclarer coupable du crime de lèse-majesté.

Il était condamné à la confiscation de corps et de biens. Outre deux amendes, il devait faire amende honorable en se présentant devant le procureur général du roi (reconnaissant ses fautes : « requerant de ce mercy et pardon à Dieu », sans oublier le roi et la justice !), simplement revêtu d'une chemise « sans chaperon ni ceinture », et aussi « à genoulx, tenant en ses mains une torche ardant de dix livres de cire ». En outre, « Déclaré inhabile à tousjours de toutes offices royaux et publicques », il était, à perpétuité, banni du royaume, mais seulement après paiement des deux amendes, lesquelles se montaient respectivement à 300 000 et 100 000 écus (soit 600 000 de livres).

Des conditions s'ajoutaient à cet ensemble, comme le rachat du jeune esclave chrétien et l'annulation de la dette signée par La Fayette et Canilhac.

9.

Arrêt de condamnation de Jacques Cœur
Lusignan, 29 mai 1453

CHARLES/, *par la grâce de Dieu, roy de France, à tous ceux qui ces présentes lettres verront, salut. Comme après le décès de feue Agnès Sorelle, damoiselle, la commune renommée fust qu'elle avoit esté/ empoisonnée, et par icelle renommée Jacques Cuer, lors nostre conseiller et argentier, en eust esté soupeçonné, et aussi d'avoir envoié du harnois de guerre aux Sarrasins, noz anciens/ ennemis de la foy chrestienne, et que aucuns de nos subgiez nous eussent faict plusieurs grans plaintes et clameurs dudit Jacques Cuer, disans icelluy Cuer avoir fait plusieurs grandes/ concussions et exactions en nostre païs de Languedoc, et sur nos subgiez, et avoir transporté ou fait transporter ausdiz Sarrasins par ses gens, facteurs et serviteurs, sur ses galées/, grande quantité d'argent blanc, et telement qu'il en avoit ainsi comme l'en disoit du tout exillé et desnué nostre dit païs de Languedoc; pourquoy eussions ordonné estre faictes informations/ par aucuns de nos gens et officiers, et icelles faites, rapporter par devers nous pour y pouveoir et en ordonner ainsi que faire se devoit par raison.*

Lesquelles informations faites/, mesmement sur ledict cas de la mort et empoisonnement de ladicte damoiselle Agnès, et rapportées par devers nous au lieu du chastel de Taillebourg où nous estions lors pour la conqueste/ de nos

ARRÊT DE CONDAMNATION DE JACQUES CŒUR 347

païs et duchié de Guienne, les avons faict veoir et visiter en notre présence par ceulx de nostre Grant Conseil, et plusieurs autres de noz gens et officiers à ce appelez en grant nombre et/ icelles informations veues et visités bien au long, et aussi la déposition de Jehanne de Vendosme, damoiselle, dame de Mortaigne, qui touchant ledict cas de la mort et empoisonnement de/ ladicte damoiselle Agnès, avoit depposé à la charge dudict Jacques Cuer; par l'avis et délibération desquelles gens de nostre dict Grant Conseil et autres dessusdiz, eussions ordonné et appoincté que/ iceluui Jacques Cuer seroit arresté, ses biens mis en nostre main par inventoire et en garde de bons et seurs commissaires qui en sceussent rendre compte et reliqua, quant et là où il appartiendroit./

Depuis lequel nostre appoinctement et incontiment après, et avant l'exécution d'iceluy, ledict Jacques Cuer se fust trait par devers nous et en la présence desdiz gens de nostre dict Grant Conseil et autres/ dessus diz estans encores assemblez, nous eust dit et exposé que l'en avoit prins par notre ordonnance l'un de ses serviteurs, et avoit entendu que l'en faisoit certain procès contre luy, en/ nous requérant qu'il nous pleust avoir regard à son fait, et lui tenir termes de raison et justice, en nous offrant de soy mectre en prison et de tenir tel arrest qu'il nous plairoit pour soy/, justiffier des cas dont on l'accusoit. Auquel Jacques Cuer par l'advis et délibération desdiz gens de nostre dict Grant Conseil et autres dessusdiz, eussions fait dire de par nous que sadicte offre/ estoit juste et raisonnable, et que en icelle acceptant, voulions et ordonnyons qu'il teinst arrest oudict chastel de Taillebourg, et pour ce eust icelui Jacques Cuer esté arresté prisonnier oudit/ chastel de Taillebourg et en icelluy détenu et gardé par aucun temps, et depuis mené par nostre ordonnance en nostre chastel de Lezignen, ouquel chastel ledict Jacques Cuer fust interrogué par plusieurs/ et diverses foiz par notables hommes tant de nostre Conseil que autres à ce par nous commis et depputez, et ses confessions reddigées par escript. Et depuis, pour ce que pour aucuns noz grans/ affaires, nous transportasmes ou chastel des Montilz-lez-Tours, fut aussi le dict Jacques Cuer mené et transporté de nostre dict chastel de Lezignen ou chastel de Maillé, où par devers nous et/ nos diz commissaires furent apportées plusieurs autres informacions à la charge dudict Jacques Cuer, lesquelles ordonnasmes par iceulx noz commissaires et autres que de nouvel commismes/ avecques eulx, estre veues et visitées.

Et par lesdictes informacions ledict Jacques Cuer fust trouvé chargé que dès l'an mil CCCC XXIX, lui estant compaignon de la ferme de nostre Monnoye/ de Bourges, il avoit fait forgier escus à moindre poix et loy, comme escus de soixante seize, quatre vins et quatre et quatre vins et neuf escus pour marc et à quatorze et quinze/ caras, combien qu'il deust avoir lors forgé escus de soixante dix au marc et dix huit caras, selon nos ordonnances royaulx, et par ce moien y avoit eu prouffit de vint ou trente/ escus pour marc, où il n'en devoit avoir que deux escus, en défraudant et desrobant nous et la chose publicque de nostre royaume, et en commectant, en ce faisant, crime de faulse monnoye/ ; et pareillement, en l'an CCCC trente, ouquel an par nostre ordonnance furent forgiez royaulx de soixante quatre au marc et à vint trois caras et trois quars de carat d'avoir forgé/ et fait forger en ladicte Monnoye de Bourges, royaulx à vint trois caras et de poix moins demy-royal sur le marc, et semblablement aussi d'avoir fait et commis plusieurs autres grans faultes/ et abus ou fait de nos dictes monnoyes de Bourges.

Fût aussi trouvé chargé ledict Jacques Cuer par lesdictes informations, que luy ou ses gens avoient fait mener grant quantité de harnoiz/ ausdiz Sarrazins et mescréans, et que

ARRET DE CONDAMNATION DE JACQUES CŒUR 349

icelui Jacques Cuer, afin que ses galées feussent mieulx traictées et qu'il peust tirer deux ou trois cens esportes de poivre du païs d'Alixandrie/, sans paier le droict du Souldan qui povoit monter quatorze ou quinze ducas pour esporte, avoit envoyé et fait présenter par ses gens audit Souldan des Sarrazins certaine grant/ quantité de harnois ou habillemens de guerre et de autres armes invasives, c'est assavoir des cranequins, haches, guisarmes, coulevrines, vouges, jaserans et autres habillemens/ de guerre, et qui pis estoit, avoit fait présenter ledit harnoiz audit Souldan en nostre nom, combien que de ce faire n'eust charge ne commission aucune de par nous, et estoit commune renommée/ que, par le moien desdiz harnois ainsi transportez audit Souldan et Sarrazins par ledit Jacques Cuer, iceulx Sarrazins avoient gaigné une bataille sur les Chrestiens, dont on nous donnoit/ charge et blasme de l'avoir souffert, cuydans ceulx qui ainsi nous en donnoient blasme, que ce feust de nostre congié et voulenté, combien qu'il n'en fust riens.

Et en outre fut trouvé/ chargé par lesdictes informations, ledit Jacques Cuer d'avoir fait mener et transporter oudit païs d'Alexandrie et vers lesdiz Sarrazins grant quantité de cuyvre, et aussi d'avoir fait fondre/ et mettre en lingotz en nostre royaume et en aucunes de nos Monnoyes et ailleurs, grant quantité d'argent blanc alayé en partie de nostre monnoye aiant de présent cours, et d'autre billon/ à moindre loy de deux deniers ou environ que n'est l'argent aiant cours en nostre dit royaume; et iceluy argent blanc ainsi fondu et alayé comme dit est en grant quantité et jusques/ à vint mil marcs d'argent et plus, mené ou fait mener par ses diz gens, facteurs et serviteurs sur sesdictes galées, et delà ou païs d'Alexandrie et autre part vendre sans aucun congié ou/ licence de nous ausdiz Sarrazins mescréans, nos anciens ennemys et ennemys de la foy, en venant par ce moyen et faisant contre noz ordonnances royaulx, et en apauvrissant *et comme/ du tout desnuant dudit argent et de chevance nosdiz royaume et subgectz d'iceluy, et aussi en enrichissant lesdis Sarrazins, noz ennemys et ennemys de la foy chrestienne. Et combien/ que ledit argent blanc ainsi fondu, alayé et transporté ausdiz Sarrazins par ledit Jacques Cuer ou sesdiz gens et servicteurs ne fust de pareille loy comme celuy qui avoit et a cours en/ nostredit royaume, mais de moindre loy beaucoup, néantmoins pour le mieulx vendre et à pareil pris que celuy de la loy de nostre dit royaume, ledit Jacques Cuer de son auctorité privée l'avoit/ signé ou au moins permis et souffert signer par sesdiz gens, facteurs et servicteurs, à une fleur de lis contrefaicte, en falsifiant et contrefaisant nostre marque, dont grant déshonneur/ estoit avenu à nous et à noz subgiez, car les Sarrazins qui avoient achecté dudit argent et l'avoient trouvé de moindre loy que ladicte marque ne demonstroit, avoient dit tout/ communément et en présence de plusieurs autres marchands estrangés, que françois estoient trompeurs.*

Avoit aussi ledit Jacques Cuer, comme il apparoit par lesdictes informacions/, transporté ou fait transporter par sesdiz gens, facteurs et serviteurs, grant quantité de billon, tant d'or comme d'argent, en Avignon et ailleurs hors de nostredit royaume, en/ contempnant nosdictes ordonnances royaulx sur ce faictes, lesquelles ledit Jacques Cuer, qui autresfoiz avoit esté maistre de Monnoyes, ne povoit ignorer ne les peines contenues en/ icelles.

Fut aussi ledit Jacques Cuer trouvé chargé par informacions que combien que, en l'an mil CCCC quarante six, la galée Saint-Denis, appartenant audit Jacques Cuer, estant/ en Alixandrie, et Michelet Tinturier, patron d'icelle, ung jeune enffant de l'age de quatorze à quinze ans, chrestien de la terre du prestre Jehan, détenu esclave par ung Sarrazin, se feust/ rendu en ladicte galée Saint-Denis et mis à genoulz devant ledit patron en criant : Pater Noster, Ave Maria et en disant qu'il vouloit estre bon chrestien, et que, pour ceste cause, il s'en/ estoit foui de l'ostel dudit Sarrazin, son maistre; et que ledit Michelet Tinturier si l'eust fait amener sur ladicte galée Saint-Denis jusques en nostre ville de Montpellier, où ledit/ enfant eust demouré par long temps et par plus de deux mois avecques aucuns bourgois et marchans de ladicte ville et aussi avecques feu maistre Pierre du Moulin, lors/ arcevesque de Thoulouze, en le servant de office de varlet de chevaulx, et ce pendant se feust ledit enffant maintenu et gouverné comme chrestien en alant à l'église, oyant messe comme les autres/ chrestiens, et eust esté en sa franchise et liberté sans estre détenu aucunement, ainsi que l'on a acoustumé détenir esclaves; néantmoins, ledit Jacques Cuer estant audit Montpellier/ avoit mandé ledit Michelet Tinturier venir parler à lui et lui avoit fait très mauvaise chière, et dit plusieurs paroles injurieuses, en lui disant qu'il avoit mal fait d'avoir/ amené ledit esclave chrestien d'Alexandrie et de l'avoir robé à son maistre, et que ses galées en pourroient avoir à souffrir ou temps lors à venir et jasoit ce que ledit Michel/ Tinturier se feust excusé et eust compté audit Jacques Cuer le cas tel qu'il estoit, et avec ce lui eust dit qu'il ne faisoit pas grande extimacion du danger destictes galées, et que/ le Sarrasin, maistre dudit enfant, si aymeroit mieulx cinquante ducatz que l'enffant, néanmoins ledit Jacques Cuer n'avoit tenu compte de ladicte excusacion dudit Tinturier/, ne de chose qui lui eust dit, mais lui avoit dit qu'il failloit rendre ledit enffant, et que s'aucun dommage en avenoit à sesdictes galées, il destruiroit ledit Michelet Tinturier et son/ père aussi. Et depuis, ledit Jacques Cuer avoit pareillement envoyé quérir Ysart Tinturier, père dudit Michelet, et lui avoit dit semblables et toutes et telles parolles qu'il avoit dit/ par avant audit Michelet son filz.

Et oultre avoit renyé Dieu que, ou cas que sesdictes

galées en auroient afaire, il destruiroit ledit Ysart et son filz de corps et de biens, en luy/ disant qu'il feist comment que ce feust qu'il recouvrast ledit enfant. Et depuis icelui Jacques Cuer ou ses gens et serviteurs, par son ordonnance et commandement, et de leur/ auctorité privée, si avoient prins et emprisonné ledit enffant ès prisons du baille de nostredicte ville de Montpellier, et illecques avoit esté détenu par force et contre son gré et voulenté/ l'espace de deux mois et plus, et jusques à ce que les galées dudit Jacques Cuer si furent despeschées pour s'en aler oudit païs d'Alixandrie que icelui Jacques Cuer le fist traire/ desdictes prisons, prendre et mener esdictes galées, retourner oudit païs d'Alixandrie et délivrer audit Sarrasin, son maistre, où il a depuis autresffois renyé la foy chrestienne, en commectant/ par ce moien et en ce faisant plusieurs grans et énormes crimes, comme crime de lèze-majesté, force publique, prison privée, transport de nostre juridicion en autre, crime/ de plage et autres plusieurs.

Fut en oultre trouvé ledit Jacques Cuer chargié par lesdictes informacions d'avoir fait prendre et emprisonner plusieurs gens qu'il disoit estre/ ruffiens et coquins, et mectre en ses galées pour naviguer, entre lesquels y avoit esté prins ung jeune homme alement pélerin, qui aloit à Saint-Jacques, que l'en disoit estre homme/ de l'église, lequel quant s'estoit trouvé ainsi prins et mis esdictes galées, de dueil et desplaisance s'estoit gecté en la mer et noyé.

Furent aussi prins et mis esdictes galées deux noz sergens de/ nostredicte ville de Montpellier, et par les gens et facteurs dudit Jacques Cuer, chargiez et baillez aux coursaires et pirates pour et en eschange d'autres gens, et lesquelz noz deux sergens/ estoient mors, ou l'un d'eulx depuis en la main desdiz corsaires.

Fut aussi trouvé ledit Jacques Cuer chargé par icelles informacions, d'avoir fait faire de son auctorité et sans nostre sceu/ *ung petit seël de plomb ou cuyvre pareil et semblable à nostre petit seël de secret, et lequel petit seël, depuis l'arrest et empeschement dudit Jacques Cuer, avoit esté gecté ou feu et fondu/ secrètement par aucuns de ses gens et servicteurs.*

Et aussi fut trouvé par lesdictes informacions que pendant le temps que l'en traictoit le mariage de nostre très chière et très amée/ fille Jehanne avecques nostre très chier et amé cousin le conte de Cleremont, icelluy Jacques Cuer, meu de grant avarice et non ayant nostre fait et honneur devant ses yeulx, ainsi/ qu'il devoit, avoit dit aux seigneurs de Canilhac, de La Fayete et autres qui estoient venus en nostre ville de Chinon par devers nous et par nostre très chier et amé cousin le duc de/ Bourbon, pour la poursuite dudit traictié de mariage, qu'ilz ne feroient riens vers nous touchant ledit traictié de mariage, sinon que nous eussions premièrement deux mille escus/ jour jouer aux dez et faire noz plaisances ès festes de Noël qui estoient lors prochaines à venir ; et que pour ladicte somme de deux mil escus il avoit prins les obligacions et/ scellez desdiz seigneurs de Canilhac et de La Fayete, en nous chargeant en ce faisant très grandement de nostre honneur ; car jamais ne l'eussions voulu ne daigné penser.

Fut en outre/ trouvé ledit Cuer chargé par les dictes informacions d'avoir exigé et eu indeument plusieurs grandes sommes de deniers des marques des Genevoys, de Provence et de Cathaloigne/, et espécialement d'avoir accumulé l'ancienne marque des Genevoys mise sus pour récompenser les dampnifiez en la perte de la Galée de Narbonne, avecques la derrenière marque mise/ sus pour les dampniffiez en la galée Saint-Denis, ou grant préiudice et dommaige desdiz dampniffiez, pour lesquelz ladicte première et ancienne marque avoit esté ordonnée ; car par/ ladicte accumulacion et union desdictes deux marques des Genevoys, le paiement desdicts premiers dampniffiez en avoit esté fort délayé et appetissié, et en telle manière/ que là ou ilz eussent esté paiez dedens six ou huit ans, ilz ne le seroient pas dedens trente ans, et là où ilz eussent eu par chacun an livres ou escus, ilz n'auront pas solz.

Avoit aussi/ ledit Jacques Cuer fait croistre la somme desdictes marques de beaucop plus qu'elle ne devoit estre, à la grant charge de noz subgez ; et si avoit levé et exigé sur ladicte marque/ des Genevoys la somme de six mil escuz d'or, soubz umbre de ce qu'il disoit que c'estoit pour distribuer entre les commissaires qui avoient vacqué à l'assiette de ladicte marque/, et paier les autres frais et despences faictes en la poursuite d'icelle marque, combien qu'il n'en ait riens baillé.

Avoit aussi receu ledit Jacques Cuer, de Aubert Paves, receveur/ de ladicte marque, la somme de six cent escuz d'or, pour obtenir lectres de nous pour mectre sus ladicte marque, et combien que les autres dampniffiez en ladicte Galée de/ Narbonne ne feussent paiez contens de ce pourquoy ilz avoient esté colloquez en ladicte marque des Genevoys, mais actendent leur paiement par chacun an selon leur collocacion/, néanmoins ledit Jacques Cuer, par son auctorité, s'estoit fait paier content et en avoit reçeu six cents soixante escus, et pour ses intérests la somme de mil frans, et combien/ que par ce moien il eust esté paié content et entièrement de sadicte dampnifficacion de ladicte Galée de Narbonne, méantmoins, par la grant auctorité qu'il se donnoit, il/ s'estoit derechief fait colloquer en la marque de Catheloigne pour sadicte dampniffication de ladicte Galée de Narbonne et aussi s'estoit fait paier content et en avoit receu/ deux mil escuz d'or d'une part, et la somme de treize cens soixante trois d'autre part, et avec ce s'estoit fait paier content des deniers de ladicte marque la somme/ de six mil escuz d'or, soubz couleur des fraiz et mises qu'il disoit avoir

ARRÊT DE CONDAMNATION DE JACQUES CŒUR   355

faictes en la poursuite de ladicte marque, dont il n'estoit riens au grant retardement du paiement et/ dommaige des autres dampniffiez colloquez en ladicte marque.

Avoit aussi receu ledit Jacques Cuer de la composicion de la marque de Provence la somme de douze mil florins pour/ icelle somme distribuer entre les dampniffiez colloquez en icelle marque, dont il n'avoit riens fait, ainçois avoit retenu ladicte somme de douze mil florins et applicquée à soy/.

Et combien que ledit Jacques Cuer fust lors nostre conseiller et officier, et eust la charge et gouvernement de noz finances, et commission avecques noz autres conseillers et officiers/ de bailler ou faire bailler en nostre païs de Languedoc noz fermes, et qu'il ne deust estre fermier, parçonnier ne compaignon de ceulx qui prenoient nosdictes fermes, néantmoins/ icelui Jacques Cuer, en baillant icelles noz fermes, avoit esté compaignon d'aucuns fermiers et parçonniers d'aucunes desdictes fermes, et mesmement des foires de Pesenas et Montignac/ par plusieurs et diverses années, en quoy il avoit eu de grans gaings à nostre très grant perte et dommaige, car parce qu'il estoit parçonnier desdictes fermes, il trouvoit moiens et/ façons que nosdictes fermes estoient baillées à moindres pris qu'elles ne valoient, et en l'année CCCC quarante et ung combien que par nos commissaires, et ledit Jacques Cuer aussi, lesdictes foires si eussent esté affermées pour la somme de neuf mil cinq cens cinquante livres tournois, néanmoins ledit Jacques Cuer, qui fut parçonnier de/ la dicte ferme, donna entendre à ses compaignons qu'elles avoient esté affermées à douze mil livres tournois et par son auctorité et que ses diz compaignons ne lui/ osèrent contredire, il les contraigny à lui tenir compte de ladicte ferme jusques à ladicte somme de douze mil livres tournois, et toutefois ledit Jacques Cuer n'en avoit tenu/ compte à nostre receveur général que de ladicte somme de neuf mil cinq cens cinquante livres tournois, et par ce moien avoit prins et robé, tant sur nous que sur ses diz/ compaignons la somme de deux mil quatre cens cinquante livres tournois.

Fut oultre plus ledit Jacques Cuer trouvé chargié par lesdictes informations d'avoir fait mectre sans/ nostre sceu et consentement en nostre dit païs de Languedoc, oultre et par dessus noz tailles, plusieurs grandes sommes de deniers, et icelles fait lever et exiger sur noz subgez, et aussi avoir/ fait en notre dit païs de Languedoc et sur nosdiz subgiez plusieurs concussions, grandes et énormes exaccions, les unes par force de dons et d'intérests, les autres soubz umbre de pertes/ de finances tant sur nostredit païs de Languedoc en général comme sur noz receveurs particuliers dudit païs, et autres exaccions que l'en nomme vulgamment espices, montans/ à grandes et excessives sommes de deniers, et tellement que par le moien desdictes concussions et grandes exaccions faictes par ledit Jacque Cuer, nostredit païs de Languedoc estoit/, par commune renommée, comme du tout apouvry, desnué et vuidé d'argent et de chevance.

Et si avoit ledit Jacques Cuer en oultre prins pertes de finances sur nous, combien que/ alors il eust entre ses mains grant somme de noz deniers, et desquelz noz deniers mesmes souventes fois nous faisoit prest, comme l'en disoit; néantmoins prenoit sur nous/ pour ledit prest pertes de finances.

Et en oultre combien que ledit Jacques Cuer, en recevant et recueillant nosdictes finances en nostredit païs de Languedoc, ne prinst ne receust escuz à présent/ aians cours que pour vint six sols huit deniers et royaulx pour vint neuf sols deux deniers, et que à ce prix il en a receu grant somme montant à plus de deux à trois cens/ mil pièces; néantmoins ledit Jacques Cuer, en nous tenant compte de nosdictes finances, nous avoit baillé lesdiz escuz pour vint sept sols six deniers tournois, et royaulx pour/ la somme de trente sols tournois, en quoy il avoit eu grant gaing, à la grant perte de nosdiz subgectz, desquels il les avoit receuz à moindre pris, ou de nous à qui il les bailloit à plus/ hault pris.

Fut aussi ledit Jacques Cuer trouvé chargé par lesdictes informacions d'avoir fait en nostre dit païs de Languedoc et sur noz subgez d'iceluy, plusieurs contrainctes et violences soubz/ umbre de l'auctorité qu'il se donnoit de par nous.

POURQUOY, par l'advis et délibération desdictes gens de nostre dit Grant Conseil et aussi de nosdiz commissaires, eussions derechief ordonné/ et appoinctié que ledit Jacques Cuer, par nosdis commissaires à ce commis et depputez, seroit dereschief interrogué, tant sur ledit cas de la mort et empoisonnement de ladicte damoiselle/ Agnès, comme aussi sur tous les autres cas contenus et déclairez esdictes informacions, et desquelz ou de la plupart d'iceulx a esté faicte mencion cy-dessus, et ses confessions faictes sur/ iceulx cas reddigées et mises par escript, et ce fait, rapportées par devers nous pour en appoincter et ordonner ce que seroit de raison.

Et depuis, par nosdiz commissaires ledit Jacques/ Cuer eust dereschief esté interrogué sur tous iceulx cas bien au long, et ses confessions mises et reddigées par escript et finablement apportées par devers nous ou chastel de Chicey/, avec toutes informacions et charges servans à la matière, et en la présence de nous, de plusieurs seigneurs de nostre sang, de nosdictes gens de notre Grant Conseil, de nosdiz commissaires et de plusieurs/ noz conseilliers et officiers, tant de nostre Court de Parlement que autres, rapportées et visitées en grande et meure délibéracion, pour savoir se, veues lesdictes informacions, et aussi les/ confessions faictes par ledit Jacques Cuer, on devoit procéder à sentence diffinitive absolutoire ou condempnatoire, ou à l'élargissement d'icellui Jacques Cuer, ou si l'en devoit procéder/ plus avant à savoir la vérité des cas et crimes dont ledit Jacques Cuer estoit chargé, et ausquelz il n'avoit souffisamment respondu et par quelle voye et finablement par l'advis/ et délibéracion de tous les dessudis eust esté par nous dit et appoinctié, que, actendu lesdictes informacions faictes à l'encontre dudit Jacques Cuer, les procès et confessions d'icelluy, la matière/ n'estoit encore disposée pour y procéder à sentence absolutoire ou condempnatoire, ne à l'eslargissement d'icelluy Jacques Cuer, et eust esté donné délay de deux mois audit Jacques/ Cuer pour monstrer et enseigner de plusieurs choses dont il s'estoit chargé de monstrer par sesdictes confessions, comme des congiez qu'il se disoit avoir de nostre Saint-Père le pape pour/ transporter harnoiz et habillemens de guerre ausdiz Sarrazins et mescréans, ennemys de nous et de la foy chrestienne, des rémissions et abolicions qu'il se disoit avoir de nous touchant/ les faultes qu'il avoit faictes et commises au faict de nosdictes nonnoyes, et aussi de la distribution de plusieurs de noz finances et d'autres choses plus à plain déclairées en ses dictes/ confessions; et que après ledit délay on parleroit derechief audit Jacques Cuer et seroit interrogué plus avant sur lesdiz cas et charges dont il avoit esté trouvé chargé par/ lesdictes informacions, et ausquelx il n'avoit souffisamment respondu, et que s'il ne montroit et enseignoit souffisamment dedans ledit délay desdictes choses dont il s'estoit chargié/ monstrer, et aussi s'il ne disoit la vérité sur sesdictes charges, l'en en sauroit la vérité par sa bouche par voye extraordinaire de question, ainsi que l'en verroit estre à fère par/raison.

Lequel délay de deux mois et encores ung autre délay par nous prolongué audit Jacques Cuer pour montrer et enseigner des choses dessusdictes passez, et les produccions/ faites de tout ce que en ceste partie l'arcevesque de Bourges, *filz dudit Jacques Cuer, et autres ses gens et servicteurs ont produit et voulu produire et mectre par devers nosdiz/ commissaires, et par nostre ordonnance ait icelui Jacques Cuer esté amené dudit chastel de Maillé en nostre chastel de Tours, et ilec derechief esté interrogué par nosdiz commissaires/ et aussi par autres noz officiers et conseillers, tant de noz Cours de parlement de Paris, de Thoulouse que autres, et parfait et parachevé son procès.*

Et depuis, pour le recouvrement/ de nos païs et duchié de Guienne nous ait convenu hastivement partir de nostredit païs de Tourayne, pourquoi n'avons peu bonnement vacquer à l'expédicion et jugement dudit/ procès, et pour ceste cause avons mandé venir par devers nous en nostre chastel de Lesignen tous nosdiz commissaires, et apporter par devers nous tous lesdiz procès faiz ès matières/ dudit Jacques Cuer, et ce que par ledit arcevesque de Bourges et autres gens et servicteurs d'iceluy Jacques Cuer à la justifficacion et descharge dudit Jacques Cuer avoit esté/ produit; lesquelx noz commissaires soient venuz par devers nous et aient apporté tous lesdiz procès, et aussi ce que pour la justifficacion et descharge dudit Jacques Cuer avoit ainsi/ esté produit par devers eulx, et ait esté ledit Jacques Cuer amené de nostredit chastel de Tours en nostre chastel de Poitiers; lesquelx procès veuz, visitez et rapportez en nostre présence en/ notre Grant Conseil où estoient aucuns seigneurs de nostre sang, les gens de nostredit Grant Conseil, tous nosdiz commissaires et plusieurs autres noz conseilliers et officiers, et autres/ notables clercs que pour ce avions assemblez en grant nombre.

SAVOIR faisons que, veuz lesdiz procès et confessions dudit Jacques Cuer, et tout ce que pour/ la justiffication et descharge d'icelui Jacques Cuer a esté produit par devers nosdiz commissaires, et veu et considéré tout ce que faisoit à veoir et considérer en ceste partie/, et eue sur ce grande et meure délibéracion de Conseil, avons, par nostre arrest, jugement et à droit, dit et déclairé, disons et déclairons que ledit Jacques Cuer est encheu/ ès crimes de concussion et exaccions de noz finances et de nos païs et subgectz, de faulx, de transport de grant quantité d'argent aux Sarrazins, ennemis de la foy/ chrestienne et de nous, transport de billon d'or et d'argent en grant nombre hors de nostre royaume, transgression des ordonnances royaulx, crime de lèze-maiesté et autres/ crimes, et que par ce qu'il a commis et forfait envers nous corps et biens.

Toutesffois, pour aucuns services à nous faiz par ledit Jacques Cuer, et en contemplacion et faveur/ de nostre Saint Père le pape, qui nous a pour lui rescript et fait faire recqueste, et pour autres causes et consideracions à ce nous mouvans, Nous avons remis et/ remectons audit Jacques Cuer la peine de mort, et l'avons privé et déclairé inhabile à tousjours de touts offices royaulx et publicques; et avons condampné et/ condampnons ledit Jacques Cuer à nous faire amende honnorable en la personne de nostre procureur, nue teste, sans chapperon et centure, à genoulx, tenant en ses/ mains une torche ardant de dix livres de cire, en disant que mauvaisement, indeument et contre raison, il a envoyé et fait présenter harnoiz et armes/ au Souldan, ennemy de la foy chrestienne et de nous, et aussi fait rendre aux Sarrasins ledit enfant, et fait mener et transporter ausdits Sarrasins grant quantité/ d'argent blanc, et aussi transporté et fait transporter grant quantité de billon d'or et d'argent hors du royaume contre les ordonnances royaulx et qu'il a prins, exigé/, levé, recelé et retenu plusieurs grans sommes de deniers, tant de nos deniers que sur noz païs et subgetz, en grant désolacion et destruction de nosdis païs et subgetz/, en requérant de ce mercy et pardon à Dieu, à nous et à justice.

Et aussi l'avons condempné et condempnons à rachacter

des mains des Sarrasins ledit enfant/, et à le faire ramener et restablir en la ville de Montpellier où il fut prins se faire se puet, et si non à rachacter ung chrestien des mains desdiz Sarrasins et le faire/ mener audit lieu de Montpellier; et avons déclairé et déclairons ledit scellé et obligacion de la somme de deux mille escuz baillé par esdiz seigneurs de Canillac/ et de La Fayette nul et de nulle valeur, et faulsement et mauvaisement avoir esté prins et exigé desdits seigneurs de Canillac et de La Fayette par ledit Jacques Cuer/.

En oultre, avons condempné et condempnons icelui Jacques Cuer à nous rendre et restituer, pour les sommes par luy reccelées et retenues indeument sur nous/ et aussi pour les sommes extorquées, prinses et exigées indeument sur noz païs et subgiez, en la somme de cent mil escuz et en amende prouffitable envers/ nous en la somme de trois cent mil escuz et à tenir prison jusques à plaine satisfaccion.

Et au seurplus, avons déclairé et déclairons tous les biens dudit Jacques Cuer confisquez envers nous, et avons icelluy Jacques Cuer banny et banissons perpétuellement de ce royaume, réservé sur ce nostre bon plaisir.

Et au/ regard des poisons, pour ce que le procès n'est pas en estat de juger pour le présent, nous n'en faisons à présent aucun jugement, et pour cause.

EN TESMOING/ de ce nous avons fait mectre nostre scel à ces présentes.

DONNÉ en nostre chastel de Lézignen, le vintneuvieme jour de may, l'an de grâce mil CCCC cinquante et trois et/ de nostre règne le trente et uniesme. Ainsi signé par le Roy en son Conseil. Ja. Aude.

10.

Le sursaut

Six jours après sa condamnation, le 5 juin, au château de Poitiers, Jacques Cœur faisait amende honorable selon le cérémonial prévu dans la sentence du 29 mai, par devant le procureur désigné, Jean Dauvet, et requérait, à genoux, « mercy à Dieu, au Roy et à Justice ».

Charles VII, dès le 1er juin, avait en effet désigné un membre de son Grand Conseil, le procureur général au Parlement de Paris, le rigoureux et intègre Jean Dauvet, pour le représenter selon les formes, et procéder ensuite à l'exécution de l'arrêt sur les biens possédés par le condamné. Aux côtés de ce délégué, pour l'assister, se trouvaient également, par volonté royale, Otton Castellani, et Jean Briçonnet.

Le 6 juin, le lendemain donc de la cérémonie de justice, le procureur général, accompagné par Antoine de Chabannes, se rendait près du prisonnier et lui intimait l'ordre de payer selon l'arrêt : « Commandement audit Jacques Cuer de paier et contenter le Roy ou ses receveurs à ce commis de la somme de cent mil escuz, en quoy il a esté condempné par ledit arrest pour la restitution des sommes par lui levées et exigées indeuement sur le Roy et ses subjiez et de la somme de 300 000 escuz pour amende... ».

Jacques Cœur lui répondit alors « qu'il lui seroit impossible de paier si grans sommes et que ses biens ne pourroient fournir à beaucoup près et qu'il devoit de cent à six vins mille escus qu'il avoit empruntez de plusieurs personnes pour les affaires du Roy ».

Le magistrat lui signifiait alors qu'en conséquence son « entencion estoit en deffault de paiement de procéder à la vente et exploitacion de ses biens meubles et immeubles et qu'il falloit qu'il... advisast les moyens par lesquelx il pourroit plus promptement faire finance ».

Devant de tels ordres il ne restait qu'à se résigner et aussi à implorer, de son ancien ami et collègue au Conseil, de bien vouloir se faire son interprète près du souverain, « de remontrer son pouvre fait au roy, et de le supplier d'avoir pitié et compassion de luy et de ses pouvres enfants ».

Si Dauvet fut intraitable quant aux problèmes financiers (son pouvoir sur ce point, bien sûr, se trouvait fort limité), du moins obtint-il pour le condamné le droit de recevoir par deux fois la visite de ses enfants.

Désormais pouvait démarrer la curée et les scandales des adjudications, sans d'ailleurs que le probe Dauvet y puisse grand-chose. Les Gouffier, Chabannes, Castellani (ce dernier commençait déjà par se faire attribuer les fonctions d'Argentier) ainsi que toute la meute des courtisans et trafiquants de tous bords allaient s'en donner à cœur joie (sans jeu de mots !). Les biens de l'ancien Argentier ne risquaient pas certes d'y suffire. D'autant que, dans leur sottise, ses ennemis n'avaient pas prévu qu'une entreprise en pleine activité vaut plus qu'une affaire brisée, que le trust Cœur, privé de sa tête et de son influx nerveux, perdait beaucoup de sa valeur et qu'en s'effritant il finissait par ne plus rien signifier.

La liquidation, ô combien imparfaite !, de la fortune

Cœur allait prendre quatre années de vie au procureur général Jean Dauvet.

Scellé, le destin de Jacques Cœur ! Plus rien à espérer de l'existence pour un homme longuement et cruellement meurtri dans sa chair, après avoir subi calomnies, humiliations et outrages. Ah, on ne l'avait pas ménagé ! Et puis, dans la foulée, conséquences ou coups du sort, les chagrins s'accumulaient et achevaient de l'écraser. Comment n'aurait-il pas ressassé la mort de son frère Nicolas, la mort de sa femme Macée — sa petite voisine avant de devenir son épouse —, son plus jeune fils, Ravant, réduit dans le dénuement à implorer et à se voir officiellement refuser quelques subsides du procureur Dauvet, la dispersion de ses amis et collaborateurs, certains en fuite, d'autres cherchant en quelques recoins à se faire oublier.

Dans sa chambre-cellule du château de Poitiers, il n'a rien d'autre à faire que se souvenir et à macérer, interminablement. (Les premiers mois, qui suivirent le prononcé de l'arrêt de condamnation, durent être terribles, car seul ce passé lui restait.)

Quel supplice pour un homme d'action et de dialogue d'être réduit à l'inutilité et au silence ! Quelle torture, pour ce prodigieux coureur de routes terrestres et maritimes, de se retrouver sinistrement claustré et reclus à vie ! Oui, à vie, puisqu'il ne pouvait être libéré avant que les 600 000 livres n'aient été payées, et qu'il savait, mieux que quiconque, que jamais elles ne pourraient être réunies.

Quand, à quel moment, Jacques Cœur parvint-il à passer une nouvelle fois des souvenirs aux rêves ? Comment retrouva-t-il sa vieille et merveilleuse faculté, celle dont il ne s'était jamais départi, même aux temps de sa splendeur ?

Peut-être lorsque son corps, réussissant à dominer les

séquelles de la torture, recommença de pleinement vivre, lorsque ses muscles jouèrent à nouveau, souples et vigoureux, et que son énergie, cette folle vitalité qu'il l'avait lancé sur les routes du monde, lui eut permis de surmonter peines et désespoirs. Ou encore, lorsqu'il se fut persuadé qu'un homme de sa trempe n'a jamais le droit de se laisser couler, pour la plus grande satisfaction de ses mesquins ennemis.

Résurrection, moment le plus extraordinaire peut-être d'une existence hors du commun : la victime retrouvant espoir et volonté. Ils allaient voir, les Castellani, Gouffier, et autres Chabannes — qui ne trouvent éclairage dans l'histoire qu'à la faveur du reflet que Jacques Cœur leur octroie — si l'homme fini, dont ils riaient, dont ils se disputaient les dépouilles, allait s'avouer vaincu.

Après trente-neuf mois de détention et de tourments, seize mois après sa condamnation, dans les derniers jours du mois d'octobre 1454, Jacques Cœur parvenait à s'échapper du château pourtant bien gardé de Poitiers. La nouvelle, brusque rappel troublant, dut déplaire à beaucoup, à commencer par le roi.

Nul n'a jamais su comment il s'y prit pour fausser compagnie à ses geôliers. Pourtant sa porte, solide et épaisse, garnie de plaques d'acier, avait été munie de verrous impressionnants, pourtant la fenêtre de sa chambre avait été hâtivement murée, pourtant, dans la pièce voisine, sbires et soudards guettaient, pourtant la lumière du jour ne lui parvenait plus qu'à travers les vitres du battant qui le séparait de ses gardes. N'importe, ceux-ci ne s'en retrouvèrent pas moins, au petit jour, gros-jean comme devant.

Tandis que Jacques Cœur trouvait d'abord refuge au prieuré de Saint-Martial, situé près de Montmorillon, sur la commune de Dunet, puis, quelques jours plus tard, reposé de cette première traite, dans le couvent des Jacobins à Limoges, des messagers et des courriers commençaient de donner l'alerte aux quatre coins du royaume et les espions de ses ennemis se mettaient en branle et entreprenaient de fureter en tous lieux.

L'évadé ne restait pas inactif. Le grand air et l'activité achevaient de le galvaniser. Bientôt il reprenait la route et, de saut de puce en saut de puce, d'abbaye en prieuré bénéficiant de « franchise » (ce privilège d'inviolabilité accordé alors aux communautés religieuses possédant une église), il atteignait enfin le couvent des cordeliers de Beaucaire, sur le Rhône.

Ingrat et épuisant voyage, aux embûches multiples, épreuve délicate après tant de mois et d'années d'inaction, surtout après avoir été ainsi traité. Chez les cordeliers, Jacques Cœur éprouva le besoin de se reposer.

Mais ses ennemis ne chômaient guère, et ils utilisèrent à bénéfice cet obligé répit. Ils retrouvèrent non seulement sa trace mais surent déterminer précisément sa retraite. Le supérieur refusant de leur livrer l'évadé, les bâtiments ecclésiastiques furent cernés par des gardes. Même si les conditions de vie étaient infiniment meilleures à Beaucaire qu'à Poitiers, des murs redevenaient l'obligatoire horizon de ce coureur d'aventures.

Peut-être eut-il l'occasion de monter parfois dans le clocher pour contempler, de l'autre côté du fleuve, ce comté de Provence qui prenait pour lui signification de vraie liberté.

Ici, il est bon de s'interroger sur les raisons de cette poursuite acharnée, menée d'après les ordres exprès du roi. Cet homme à qui on avait tout pris, et qui venait déjà de purger une dure peine, que lui voulait-on encore, qu'avait-on à craindre de lui ? Qu'il rejoignît le Dauphin ? Qu'il apportât à celui-ci le concours de son intelligence et de ses amitiés ? Ou bien n'était-ce que fureur en présence d'une telle indomptabilité ?

Si le roi s'opiniâtrait, un autre enrageait, positivement :

Otton Castellani, faisant une nouvelle fois la preuve d'une haine curieuse, invraisemblable, à moins qu'elle ne fût conditionnée par de puissantes et mystérieuses raisons. Car, enfin, jamais Castellani n'avait eu à souffrir du fait de Jacques Cœur.

Et le nouvel Argentier d'envoyer des spadassins chargés d'assassiner le fugitif jusqu'au fond de sa retraite. Celui-ci, assailli une nuit, parvint à mettre en fuite l'agresseur grâce à un maillet de plomb. Et Castellani, alors, de soudoyer des frères.

L'alerte suffit à persuader l'évadé de l'urgence d'une nouvelle fuite, cette fois définitive. Pourtant la solution de ce problème se révélait ardue. Non seulement il fallait déjouer la surveillance des hommes d'armes de l'extérieur, d'autant plus efficace qu'ils seraient immanquablement alertés par leurs alliés du couvent, mais ensuite il faudrait franchir le fleuve. Une nouvelle aide, plus ardente encore que celle qui avait permis l'évasion de Poitiers, devenait indispensable.

Jean de Village résidait alors à Marseille. Jacques Cœur, l'ayant appris, résolut aussitôt de lui demander assistance.

On possède, sans pouvoir en affirmer l'authenticité, la lettre que Jacques Cœur aurait écrite à celui qu'il considérait comme son neveu. Cette lettre mérite d'être citée car son contenu est vraisemblable.

« Jehan, mon bon nepveu, chier fils, pour tant qu'avès à moy affinité d'amour, et que vous est à cuer ma vie, à vous et à toute diligence me recommande, et pour Dieu, chier fils, ne tardiez plus à me venyr tirer hors de ceste franchise, estant que dedans cinq jours ils m'en tireront eus-mesmes pour me mectre à mort ou me occiront dedans, debvans jà estre parvenus à tèle fin se n'eust esté ce bon frère Huguault bon frère ; et jà ont tasché à m'occir en violence, m'estant sailli sus emmi la nuit ung despiéchié d'Otton et m'eust de faict occis se n'eust esté un maillet de plon que m'avoit baillé le dit bon frère, duquel me suys en défffense ; et aiant esté au couvent grant murmure de ce, se sont entremis de poison duquel m'a esté secrètement baillé advis et que l'on me bailleroit pouldres de réalgar et d'arceney en du vin, lequel hier, aiant failly à dessing au souper, me en a-t-on apporté ung gobelet auquel estoient les dictes pouldres, lequel ay faint boire, ains l'ay pu gecter, et depuis me faint mallade de langueur, pour ce que dedans six jours en debvois mourir, après quoi me occiront par force, se voyent tel malsuccès de la dicte traytrise. Et pour Dieu, Chier fils, hastez-vous me venir en ayde ou ne me troverés vivant. Et tient encore G.D.V. mes deniers + ! IZ2 que adcerte vous remettra pour ceste entreprinse de salut, et ny espargnés rien ; faictes en toute haste. Pour moy me demore suffisance d'argent pour nécessités ; si est du dedans des joyaux que avois en ma seinture que le dict bon frère me a faict porter en *(illisible)*. Et pour Dieu, chier fils, ne me lairrez succomber pour tant que vous suis chier et faictes tôt régal à ce bon frère auquel ayés toute foy, comme proprement avés a

 « Vostre pouvre bon maistre et père,
 « J.C. »

Une lettre royale de rémission corrobore les principales informations contenues dans la missive ci-dessus : Jean de Village se trouvait bien à Marseille, il reçut là « une lettre qu'un frère cordelier luy porta, par laquelle le dict Cueur luy prioit que, pour Dieu, il eust pitié de luy et troûva moyen de lui ayder et de le jetter hors de là ou il estoit et de lui sauver la vie ».

Précisons aussi que le « G.D.V. », dans la lettre, suivi de signes, peut correspondre à Guillaume de Varye, et à une certaine somme que Guillaume détenait à la disposition de son patron.

Le message reçu, Jean de Village ne décevait pas les espérances de celui qui plaçait en lui sa confiance. A peine prévenu, il se précipitait chez les cordeliers de Tarascon. A si courte distance, les deux hommes établissaient une correspondance rapide, qui leur permettait de mettre au point un plan d'évasion.

Village alors repartait pour Marseille, où il faisait appel à deux autres fidèles : Guillaume Gimart et Gaillardet de Boursa, tous les deux anciens patrons des galées Cœur, des hommes de décisions n'ayant guère froid aux yeux.

Quelques jours plus tard, les trois ex-capitaines (Village l'avait été maintes fois), à la tête d'une vingtaine de gaillards agiles et décidés, des marins selon toute vraisemblance, remontaient le Rhône à bord d'un « navire d'armes » et venaient, en pleine nuit, s'amarrer à proximité de Beaucaire, en un « pertuis » bien abrité.

Dans les remparts de la ville une brèche existait, qu'avait dû leur indiquer le « bon frère » si dévoué aux intérêts de Jacques Cœur. Par là le petit commando pénétra silencieusement dans la cité endormie.

Bondissements, glissements, progression feutrée et furtive, de retraits en porches, et d'encoignures en redans, les membres du petit groupe d'assaut progressèrent jusqu'au couvent des cordeliers, où, bientôt, toujours grâce à leurs dévoués complices, ils pénétrèrent sans donner l'éveil.

On a dit que les moines chantaient matines en l'église, Jacques Cœur au milieu des frères, et les faux frères de Castellani non loin de lui, lorsque surgirent les capitaines et leurs hommes. La surprise joua, le combat ne pouvait qu'être bref.

D'après Jean de Village, qui a relaté l'affaire, il n'y eut aucune effusion de sang. Pourtant, un procès verbal judiciaire, de la ville d'Arles, authentique, fait mention d'une lutte violente, au cours de laquelle ceux qui s'étaient institués les gardes de Jacques Cœur, dans l'attente de devenir ses assassins, furent « atrocement et mortellement blessés ».

Peu après, Jacques Cœur se retrouvait libre en terre de Provence.

Épilogue

Rome ! Sous le ciel mouvant et le soleil léger, mais déjà printanier, des tout premiers jours de ce mois de mars 1455, Jacques Cœur pouvait enfin se promener, en compagnie de son fils cadet, Ravand, sans rien avoir à craindre de personne.

Ravand avait dû être tout ouïe, tandis que son père contait les cent péripéties de sa fuite, de Poitiers à Beaucaire sur le Rhône, puis la dernière nuit chez les cordeliers, avec l'irruption soudaine, au cœur de l'église, de Jean de Village, de Guillaume Gimart et de Gaillardet de Boursa, suivis de leurs hommes.

Ensuite, il ne s'agissait point de traîner en route. En bateau ou à cheval, selon les nécessités des étapes, les différentes frontières avaient été vite franchies. Et les émissaires du roi de France, chargés de réclamer son extradition, arrivèrent trop tard, aussi bien en Provence qu'à Pise et à Florence. L'important était d'atteindre Rome au plus vite, où Jacques Cœur savait pouvoir compter sur l'absolue protection du pape, Nicolas V, pourtant au seuil de la mort.

Et l'exilé de fournir les noms des étapes de son tout dernier voyage : Tarascon, Port-de-Bouc, Marseille, Nice, Pise... et d'admirer une fois encore Jean de Village, qui, avec son habituelle efficacité, avait parfaitement tout prévu et organisé.

Nicolas V déclinait rapidement, et, cependant, soucieux du sort de Jacques Cœur, il usait neuf jours avant sa mort de ses dernières forces pour proclamer, au cours d'un consistoire, l'innocence de son protégé, accusé entre autres de s'être laissé corrompre, d'avoir reçu 100 000 ducats du Vatican pour infléchir la politique française. Le pape, ensuite, rendait hommage au « zèle infatigable qu'il a montré pour le bien, l'unité et la grandeur de Notre Siège et la Nôtre », il insistait sur le fait « qu'il n'a jamais reculé devant aucune fatigue ou dépense », enfin, après s'être reconnu « poussé à compâtir avec affection à ses malheurs », il exhortait ses cardinaux pour « convenablement pourvoir à ses nécessités ».

En dépit de cet inconditionnel soutien, Jacques Cœur ne se faisait plus guère d'illusion. Il savait que du vivant de Charles VII il n'obtiendrait pas la révision de son procès et ne pourrait pas rentrer en France. S'il voulait retrouver une activité digne de lui, il lui fallait désormais un autre but que celui de reconstituer son trust.

A Nicolas V, Caliste III succéda. Fidèle à la parole et aux attitudes de son prédécesseur, le nouveau pape, d'origine espagnole, fit preuve à son tour de bienveillance à l'égard de l'hôte privilégié de Rome. Il reprit également à son compte le grand projet d'une croisade antiturc. L'ultime assaut de Mehmet II contre Byzance avait emporté la ville en 1453. Désormais, la puissance ottomane devenait chaque jours plus menaçante. Chrétiens et arabes cédaient le pas sous les coups de boutoir d'un adversaire aussi farouche qu'acharné.

Si l'appel de Calixte III rencontra peu d'écho chez les souverains et princes chrétiens (à l'exception de Philippe de Bourgogne qui fit beaucoup de bruit sans obtenir grands résultats) il n'en décida pas moins de consacrer 200 000 écus d'or à l'équipement et l'armement d'une flotte de seize navires, destinée à venir en aide aux îles de la Méditerranée orientale. Préserver Rhodes et Chypre n'était-ce pas garder les bases pour une éventuelle revanche ?

Pressenti, Jacques Cœur, qui depuis bien longtemps prédisait que l'ennemi n'était plus l'Arabe mais le Turc, accepta de participer à l'expédition, son dévoué Guillaume Gimart l'accompagnant.

La flotte se trouvait placée sous le commandement du patriarche d'Aquilée (cité épiscopale dont Venise dépendait). On a dit, sans que la chose puisse être prouvée, que Jacques Cœur reçut alors le titre de capitaine-général des galères papales. Ce qui est certain, c'est qu'il bénéficia d'un grade fort élevé et de responsabilités très étendues.

A la fin de l'année 1455, l'escadre appareillait et faisait rames et voiles vers la Méditerranée orientale. Il dut sembler à l'exilé qu'une nouvelle aventure commençait.

Ce fut au cours d'un combat qu'en automne 1456 Guillaume Gimart se fit tuer, et Jacques Cœur, probablement, grièvement blesser.

Les navires du patriarche gagnèrent alors l'île de Chio pour y passer l'hiver, débarquer et soigner malades et blessés. Jacques Cœur était parmi eux.

Dans les journées qui suivirent son état s'aggrava tant qu'il mourut le 25 novembre 1456. Auparavant il avait pris la peine d'écrire une ultime lettre à Charles pour lui recommander ses enfants et le prier « qu'eu esgard aux grands biens et honneurs qu'il avoit eus en son temps autour de luy, ce fust son bon plaisir de leur donner aucune chose, afin qu'ils pussent, mesmement ceux qui estoient séculiers, honnestement vivre sans nécessité ».

Sobrement, on l'enterra dans le chœur de l'église des Cordeliers de Chio.

Bien des années plus tard, ce monument était détruit par la guerre et toute trace matérielle de Jacques Cœur disparaissait avec lui.

Pour la morale, ajoutons qu'Otton Castellani et son âme damnée Guillaume Gouffier furent à leur tour arrêtés en 1457. Leur procès lui aussi dura des années. Otton Castellani mourut en prison. Quant à Gouffier, il fut, comme son ancienne victime, condamné au bannissement et à la confiscation de ses biens.

Jalons chronologiques

1380. Mort de Charles V et avènement de Charles VI.
1388. Charles VI décide de gouverner avec les « Marmousets ».
1392. Débuts de la folie de Charles VI.
1395. Tuqtamich et la « Horde d'Or » sont vaincus par Timur-I-Lang.
1396. L'empereur du Saint-Empire et les croisés sont écrasés à Nicopolis par le turc Bajazet.
1400. Naissance de Jacques Cœur.
1403. Naissance de Charles VII.
1407. Assassinat de Louis d'Orléans.
1410. Création des *Très Riches Heures du duc de Berry*.
1411 (?). Naissance de Jeanne d'Arc.
1415. Azincourt.
1417. Charles devient dauphin.
1418. Prise de Paris par les Bourguignons.
Installation du Dauphin à Bourges.
1419. Assassinat de Jean sans Peur.
1420. Traité de Troyes.
Mariage de Jacques Cœur.
1421. Victoire du Dauphin à Beaugé.
1422. Mort de Henri V d'Angleterre.
Mort de Charles VI.
Le Dauphin devient Charles VII.
Première coterie.

1423.	Naissance du dauphin Louis (Louis XI).
	Petites victoires de Charles VII à Meulan et La Gravelle.
	Défaite de Charles VII à Cravant.
1424.	Défaite de Charles VII à Verneuil-sur-Avre.
1425.	Richemont connétable.
	Changement de coterie, la deuxième.
1427.	Jacques Cœur, avec deux associés, devient monnayeur de Bourges.
1428.	Arrestation de Jacques Cœur pour fausse monnaie.
	Début du siège d'Orléans (octobre).
	Charles VII pense à quitter le royaume.
1429.	Jeanne d'Arc reçue par le roi à Chinon (février).
	Levée du siège d'Orléans (mai).
	Victoire de Patay (juin).
	Sacre de Charles VII à Reims (juillet).
	Lettre de rémission pour Jacques Cœur et ses deux associés (décembre).
1431.	Naissance de François Villon.
	Sacre de Henri VI à Paris.
	Jeanne d'Arc brûlée à Rouen.
1432.	Voyage initiatique de Jacques Cœur au Levant.
1433.	Nouvelle coterie.
1435.	Paix d'Arras entre la France et la Bourgogne.
	Mort du régent Bedford et d'Isabeau de Bavière.
	Prise de Dieppe par les Français.
1436.	Prise de Paris et entrée de Richemont.
	Jacques Cœur, maître des monnaies à Paris.
1437.	Entrée de Charles VII à Paris.
1438.	Jacques Cœur commis à l'Argenterie.
	Pragmatique Sanction à Bourges.
1439.	Jacques Cœur Argentier.
1440.	Yolande d'Aragon se retire de la cour.
1441.	Jacques Cœur nommé commissaire aux États du Languedoc.
	Anoblissement de Jacques Cœur.
1442.	Première mention de Conseiller du roi pour Jacques Cœur.

Jacques Cœur intervient près du Soudan en faveur des Vénitiens.
Mort de Yolande d'Aragon.
1443. Instauration du régime des galériens.
1444. Trêves franco-anglaises de Tours.
Jacques Cœur reprend les mines royales du Lyonnais.
Agnès Sorel devient la maîtresse du roi.
Réforme fiscale.
Juvénal des Ursins entre au Conseil royal.
Changement de coterie, la quatrième.
1445. Intervention de Jacques Cœur, près du Soudan, en faveur des chevaliers de Rhodes.
Négociation d'un traité avec Gênes par Jacques Cœur.
Création des Compagnies d'ordonnances.
1446. Jacques Cœur délégué aux États d'Auvergne.
Jacques Cœur fait construire la loge des négociants, à Montpellier.
Le fils de Jacques, Jean Cœur, devient archevêque de Bourges.
1447. Ambassade de Jean de Village près du Soudan.
Le dauphin Louis se brouille définitivement avec son père Charles VII.
1448. Mission de Jacques Cœur au Saint-Siège.
Création des francs-archers.
1449. Mission de Jacques Cœur à Genève et à Lausanne.
Fin des trêves franco-anglaises.
Jacques Cœur avance plus de cent mille livres pour reconquérir la Normandie.
Victoire en Normandie, entrée de Charles VII à Rouen.
Jacques Cœur, place de premier choix dans le cortège.
1450. Victoire de Formigny.
Jacques Cœur négocie la réddition de Cherbourg.
Mort d'Agnès Sorel, Jacques Cœur exécuteur testamentaire.
Intronisation de Jean Cœur en tant qu'archevêque de Bourges.

1451. Jacques Cœur avance plus de 70 000 livres pour la reconquête de la Guyenne.
Arrestation de Jacques Cœur sur dénonciation calomnieuse.
Instruction de son procès.
Mort de Nicolas Cœur, évêque de Lyon.
1452. Nouvelle instruction du procès.
Mort de Macée de Léodepart, femme de Jacques Cœur.
1453. Jacques Cœur est torturé.
Condamnation de Jacques Cœur.
Prise de Constantinople par les Turcs.
Nouvelle conquête de la Guyenne par les Français.
1455. Évasion de Jacques Cœur.
Mort du pape Nicolas V, élection de Calixte III.
Jacques Cœur nommé capitaine général des galères papales.
1456. Réhabilitation de Jeanne d'Arc.
Mort de Jacques Cœur.
1461. Mort de Charles VII.

Bibliographie sommaire

BASIN (Thomas), *Histoire de Charles VII*, Paris, 1933-1934.
BEAUCOURT (G. du Fresne de), *Histoire de Charles VII*, 6 vol., Paris, 1881-1891.
BOUVIER (R.), *Jacques Cœur, un financier colonial au XVe siècle*, Paris, 1928.
CHARTIER (A.), *Le Quadrilogue invectif*, Paris, 1923.
CHASTELLAIN (G.), *Œuvres*, Bruxelles, 1863.
CHOISY (l'Abbé de), *Histoire de Charles VI*, Paris, 1695.
CLÉMENT (P.), *Jacques Cœur et Charles VII*, Paris, 1873.
CONTAMINE (P.), *La Vie quotidienne pendant la guerre de Cent Ans*.
COUSSY (Mathieu de), *Chroniques*, Paris, 1839.
DUFOURCQ (C.E.), *La Vie quotidienne dans les ports méditerranéens au Moyen Age*, Paris, 1975.
ERLANGER (P.), *Charles VII et son Mystère*, Paris, 1973.
FAVIER (J.), *La Guerre de Cent Ans*, Paris, 1980.
FROISSART, *Chroniques*, Paris, 1869-70-72-73.
GUILLOT (R.), *Le Procès de Jacques Cœur (1451-1457)*, Bourges, 1974.
GUIRAUD (Mlle L.), *Recherches et conclusions nouvelles sur le prétendu rôle de Jacques Cœur*, Montpellier, 1900.
Journal d'un bourgeois de Paris, Paris, 1839.
JOUVENEL DES URSINS, *Chroniques*, Paris, 1836.
KENDALL (Paul Murray), *Louis XI*, Paris, 1974.
LEWIS (P.), *La France à la fin du moyen-âge*, Paris, 1977.

Mollat (M.), « *Les Affaires de Jacques Cœur* », *Journal du procureur Dauvet*, Paris, 1953.
Mollat (M.), *Genèse médiévale de la France moderne*, Paris, 1970.
Man (Henri de), *Jacques Cœur, Argentier du roy*, Paris, 1951.
Monstrelet, *Chroniques*, Paris, 1862.
Pisan (Christine de), *Œuvres*, Paris, 1896.
Ribault (J.Y.), *Les Biens immobiliers de Jacques Cœur à Bourges*.
Ribault (J.Y.), *Jacques Cœur « natif » de Bourges*, Bourges, 1970.
Vallet de Viriville (A.), *Histoire de Charles VII*, Paris, 1862-1865.

Index

A

ABDALWADIDES (dynastie algérienne), 24.
ABOLERIS, 263, 264, 337, 338.
ABOU-SAID-DJAMAC-EL-DAHER (soudan d'Alexandrei), 202, 205, 249, 270.
ADORNO (doge de Gênes), 247.
ALBIZZI (famille), 63.
ALBRET (Charles II, sire d'), 82.
ALBRET (Charles III, sire de, fils de Charles II), 237, 317.
ALENÇON (Jean II, duc d'), 82.
ALENÇON (Jean d'), 108, 191, 296.
ALIÉNOR (d'Aquitaine), 318.
ALPHONSE V LE MAGNANIME (roi d'Aragon et de Catalogne), 212, 249, 280, 316.
AMÉDÉE DE SAVOIE (duc puis antipape Félix V), 284, 286, 342.
ANGOULÊME (comte d'), 91, 95.
ANJORRANT (Martin), 175.
ANJOU (Charles d', comte du Maine), 152, 162, 298, 301.
ANJOU Louis I (duc d'Anjou et roi de Naples), 38, 39, 40, 44.
ANJOU Louis II (duc d'Anjou et roi de Naples), 222.
ANJOU (René, duc d'Anjou, comte de Provence et roi de Naples), 206, 207, 226, 230, 279, 280, 298, 300, 327.
ARC (Jacques d'), 107.
ARC (Jeanne d'), 96, 105, 108, 109, 110, 111, 112, 114, 115, 121, 122, 145, 150, 151, 152, 193, 326.
ARMAGNAC (Bernard VII, comte d'), 76, 77, 82, 84, 145.
ARMAGNAC (Bonne), 77.
ARMAGNAC (Jean II, dit Le Bossu), 76.
ARMAGNAC (fils de Bernard VII, Jean IV, comte de), 233, 301.

ARTEVELDE (Philip van), 40.
ASTARS (maître Charles), 281.
AUBERT (Hugues), 175, 254.
AVAUGOUR (Henri d'), 264, 265.

B

BACQUELIER (Jean), 14.
BACQUELIER (Jean, fils du précédent), 15, 18, 55.
BACQUELIER (veuve), 14, 15, 16.
BAJAZET I (Bayazid), 23.
BAJAZET II (Bayazid).
BAR (Jean de), 174.
BAR (Édouard duc de), 82.
BARBAZAN (sire de), 97.
BARDIN (Jean), 330.
BARDI (famille), 63.
BARILLET (Jean dit de Saincoins), 222, 267, 314, 320.
BARONNAT (les frères : Jean, Miles et Pierre), 239, 288.
BARTHÉLEMY (Pierre), 330.
BASIN (Thomas), 56, 230, 292, 295.
BATAILLE (Georges), 193.
BAVIÈRE (Louis), 42.
BEAUNEVEU (André), 48.
BEAUVAL (Paviot et Antoine, seigneurs de), 301, 302.
BEAUVEAU (Bertrand de, seigneur de Pressigny), 299, 302, 320.
BEDFORD (Jean, duc de), 90, 95, 104, 109, 115, 153, 154.

BELLESTAT (Jean), 175.
BENOÎT XIII (pape, Pedro de Luna), 29, 30.
BERANGEON, 175.
BERCHERIUS (Barthélemy), 287.
BERNARD (Jean), 343.
BERRY Jean II (duc de), 12, 18, 38, 40, 42, 43, 44, 45, 46, 47, 48, 49, 72, 77, 78, 82, 92, 148, 172.
BOISREDON (Louis), 85.
BONGAR (Wolgang), 241.
BONIFACE IX (Pierre Tomacelli, pape), 29.
BOSSAVINI (Secondino), 124, 331.
BOUCICAUT (Jean I), 29, 38, 82.
BOUILLON (Godefroy de), 250.
BOURBON (Charles I, duc de), 39, 40, 42, 43, 82, 95, 190, 192, 338, 339, 340, 341.
— (Jean, comte de Clermont puis duc de), 297, 301, 308, 309, 339.
— (le Bâtard de), 190.
BOURDIN (Jean), 175.
LE BOURGEOIS (de Paris), 92, 297.
— (Philippe dit Le Hardi, 1er duc de), 38, 39, 42, 43, 44, 73, 74.
BOURGOGNE (Jean dit Sans Peur, deuxième duc de), 74, 75, 76, 78, 79, 84, 85, 86, 87, 88, 97, 146, 147.

- (Philippe dit Le Bon, troisième duc de), 88, 89, 95, 153, 372.
BOURGUIGNEN (Ponset de), 302.
BOURSA (Gaillardet de), 175, 369, 371.
BOUTIGNY (Reignier de), 114.
BRÉZÉ (Pierre de), 151, 152, 158, 160, 161, 162, 190, 191, 192, 196, 222, 226, 229, 248, 255, 268, 293, 294, 296, 297, 306, 307.
BRIÇONNET, 242.
BRION (seigneur de), 302.
BROHART (Hans), 241.
BROQUIÈRE (Bertrandon de La), 128.
BUCELLI (Janosso), 180, 181, 186, 281, 331.
BUEIL (Jean, sire de), 151, 152, 185, 190, 315.
BURDJITES, 24.
BUREAU (Gaspard), 158, 160, 161, 222, 224, 281, 290, 294, 309.
- (Isabeau), 161.
- (Jean), 158, 160, 161, 222, 224, 281, 290, 294, 309, 319.
BUREAU (de La Rivière), 40.

C

CABOCHE (Simon), 79.
CALIXTE (III, pape), 372.
CAMBRAI (Étienne de), 175, 199, 264, 265, 266, 274.
CAMBRAI (Jean de Rupi dit de), 48.
CAMOËNS, 119.
CAMPOFREGOSO (Janus de, doge de Gênes), 247, 248, 280.
CANCELOT (Maregny), 302.
CANILHAC (Louis de Beaufort, marquis de), 338, 339, 341, 345, 353, 361.
CARMONNE (Bathélemy de), 175.
CASSANYES (Antoine), 175.
CASTEL (Pierre), 332.
CASTELLANI (Otton), 216, 217, 305, 316, 329, 330, 331, 332, 363, 365, 367, 369, 374.
CASTRES (seigneur de), 302.
CATHERINE DE FRANCE (reine d'Angleterre), 80, 81, 88, 90.
CAUX (Bailly de), 300.
CERVELLI (Lorenzo), 331.
CHABANNES (Antoine de), 269, 301, 302, 333, 334, 363, 365.
CHAMDIVERS (Odette de), 74.
CHAMPEAUX (Guillaume de), 97, 145.
CHAPPUIS (Jérôme et Thomas), 274.
CHARLES I (dit Le Téméraire, duc de Bourgogne), 234.
CHARLES II (dit Le Mauvais, roi de Navarre), 38.

CHARLES IV (roi de France), 33.
CHARLES V (dit Le Sage, roi de France), 36, 37, 38, 39, 40, 45, 76, 189.
CHARLES VI (dit Le Fol, roi de France), 26, 38, 40, 41, 42, 43, 44, 73, 74, 78, 83, 85, 88, 89, 91, 93, 94.
CHARLES VII (dauphin-régent puis roi de France), 69, 71, 72, 83, 84, 85, 86, 87, 88, 89, 90, 91, 92, 93, 94, 95, 96, 97, 98, 100, 101, 102, 104, 105, 106, 107, 109, 110, 111, 112, 113, 114, 121, 144, 145, 146, 148, 149, 150, 151, 152, 153, 154, 155, 156, 157, 160, 162, 163, 166, 177, 187, 189, 190, 191, 192, 193, 194, 196, 197, 198, 213, 214, 218, 222, 223, 225, 226, 227, 228, 229, 230, 233, 236, 237, 238, 246, 247, 249, 265, 266, 268, 269, 270, 272, 279, 281, 282, 284, 285, 286, 289, 291, 293, 294, 295, 296, 297, 300, 303, 306, 308, 310, 314, 315, 316, 317, 318, 319, 321, 322, 326, 329, 334, 338, 339, 340, 341, 343, 346, 362, 371, 373.
CHARLES DE FRANCE (fils de Charles VII), 269.

CHARLOTTE DE SAVOIE (reine de France), 280.
CHARPENTIER (Jean), 285.
CHARTRES (Regnault de), 104, 108, 152.
CHARTRES (le bailly de), 302.
CHASTEL (Jean du), 302.
CHASTEL (Tanguy du), 83, 88, 97, 145, 247, 285.
CHASTELAIN (Georges), 226, 228.
CHAUCER (Geoffrey), 31.
CHAUMONT (de), 192.
CHEVALIER (Étienne), 161, 222, 224, 228, 307.
CHRYSOLORAS (Démétrios), 29, 30.
CLARENCE (duc de), 90, 110.
CLAUDEL (Paul), 116.
CLÉMENT VII (pape), 29, 282.
CLIGNET (de Brabant), 82.
CLISSON (Olivier de), 40.
COËTIVY (Olivier, sire de), 320.
COËTIVY (Prégent IV, sire de), 151, 152, 310, 320.
CŒUR (Geoffroy), 71, 161.
– (Maitre Henri), 265.
– (Jean), 71, 117, 264, 265, 316.
– (Nicolas), 15, 18, 55, 56, 72, 201, 316, 333, 364.
– (Perrette), 71, 281.
– (Pierre), 14, 15, 16, 17, 20, 50, 56, 57, 60, 61, 66, 314.
– (Ravand), 71, 112, 184, 364, 371.

COLBERT, 188.
COLOMB (Christophe), 26.
COLONNA, 334.
CONZAY (Hugues de), 330.
COURCELLES (Guillaume de), 302.
COURRAY (André), 175, 273.
COUSIN (Jean), 296.
COUSINOT (Guillaume), 107, 161, 222, 299.
COUSSY (Mathieu de), 232, 292, 295, 297.
CRESQUES (Abraham), 122.
CULANT (Charles de), 301, 320.

D

DANDRÉA (Lazarin), 124.
— (Louis), 124, 331.
— (Paul), 124, 181, 331.
DAUSSEURE (Denis), 161, 330.
DAUVET (Jean), 164, 222, 242, 243, 362, 363, 364.
DORIA (Benoît), 247.
DORIOLE (Pierre), 161.
DORSET (comte de), 80.
DUFOURCQ (Charles-Emmanuel), 337.
DUNOIS (le Bâtard d'Orléans, comte de), 97, 108, 152, 185, 190, 196, 293, 295, 296, 297, 299, 308, 309, 315, 319.
DURIEUX, 50.

E

ÉDOUARD III (roi d'Angleterre), 33, 78, 291.
ÉRIC XIII (de Poméranie, roi de la coalition scandinave), 28.
ESTOUTEVILLE (Guillaume d'), 342.
ÉTAMPES (Jean d'), 265, 274, 284, 329.
EU (comte d'), 91.
EUGÈNE IV (pape), 265, 283, 284, 287.

F

FABRI (frère Félix), 120.
FENIN (Pierre de), 93.
FERRE (Le Grand), 106.
FERRIER (Saint Vincent), 30.
FIENNES (Moreau de), 38.
FOIX (Gaston IV, comte de), 246, 317.
FONTAINE (Mermet de), 240, 242.
FONTEUIL (Jean de), 299.
FOREST (Jean dit Le Jeune), 175.
FOUQUET (Jean), 228, 321.
FOUQUET (Nicolas), 188, 195.
FRANÇOIS (Ier de Bretagne duc), 294, 296.
FRÉDÉRIC III (empereur d'Allemagne), 233, 234.
FRÉTARD (Olivier), 330.
FROISSART (Jean), 30, 31, 41.
FROTIER (Pierre), 97, 145, 149.

G

Gaboureau (Pierre), 161, 330.
Gaucourt (seigneur de), 298.
Giac (dame de), 147.
— (Pierre, sire de), 97, 102, 145, 146, 147, 148, 149.
Gimart (Guillaume), 175, 369, 371, 373.
Gloucester (duc de), régent d'Angleterre, 91.
Godart (les frères), Pierre et Barthélemy, 102, 112, 117, 142, 167, 179.
Glendover (Owen), 28.
Gomyon (Jean), 329.
Gouffier (Guillaume), 305, 308, 315, 316, 318, 329, 363, 365, 374.
Gower (Thomas), 310, 337.
Grand'Jeanne, 242.
Grandpré (comte de), 84.
Granier, 242, 329.
Guérinet (Léon), 330.
Guesclin (du), 38.
Guise (famille), 161.

H

Hafsides (dynastie tunisienne), 24.
Huguault (frère), 367.
Harcourt (Mathieu d'), 328, 333.
Hardouin (Jean), 161.
Harlay (Achille de), 161.
Henri IV (de Lancastre, roi d'Angleterre), 27, 28, 76, 78.
— V (roi d'Angleterre), 78, 80, 81, 82, 86, 88, 89, 90, 110, 297.
— VI (roi d'Angleterre), 90, 115, 229, 230, 291, 317, 319.
Hermann (Nicolas), 185.
Homere, 30.
Hugues I Capet, 33.
Huss (Jean), 30.

I

Isabeau de Bavière (reine de France), 42, 74, 80, 84, 85, 147.
Isabelle de France (reine d'Angleterre), 33.
— (duchesse de Milan), 26.
— de Lorraine (reine de Naples), 226, 227.
Isle-Bouchard (Catherine, dame de l'), 147, 148, 149.

J

Jacquemart de Hesdin, 48.
Jacqueline de Bavière, 82.
Jambes (Jean de), 181, 247.
Jean II (dit Le Bon, roi de France), 26, 35, 45.

— I (roi du Portugal), 25.
— VII (empereur de Byzance), 23.
— V (duc de Bretagne), 97, 102, 191.
— DE LORRAINE, 301.
— XXIII (anti-pape), 283.
JEAN (Dauphin), 82, 83.
JEANNE I (reine de Naples), 39.
JEANNE DE BOULOGNE (duchesse de Berry), 49.
JEANNE DE FRANCE (fille de Charles VII), 339, 341.
JOBERT (Pierre), 101, 112, 175, 288.
JOSSART (les frères), 239.
JOUVENEL (Jean), 223.
JOUVENEL DES URSINS (Guillaume), 222, 254, 265, 299, 344, 345.
— (Jacques), 222, 224, 344.
— (Jean), 223, 247, 254, 255, 284, 285, 344.
Juan (Infant d'Aragon), 122.

K

KERMOYSAN (Tugdual de), 310.
KYRIEL (Thomas), 308.

L

LA FAYETTE (Gilbert Motier de), seigneur et maréchal de France, 152, 189, 285, 299, 338, 339, 341, 345, 353, 361.
LA FONTAINE (Jacques de), 330.
LA HIRE (Étienne de Vignolles dit), 97, 108.
LAIRÉ (Robert), 88.
LALLEMENT, 50.
L'ASNIER (Hue de), 302.
LASTIC (Jean Bompar de), 251, 252, 264.
LA TOUROULDE (Marguerite), 114.
LA TRÉMOILLE (Georges de), 102, 104, 108, 110, 146, 147, 148, 149, 150, 151, 190, 191, 192.
LAYE (Romé de), 274.
LE BOUVIER (Gilles), 122.
LEBRUN (Jean), 175.
LE CAMUS DE BEAULIEU, 102, 146, 149, 150.
LECLERC (Perrinet), 83.
LE COQ (Robert), 37.
LE DANOIS (Ravand), 102, 110, 111, 112, 335.
LE MAÇON (Robert), 102, 148.
LE MERCIER (Jean), 40.
LENFANT (Jean), 296.
LÉODEPART (Lambert), 67.
— (Macée), 67, 68, 70, 71, 123, 312, 321, 324, 333, 364.
LE PETIT, 175.
L'HUILLIER, 85.
LIMBOURG (les frères), Paul, Hennequin et Herman, 48.

- Louis X (dit Le Hutin, roi de France), 33.
- XI (dauphin et roi de France), 102, 181, 191, 192, 233, 234, 246, 249, 253, 268, 269, 280, 281, 313, 315, 326, 334, 366.
- XII, 26.

Louis XIV (roi de France), 195.
Louis (Dauphin), 80, 82.
Louis II de Savoie (duc), 236, 280.
Louvain (Pierre), 302.
Louvet (Jean), 97, 145.
Luxembourg (Sigismond, empereur de Germanie), 23, 28, 283.
- (Wenceslas IV, empereur de Germanie), 28.

M

Magnien (Philibert), 240, 242.
Maignelais (Antoinette de), 318.
Maignelais (Catherine de), 226.
Male (Louis de), 40.
Male (Marguerite de), fille du précédent, 39.
Manne (Étienne de), 175.
Manuel II (Paléologue), 23, 30.
Marcel (Étienne), 37, 79.
Marcha (Raynuxto de), 129, 133.
Marguerite d'Anjou (reine d'Angleterre), 230, 291.
Marguerite d'Écosse (dauphine), 246, 261.
Marie d'Anjou (reine de France), 94, 102, 163, 226, 227, 229.
Marinides (dynastie marocaine), 24.
Marot (Clément), 119.
Marles (chancelier de), 84.
Marsolli (Bernard), 330.
Martial (d'Auvergne), 106, 196.
Martin V (pape), 283.
Médicis (famille), 63, 216, 219, 331.
Médicis (Cosme), 27.
- (Giovanni), 27.

Mehmet II, 372.
Mommet (seigneur de), 302.
Montgascon (seigneur de), 301.
Moulin (Pierre du), 351.
Munderford (Osbern), 293.

N

Nantaire (Bertrand), 329.
Nevers (Charles, comte de), 95, 301.
Nèves (Philibert de), 124, 332.
Nicolas (Jean), 332.

NICOLAS V (pape), 285, 286, 287, 288, 342, 371, 372.
NOIR (Antoine), 174, 272.
NOIR (Hugues et Rostain), frères du précédent, 174.
NOVARE (Philippe de), 57.

O

OCTONVILLE (Raoul d'), 75.
ORLÉANS (Charles, duc d'), 26, 76, 77, 82, 91.
— (Louis, duc d'), 26, 42, 43, 46, 73, 74, 75, 76, 88, 146.
ORESME (Nicolas), 120.
ORVAL (Arnaud Amanieu d'Albret sire d'), 301.

P

PARIS (Hervé), 174.
PAVILLY (Eustache de), 79.
PAVEZ (Aubert), 332, 354.
PETIT (Étienne), 274.
PETITJEAN, 50.
PHILIPPE IV (dit Le Bel, roi de France), 33.
— V (dit Le Long, roi de France), 33.
— VI (de Valois, roi de France), 33, 35.
PHILIPPA DE HAINAUT (reine d'Angleterre), 31.
PHILIPPA DE LANCASTRE (reine du Portugal), 25.
PISAN (Christine de), 52.

PLANTAGENÊT (famille des), 34, 45.
PLATON, 30.
POITEVIN (Robert), 307, 334.
POITIERS (bâtard Charles de), 247.
POMPADOUR (Hélie de), 285.
POUSSIN (Nicolas), 133.
PRANDOUX (Martin), 175.
PRIE (de), 192.

R

RAGUIER (Lubin), 98.
RAIS (Gilles de), 108, 151, 193.
RELLY (chevalier Le Bon de), 302.
REMONNET (de La Guerre), 84.
RICHARD II (roi d'Angleterre), 28.
RICHEMONT (Arthur de), connétable de France, 97, 102, 145, 146, 147, 148, 149, 150, 151, 190, 191, 192, 252, 295, 296, 309.
RIEUX (Jean, dit Le Maréchal de Rochefort), 97.
ROBERT (comte du Palatinat puis empereur de Germanie), 28.
RODETI (Aventuron), 277.
ROGIER (Jean), 329.
ROIGNE (Pierre de), 330.
ROUSSARD (famille), 71.
ROUSSARD (Jeanne), 71.

S

SAINT-BELIN (Geoffroy de), 302.
SAINT-PÒL (Louis de Luxembourg, comte de), 296, 301.
SAINT-VALLIER (de), 247.
SALISBURY, 80.
SALOMONIQUE (Mathieu), 332.
SANGUIN, 85.
SARRAT (Nicolas), 263.
SFORZA (Francesco, duc de Milan), 280.
SLUTTER (Claus), 31.
SMERMENT (Claus), 241.
SOMERSET (Edmond de), 293, 294, 297, 308, 309.
SOREAU (Jean), 226.
SOREL (Agnès, fille du précédent), 96, 226, 227, 228, 229, 237, 255, 260, 261, 268, 294, 306, 307, 308, 313, 318, 321, 325, 326, 328, 334, 346, 357.
SUFFOLK (comte de), 291.
SULLY, 142.
SURIENNE (François de), dit l'Aragonais, 293, 294.

T

TALBOT (John), 105, 108, 110, 297.
TANCARVILLE (comte de), 301.
TEINTURIER (Michel), 181, 186, 262, 263, 330, 337, 350, 351.
— (Pierre), 181, 316, 329, 330.
— (Ysarn), 181, 337, 351, 352.
TENQUE (Gérard), 249, 250.
THIERRY (maître Jean), 175, 288.
THIBAULT (Robert), 284.
THOREAU (Guillaume), 330.
THUMEZY (Regnault de), 157.
TIMOUR-I-LANG (dit Tamerlan), 22, 23, 24.
TOURRETTES (Élie de), 330.
TRÈS (Balsarin de), 185, 270.
— (Gasparin de), 185, 270.
TRIPAULT (Guillot), 175.
TROIES (Jean de), 79.
TROUSSEAU (Artaud), 281.
TROUSSEAU (Jacquelin), 281.
TUDERT (Jean), 330.
TYLER (Wat), 40.
TYR (Guillaume de), 125.

U

URBAIN V (pape), 138.
URBAIN VI (pape), 29-282.

V

VALPERQUE (Théaulde de), 298.
VARYE (Guillaume de), 101, 138, 173, 174, 175, 184,

245, 272, 288, 320, 328, 368.
— (Simon de), 175.
VASCO DE GAMA, 119.
VAUDÉMONT (comte de), 301.
VAULX (Jean de), 329.
— (Bernard de), 332.
VENDÔME (Jeanne de), dame de Mortagne, 321, 325, 334, 347.
VIDAL (André), 175.
— (Jean), 124, 125, 128, 129.
VILLAGE (Jean de), 101, 112, 138, 173, 216, 237, 270, 272, 316, 367, 368, 369, 371.
VILLARS (les frères Jean et Pierre), 175, 273.
VILLEQUIER (André de), 302, 318.
VILLIERS (Jean de), 83.
VIOL (Bertrand), 332.
VISCONTI (Jean Galéas, duc de Milan), 26, 76.
— (Philippo Maria, duc de Milan), 280.
— (Valentine), 26, 42.

W

WARWICK (comte de), 91.
WYCLIF, 30.

X

XAINTRAILLES (Jean Poton de), 97, 108, 190, 299.

Y

YOLANDE D'ARAGON, 94, 96, 102, 108, 145, 149, 153, 222, 229, 230, 291.
YORCK (duc d'), 80, 291.
YSMANT (Thomas), 241.

Table des matières

PREMIÈRE PARTIE

« La jeunesse, comme la verdure, pare la terre ; mais l'éducation la couvre de moissons. » (RIVAROL.)

1. — LE LIEU ET LE TEMPS	11
2. — LE MONDE EN 1400	19
3. — LA FRANCE EN 1400	32
4. — JEAN DE FRANCE, DUC DE BERRY	44
5. — FORMATION ET ÉDUCATION DE JACQUES CŒUR .	53
6. — DÉBUTS DANS LA VIE ET MARIAGE	65
7. — LA FRANCE DE 1400 À 1422	73
8. — CHARLES VII ET JACQUES CŒUR (1422-1428) ..	92
9. — LA PUCELLE D'ORLÉANS	104
10. — LE GRAND PROJET DE JACQUES CŒUR	117

DEUXIÈME PARTIE

« A cuer vaillans riens impossible »

1. — LES BASES DE L'EMPIRE CŒUR	133
2. — 1433-1438	144

3. — 1439 167
4. — 1440 178
5. — 1441-1442 194
6. — 1443 209
7. — 1444 221
8. — 1445 245

TROISIÈME PARTIE

« *Trahi de toutes parts, accablé d'injustices* » (MOLIÈRE, *Le Misanthrope*, acte V, scène 4).

1. — 1446 259
2. — 1447 268
3. — 1448. 282
4. — 1449 291
5. — 1450 306
6. — 1451 317
7. — LES ACCUSATIONS 323
8. — INSTRUCTIONS DU PROCÈS ET CHEFS D'ACCUSATION 329
9. — ARRÊT DE CONDAMNATION 346
10. — LE SURSAUT 362

ÉPILOGUE 371
JALONS CHRONOLOGIQUES 375
BIBLIOGRAPHIE SOMMAIRE...................... 379
INDEX 381

Achevé d'imprimer en France
par Dupli-Print à Domont (95)

35-65-6961-3-07
Dépôt légal : juin 2006
N° d'édition : 75613
N° d'impression : 68750
ISBN 2-213-01184-2

35-6961-3